Gerhard und Lore Kienbaum Stiftung

Sobanski / Gutmann
Erfolgreiche Unternehmensnachfolge

D1663073

ISBN 978-3-322-92990-7   ISBN 978-3-322-92989-1 (eBook)
DOI 10.1007/978-3-322-92989-1
Softcover reprint of the hardcover 1st edition 1998

Vorwort

Erfolgreiche Unternehmensnachfolge - ein vermeintlich vertrautes Thema gewinnt vermehrt an Bedeutung. Einmal erreicht die Zahl der Unternehmensübertragungen in den nächsten Jahren immer neue Rekordhöhen, zum anderen kann eine mißlungene Nachfolgeregelung in Zeiten verschärfter Wettbewerbsbedingungen für Familienunternehmen zu einer existenzgefährdenden Bedrohung werden.

Dabei verdankt die deutsche Wirtschaft in den vergangenen fünfzig Jahren den wirtschaftlichen Erfolg vor allem den kleineren und mittleren Unternehmen. Heutzutage erwirtschaften sie 66 Prozent des Bruttosozialproduktes, beschäftigen mehr als 60 Prozent aller Arbeitnehmer und stellen über 80 Prozent aller Ausbildungsplätze. Viele dieser Unternehmen wurden während des wirtschaftlichen Aufschwungs in den 50er Jahren gegründet und stehen heute vor dem Problem des Generationswechsels. Es ist davon auszugehen, daß bei der Hälfte der Wechsel nicht reibungslos vonstatten gehen wird.

Wichtige Fragen in diesem Zusammenhang sind:

- Wie kann die Unternehmenskontinuität unter Wahrung der Familieninteressen dauerhaft gesichert werden?
- Wie muß das Unternehmen strategisch und organisatorisch auf die Nachfolge vorbereitet werden?
- Zu welchem Zeitpunkt sollte mit der Nachfolgeplanung begonnen werden?
- Wer sorgt für den Anstoß, sich umfassend und offen mit dem Thema auseinanderzusetzen?
- Wie kann ein geeigneter Nachfolger identifiziert und vorbereitet werden?
- Welche Nachfolgemodelle lassen sich grundsätzlich in Erwägung ziehen?

Eine erfolgreiche Unternehmensnachfolge kann zwar durch externen Sachverstand unterstützt und begleitet werden, der Anstoß muß aber in jedem Fall vom Unternehmer selbst kommen. Es ist darum auch wenig überzeugend, Verbesserungen der politischen und wirtschaftlichen Rahmenbedingungen für Familienunternehmen zu fordern, wenn der Unternehmer selbst nicht in der Lage ist, eine seiner wichtigsten und ureigensten Entscheidungen - die Sicherung der Existenz des Unternehmens - durch eine rechtzeitige Nachfolgeplanung anzugehen.

Auch in meinem Unternehmen wurde die Nachfolge nicht über Nacht und ganz ohne Diskussionen gelöst. 1988 habe ich den Vorsitz in der Geschäftsführung von meinem Vater Gerhard Kienbaum übernommen. Bis zu seinem Tode 1998 stand er mir beratend zur Seite und verfolgte eigene Ideen und Projekte, so auch den Aufbau der Gerhard und Lore Kienbaum Stiftung. Daß der Generationswechsel auch für das Unternehmen Kienbaum und Partner so erfolgreich verlaufen ist, verdanke ich nicht nur der Weitsicht meines Vaters und meinem Wunsch, die unternehmerische Verantwortung frühzeitig zu übernehmen, sondern auch der Unterstützung interner und externer Experten.

Daraus wird bereits deutlich, daß eine gelungene Nachfolgeregelung in einem Familienunternehmen viele Interessen und Beteiligte berücksichtigen muß. Nur ein ganzheitlicher Ansatz, der auch die wichtigen psychologischen und unternehmensstrategischen Aspekte gebührend berücksichtigt, kann zum Erfolg führen. Die familiäre und unternehmerische Perspektive steht daher auch in den meisten Beiträgen dieses Buches im Vordergrund.

Ich freue mich, daß viele namhafte Autoren mit interessanten, teilweise überraschenden Blickwinkeln an das komplexe Thema Nachfolge herangegangen sind. In ihren Beiträgen spannen sie immer wieder den Bogen zwischen Anspruch und Wirklichkeit erfolgreicher Nachfolgekonzepte und zeigen konkrete Lösungswege auf. Wie der Generationswechsel in deutschen Unternehmen tatsächlich erfolgt, kann der Leser ebenfalls erfahren: Sechs Unternehmer haben sich in die Karten schauen lassen und berichten von ihren persönlichen Erfahrungen im eigenen Nachfolgefall. Spätestens hier zeigt sich die Tragweite, aber auch die Einmaligkeit jeder einzelnen Nachfolgeregelung.

Diesen Interviewpartnern gilt darum mein besonderer Dank. Es ist nicht selbstverständlich, eigene Erfahrungen und Probleme öffentlich zu machen, aber es ist die Basis aller Konzepte und Hilfestellungen. Mein Dank gilt auch den Autoren, den Referenten des Kienbaum-Workshops „Unternehmensnachfolge", der sozusagen den Grundstein dieser Publikation bildete, und den Lehrstühlen, die der Stiftung Praktikanten für die Realisierung dieses Projektes zur Verfügung stellten. Danken möchte ich ferner allen Kienbaum-Mitarbeitern, die Projekt und Publikation mit Sachverstand und Engagement begleitet haben.

Das vorliegende Buch ist zugleich die erste Publikation der Gerhard und Lore Kienbaum Stiftung. Mit dem Gabler Verlag haben wir einen engagierten Partner gefunden, der aus eigener Publikationstätigkeit um die Anliegen und Besonderheiten von Stiftungen weiß und ihnen ein professionelles Forum bietet. Weitere Veröffentlichungen zu den Schwerpunktthemen der Stiftung sind geplant.

Nachfolge wird immer ein sensibles Thema sein und Bücher können keine Probleme lösen. Aber sie können aufmerksam machen und Bewußtsein schaffen. Genau das wünsche ich auch diesem Buch.

Jochen Kienbaum
Vorsitzender des Kuratoriums der GERHARD UND LORE KIENBAUM STIFTUNG
Vorsitzender der Geschäftsführung Kienbaum und Partner GmbH

Inhaltsverzeichnis

Erster Teil
Grundlagen der Unternehmensnachfolge

Zweiter Teil
Das Ziel bestimmt den Weg – Ansatz und Prozeß

Dritter Teil
Familienansichten – Strukturen und Psychologie

Vierter Teil

Unternehmensansichten – Stolpersteine und Chancen

Fünfter Teil

Der Blick nach vorn – Sicherheit durch finanzielle und rechtliche Regelungen

Anhang

Abkürzungsverzeichnis

AG	Aktiengesellschaft
BFH	Bundesfinanzhof
BGB	Bürgerliches Gesetzbuch
BWL	Betriebswirtschaftslehre
bzw.	beziehungsweise
ca.	circa
Co.	Company
d.h.	das heißt
DM	Deutsche Mark
DVFA	Deutsche Vereinigung für Finanzanalyse und Anlageberatung e.V.
etc.	et cetera
FuE	Forschung und Entwicklung
Gebr.	Gebrüder
GF	Geschäftsführer
GmbH	Gesellschaft mit beschränkter Haftung
GmbHG	GmbH-Gesetz
HGB	Handelsgesetzbuch
HV	Hauptversammlung
i.d.R.	in der Regel
IFM	Institut für Mittelstandsforschung
KG	Kommanditgesellschaft
KGaA	Kommanditgesellschaft auf Aktien
KMU	Klein- und Mittelständische Unternehmen
MBA	Master of Business Administration
MBI	Management-buy-in
MBO	Management-buy-out
OHG	Offene Handelsgesellschaft
rd.	rund

SG	Deutsche Gesellschaft für Betriebswirtschaft
TDM	Tausend Deutsche Mark
TQM	Total Quality Management
u.a.	unter anderem
usw.	und so weiter
z.B.	zum Beispiel
z.T.	zum Teil

Erster Teil

Grundlagen der Unternehmensnachfolge

Holger Sobanski

Einführung und Konzeption des Buches

1. Generationswechsel im Familienunternehmen - Die Ausgangslage

Der Generationswechsel in deutschen Betrieben beschleunigt sich. Allein 1998 und 1999 müssen nach Auskunft des Instituts der Deutschen Wirtschaft Nachfolger in der Führungsspitze von 120.000 Familienunternehmen gefunden werden. Etwas plastischer ausgedrückt: an jedem Arbeitstag steht bei 270 westdeutschen Unternehmen ein Generationswechsel an. Das Institut für Mittelstandsforschung (IFM) in Bonn ermittelte erstmals mit breiter empirischer Basis die Zahl von 299.000 Unternehmensübergaben bis zum Jahr 2000. Die bedrohlich anmutende Lage ist nicht neu, und ob es um 1000 Firmen mehr oder weniger geht spielt auch keine Rolle.

Das eigentliche Problem ist, daß die Nachfolge oft schlecht geregelt ist. Für einen Unternehmer ist die Nachfolgeregelung nach dem Firmenaufbau die zweite existenzbedrohende Bewährungsprobe. Daß dies bei Familienunternehmen von Generation zu Generation schlechter gelingt, ist bekannt: in der dritten Generation befindet sich nur noch jedes 20. Unternehmen in Familienleitung. Firmenaufbau ist bei Politik und Institutionen zur Zeit jedoch weit mehr im Gespräch als der Generationswechsel. Existenzgründer werden mit Förderprogrammen und Beratungsangeboten gelockt, sollen sie doch die dringend benötigten Arbeitsplätze in Deutschland schaffen. Dabei wäre die Erhaltung bestehender Betriebe mindestens genauso wichtig. Hier stehen bis zum Jahr 2000 mehr als vier Millionen Arbeitsplätze auf dem Spiel, die nach Berechnungen des IFM Bonn auch nicht mittelfristig durch Neugründungen oder Expansion bestehender Unternehmen aufgefangen werden können.

Dies geschieht in Deutschland in einer historisch und gesellschaftlich interessanten Phase. Die **Unternehmensgründer der Nachkriegszeit** sind in die Jahre gekommen und hinterlassen eine beeindruckende Aufbauleistung. Das System Wirtschaftswunder, auf dem nahezu alle politischen und gesellschaftlichen Strukturen der Bundesrepublik Deutschland ruhen, tritt nun auch in den Personen der Unternehmer in den Ruhestand. Die Generalthemen in Deutschland - Strukturreform, Neuanfang, Zukunftssicherung - spiegeln sich im Generationswechsel der Unternehmen nahezu vollständig wider. Das Nachfolgeproblem in der Wirtschaft ist sicher ein Teil des Problems der „Deutschland AG". Andererseits versteht man bei der Bewältigung eines Generationswechsel in einem einzelnen Unternehmen eher, was Reform und Wandel wirklich bedeuten und was getan werden muß, um diese Ziele im größeren Zusammenhang einer Gesellschaft umsetzen zu können.

Erfolgreiches Nachfolgemanagement ist daher ein wichtiges Thema. Aber schon die Frage, was denn dazu gehört, bringt oft nur widersprüchliche Antworten. Entweder wird das Thema immer noch zu sehr auf steuer- und gesellschaftsrechtliche Aspekte verkürzt oder mit dem Hinweis „sehr komplex" in wortreiche Allgemeinplätze getaucht. Das berechtigte Interesse von Verbänden, Beratern und Institutionen, das Thema Nachfolge in den Blickpunkt zu rücken, erschöpft sich dann in teilweise analytisch brillanten Forderungskatalogen. Schade nur, daß die eigentlichen Adressaten - die Unternehmer - etwa auf den Nachfolgekongressen wegen Scheu und Ablenkung im Tagesgeschäft eher schwach vertreten sind.

Auch Bücher wie dieses können nicht den Anspruch erheben, das Problem zu lösen. Vielmehr geht es darum,

- Interesse für ein vielschichtiges Thema zu wecken
- verschiedene Sichtweisen zum Generationenwechsel darzustellen
- Praxis und Theorie zu verknüpfen und
- Lösungsansätze jenseits von vereinfachenden Checklisten aufzuzeigen.

2. Unternehmenskontinuität - Eine Managementaufgabe für den Unternehmer

2.1 Was macht einen Generationswechsel im Unternehmen so schwierig?

Irgendwann wird der Wechsel in der unternehmerischen Verantwortung für jedes Unternehmen ein zentrales Thema. Für den Menschen, der seinen Betrieb oft über Jahrzehnte zu einem Teil seines Lebens machte und den Stil des Hauses maßgeblich bestimmte, heißt es loszulassen und den Weg frei zu machen für einen geeigneten Nachfolger. Dieser soll das Erworbene bewahren und nach eigenen Vorstellungen weiterentwickeln. **Dies ist jedoch leichter gesagt als getan.** Für beide Seiten bedeutet die Unternehmensnachfolge einen wesentlichen Einschnitt in die persönliche Lebensplanung.

Oft genug verdrängen erfolgreiche Unternehmer die rechtzeitige und vorsorgende Regelung der eigenen Nachfolge. Gerade in Familienunternehmen beschäftigt man sich stärker mit dem härter werdenden Tagesgeschäft als mit strategischer Zukunftsplanung. Es kann nicht falsch sein, diese für das Unternehmen - darunter sind ja auch die Mitarbeiter zu verstehen - in seiner Gesamtheit entscheidende Frage schon während der Unternehmensgründung zu berücksichtigen und vorzubereiten. Jeder Unternehmer sollte dies unter dem Aspekt **Risikovorsorge** für den plötzlichen Ernstfall ohnehin bedenken.

Im Laufe der Jahre und Jahrzehnte entstehen mit dem Heranwachsen der nächsten Generation oder der Herausbildung besonders qualifizierter Mitarbeiter Perspektiven für eine erfolgreiche Weiterführung des Familienbetriebes. Diesen natürlichen Prozeß kann der

Eigner auch als Chance begreifen. **Spätestens jetzt müßten wichtige Weichenstellungen vorgenommen werden.** Der Senior und die potientiellen Nachfolger könnten frühzeitig ihre Ziele definieren. Leider geschieht dies aber oft viel zu spät, denn der Senior ist mit 65 ja noch sehr rüstig und ohnehin einer der Besten in seinem Fach. Der Glaube des erfolgreichen Unternehmers an die eigene **Unfehlbarkeit,** und noch mehr an die eigene **Unabkömmlichkeit,** hat und wird mitunter florierende Familienunternehmen in eine schwere Führungskrise oder gar die Liquidation treiben. Zu oft kann der Senior die Zügel einfach nicht aus der Hand geben. Die Gründe hierfür sind vielfältig, führen aber letztendlich oft wieder auf einen Ursprung zurück: „Keiner kann es besser als ich." Diese Feststellung traf schließlich auch über Jahre und Jahrzehnte zu, die eindrucksvollen Bilanzen des Unternehmens bestätigen dies.

Kritisch wird die Situation, wenn der Senior und das Familienunternehmen an Bewährtem festhalten, obwohl sich die wirtschaftlichen Rahmenbedingungen zu wandeln beginnen. Dies kann sich auf ein geändertes Wettbewerbsverhältnis, den Einsatz neuer Führungsmodelle, EDV-Systeme oder betriebswirtschaftliche Entwicklungen im Controlling oder Marketing beziehen. Dies konnte bislang durch die persönlichen Kontakte des Seniors zu den Anspruchsgruppen wie Kunden, Lieferanten und Banken noch weitgehend ausgeglichen werden. Aber niemand lebt ewig, und auch bei den vertrauten Partnern vollzieht sich ein Personalwechsel. **Neue Ideen und neue Köpfe sind jetzt gefragt.** Die Ehefrau, Kinder, Freunde und Vertraute müßten an diesem, für den Unternehmer selbst oft nicht sichtbaren, Wendepunkt seiner Karriere und der Entwicklung seines Unternehmens eingreifen und sich aktiv in die Gestaltung der Nachfolge einschalten.

Eine der zentralen Fragen bleibt somit: **Wer bringt den Stein ins Rollen?**

Ist das Thema Nachfolge einmal erfolgreich angestoßen, öffnet sich eine wahre Flut an möglichen Strategien, Ratgebern und Lösungsvarianten. Mit systematischer Planung und ausreichend Planungsvorlauf ist jede Nachfolge für die Familie und das Unternehmen lösbar. Erfolgreiches Nachfolgemanagement erfordert keine kniffligen Spezialtechniken oder den Einsatz von Geheimwissen: **Man muß beginnen um zu gewinnen.**

Der halbherzige Umgang mit dem Thema und ständige Vertagungen haben ihre Ursache mitunter auch darin, daß Problemen aus dem Weg gegangen werden soll, die noch nicht für jeden offensichtlich sind. Einige Stichworte:

- Ein vorgesehener Nachfolger erweist sich als ungeeignet.
- Das Unternehmen ist als Familienunternehmen nicht mehr wettbewerbsfähig.
- Der Senior hat keine Perspektive für die Zeit nach dem Ausscheiden.
- Eine gerechte Lösung ist innerhalb der Familienstämme nicht zu erreichen.
- Tatsächliche Interessen (z. B. „Kasse machen") entsprechen nicht den kommunizierten Nachfolgeplanungen

Eine grundsätzliche Schwierigkeit des Generationswechsels in Familienunternehmen kann somit in einem **Teufelskreis** münden, wie er in Abbildung 1 dargestellt ist.

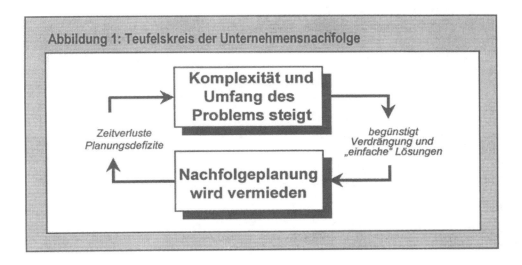

2.2   Welche grundsätzliche Herangehensweise empfiehlt sich?

Eine mögliche Strukturierung des Gesamtthemas bietet das bekannte „**magische Viereck der Nachfolge**" (Abbildung 2). Werden alle vier Aspekte in einer Nachfolgekonzeption gebührend berücksichtigt und von den jeweiligen Experten bearbeitet, steht einer umfassenden und dauerhaften Problemlösung kaum noch etwas im Wege.

Grundsätzlich empfiehlt sich das Hinterfragen von Nachfolgelösungen, die etwa nur der Familientradition oder einer vorgefaßten Idee entspringen. Bei vielen Familienunternehmen gilt etwa die Übergabe des Unternehmens an Mitglieder der eigenen Familie als Idealfall. Der Anteil der Übernahmen durch Mitarbeiter oder externe Führungskräfte steigt jedoch mit der Größe des Unternehmens. Je kleiner ein Betrieb wiederum ist, desto größer ist die Gefahr, daß er wegen einer gescheiterten Nachfolge stillgelegt werden muß. In der Abbildung 3 sind die **erwarteten Nachfolgevarianten** für den Zeitraum 1995 bis 2000 dargestellt.

Wie sich zeigt, ist der Idealfall nicht der Regelfall. Wird der Generationenwechsel als Managementaufgabe des Unternehmers verstanden, müssen zunächst alle möglichen Nachfolgevarianten im Sinne einer Ideallösung für das Unternehmen geprüft werden.

Ein gut geplanter und strukturierter Übergang der Unternehmensleitung von einer Generation zur nächsten ist eine der wichtigsten Voraussetzungen für den langfristigen Fortbestand des Unternehmens. Auch im Interesse der Mitarbeiter muß die Nachfolgeregelung wie ein **größeres Projekt** gut vorbereitet sein. Informations- und

Kommunikationsdefizite sowie Zeitdruck können sich weder das Unternehmen noch die Familie des Unternehmers nach diesem Verständnis leisten.

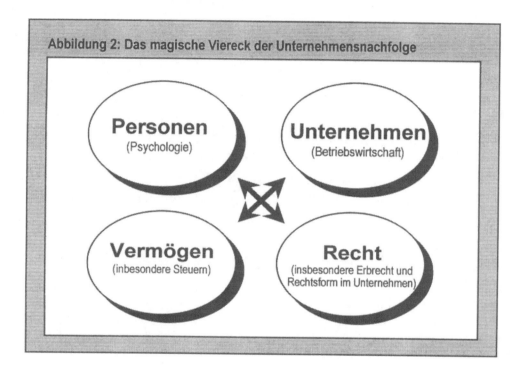

Abbildung 2: Das magische Viereck der Unternehmensnachfolge

2.3 Wie sollte das Projekt Generationswechsel umgesetzt werden?

Zunächst steht eine individuelle **Analysephase** am Anfang des Projektes:

■ Welche Rolle spielen die Beteiligten (und die zunächst Unbeteiligten)?
■ Welche Interessen und Fähigkeiten haben die Familienmitglieder?
■ Welche Vermögenswerte sind zu berücksichtigen?
■ In welcher strategischen Position und Verfassung ist das Unternehmen?

Daraus ergibt sich sehr schnell, welche individuellen Schwerpunkte bei der anschließenden **Strategieentwicklung** gelegt werden müssen. In nahezu jedem Fall müssen Experten für die in Abbildung 2 genannten vier Bereiche Zuarbeit leisten. Arbeiten diese in einem eingespielten Team zusammen, ist dies der - selten erreichte - Idealfall. Dabei ist es wichtig, weiterhin das Ganze im Auge zu behalten und nicht die Energie der Projektarbeit vorschnell auf ein bestimmtes Feld (z. B. gesellschafts- oder steuerrechtliche Fragestellungen) auszurichten. Eine externe Moderation durch einen psychologisch geschulten Experten kann in dieser erfolgskritischen Phase Offenheit und Einigungswillen bei den Beteiligten sicherstellen.

Besteht Einigung innerhalb der Familie mit der erarbeiteten Nachfolgelösung, ist die abschließende **Umsetzung** in der Regel ohne größere Probleme zu bewältigen. Erst in dieser Phase kommt die Phantasie von gesellschafts- und steuerrechtlichen Lösungswegen voll zum Tragen. Auch betriebswirtschaftliche Eingriffe in das Unternehmen folgen der zuvor verbindlich beschlossenen Nachfolgestrategie. Der Aufbau und die Begleitung des Nachfolgers etwa im Wege des Einzelcoaching auch über den Übergabezeitpunkt hinaus schließen ein gelungenes Nachfolgeprojekt ab.

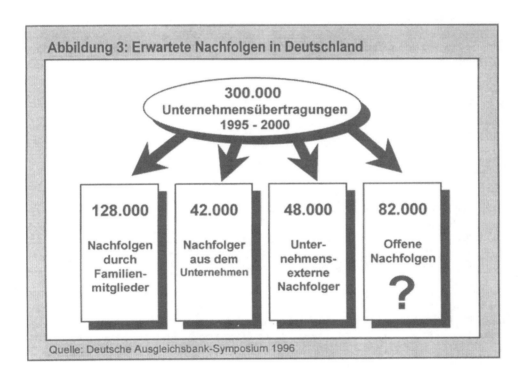

3. Konzeption des Buches - Ein ganzheitlicher Ansatz als Lösungsmodell

3.1 Zur Entstehung dieses Buches

Der Gründer der GERHARD UND LORE KIENBAUM STIFTUNG, Staatsminister a. D. Gerhard Kienbaum, war selbst Familienunternehmer und hat 1945 die heutige Unternehmensberatung Kienbaum und Partner begründet. Der Generationswechsel im eigenen Unternehmen hat mit dem frühzeitigen Übergang auf den Sohn Jochen Kienbaum erfolgreich stattgefunden. Durch die persönliche Erfahrung und die besondere Verbundenheit zur Entwicklung der meist familiengeführten mittelständischen Unternehmen in Deutschland wurde ihm die Aktualität und Bedeutung des Themas schnell deutlich. Als Schwerpunktthema der Gerhard und Lore Kienbaum Stiftung wurden Stipendien zum Thema Nachfolgemanagement vergeben und im Dezember 1997 ein Expertenworkshop in Gummersbach veranstaltet. Die Tagung diente der Konzeption und Ideenfindung für das vorliegende Buch. Nahezu alle Autoren waren als Diskussionsteilnehmer anwesend und haben in mehreren Arbeitskreisen die Struktur des Buches bereits maßgeblich mitbestimmt. Schon hier wurde deutlich, daß der Schwerpunkt auf persönliche Aspekte im Nachfolgeprozeß von den Autoren einhellig unterstützt wurde.

3.2 Konzeption und inhaltlicher Ansatz des Buches

Das vorliegende Buch ist als Diskussionsforum und Lesebuch konzipiert. Es stellt somit kein Nachschlagewerk über die Vielzahl aller möglichen Aspekte der Nachfolge dar, sondern setzt ganz bewußt thematische Schwerpunkte. Die einzelnen Kapitel sind in sich geschlossen und können vom Leser, der sich für einzelne Themen besonders interessiert, auch unabhängig von den anderen Kapiteln gelesen werden.

Nachfolge in Unternehmen ist in vielen Publikationen recht einseitig aus rechtlicher und steuerlicher Sicht behandelt worden. Rechtsformgestaltung, Erbschaft- und Unternehmensteuer, Testamentgestaltung und Übertragungsmodelle sind in diesen Fällen die zentralen Themen. Das Buch wurde daher nicht vorrangig für Steuerberater, Wirtschaftsprüfer oder Rechtsanwälte geschrieben, sondern wendet sich vor allem an Unternehmer, potentielle Nachfolger und Führungskräfte in Familienunternehmen. Darüber hinaus soll ein Beitrag zur wissenschaftlichen Diskussion geleistet werden, ohne dabei auf eine klare und verständliche Sprache zu verzichten.

Persönliche und unternehmensstrategische Aspekte spielen in der Nachfolgekonzeption eine zentrale Rolle und bilden den Ausgangspunkt für alle späteren Umsetzungsschritte. An diesem Punkt setzt das vorliegende Buch an. Ein Generationswechsel im

Unternehmen stellt zunächst **ein einschneidendes persönliches Ereignis** bei den Beteiligten dar, bei dem psychologische Aspekte eine ganz wesentliche Rolle spielen. Auch wenn der Ausspruch eines Unternehmensberaters „95 Prozent einer Unternehmensnachfolge sind Psychologie" vielleicht etwas zu hoch gegriffen scheint - ohne gebührende Berücksichtigung der Persönlichkeitsstrukturen und privaten Verhältnisse beim Unternehmer und seinem Umfeld läßt sich das Themas Nachfolge nicht erschließen. Steuerliche oder rechtliche Vertragsgestaltungen sind nach diesem Verständnis lediglich die passenden Umsetzungsschritte einer durchdachten Nachfolgeregelung.

Das Buch folgt einem **ganzheitlichen Ansatz als Lösungsmodell**, der die wesentlichen Themenbereiche einer erfolgreichen Nachfolgeregelung vereint und dabei den psychologischen und unternehmensstrategischen Aspekten besonderen Platz einräumt. Ziel ist es, auch bisher weniger behandelte Einflüsse und Lösungsansätze vorzustellen. Die unterschiedlich praktizierten Ansätze zeigen die Vielfalt der Nachfolgeprozesse und geben dem Leser die Möglichkeit, von erfolgreichen Konzepten zu lernen.

3.3   Gliederung und Inhalt der Kapitel

Das Buch ist in fünf Kapitel untergliedert. Neben dem Einführungskapitel und der Darstellung des ganzheitlichen Ansatzes als Basis des Buches wird das Thema Nachfolge in den Kapiteln drei bis fünf aus den drei zentralen Perspektiven **Psychologie/Familie - Unternehmen - Steuern/Rechtsform** beleuchtet.

Das erste Kapitel dient der Einführung in die Thematik und zeigt die aktuelle Bedeutung einer erfolgreichen Nachfolgeregelung für mittelständische Familienunternehmen auf. **Prof. Dr. Norbert Walter** zeigt in seinem Beitrag, welche **Rolle mittelständische Familienunternehmen in Wirtschaft und Gesellschaft** spielen und welchen volkswirtschaftlichen Schaden ein Verlust der Unternehmenskontinuität bedeuten kann.

Im zweiten Kapitel wird von **Prof. Dr. Brun-Hagen Hennerkes** der bereits angesprochene **ganzheitliche Ansatz als Lösungsmodell** dargestellt. Die Phasen des Überganges, also die **Planung der Nachfolge als einen mehrjährigen Prozeß** behandelt **Dr. Christoph Watrin** in seinem Beitrag.

Ein Schwerpunkt des Buches liegt in den **psychologischen Aspekten** der Nachfolge im dritten Kapitel. Die zentrale Bedeutung von Geld, Macht und Liebe in den Motiven und Konflikten einer Unternehmerfamilie zeigt **Dr. Helga Breuninger** auf. Konflikte lassen sich nicht totschweigen, sondern gehören wie das Salz in der Suppe zu einer dynamischen und erfolgreichen Problemlösung. Auf die richtige **Psychologie im Prozeß der Übergabe** geht auch **Werner Freund** in seinem Beitrag ein. Zwei spezielle, aber oft unterschätzte Aspekte beleuchten **Franziska Gerke-Holzhäuer** und **Dr. Birgit Felden**. **Heimliche Entscheidungsträger im Hintergrund,** wie die Ehefrau des Unternehmers, und der **Umgang mit Tabuthemen** bestimmen oft den Verlauf einer Nachfolge, ohne von den Beteiligten offen angesprochen zu werden.

Das vierte Kapitel widmet sich dann ganz der Frage nach der Gestaltung einer Nachfolge im Unternehmen selbst. Die Brücke zur Persönlichkeit des Seniors und des Juniors schlägt **Dr. Jens Ziegler** mit der These, daß der Nachfolger in jedem Fall eine **neue Unternehmenskultur** begründet. Die richtige Vorbereitung und Qualifizierung des Nachfolgers ist das Thema von **Michael Paschen**. Sein Ansatz „**Ohne Coaching geht es nicht**" beinhaltet jedoch auch, daß nicht alle Nachfolger beliebig entwickelbar sind. **Die Akzeptanz des Nachfolgers bei Führungskräften und Mitarbeitern** stellt eine erfolgskritische Bruchstelle und ein mögliches schwelendes Tabuthema für die kommenden Jahre im Unternehmen dar. **Volker Rojahn** zeigt die Dimension dieses Problems auf und gibt praktische Lösungsansätze zur dauerhaften Akzeptanzgewinnung. Steht **kein Nachfolger aus den Reihen der Familie** zur Verfügung, kann eine Fremdgeschäftsführung das Unternehmen fortführen. **Dr. Wolfram Gruhler** geht in seinem Artikel auch auf die Gestaltung von MBI und MBO-Modellen ein. Die Vossloh AG mit dem Vorstandsvorsitzenden **Burkhard Schuchmann** als familienfremder Manager ist anschließend ein erfolgreiches Beispiel für die **Gründung einer Aktiengesellschaft als Nachfolgevariante**. Auch wenn im Unternehmen die Integration des Nachfolgers gelungen ist, im Umfeld müssen wichtige Kunden, Lieferanten und die Bankenvertreter ebenfalls auf den Nachfolger eingestimmt werden. Die **Bekanntmachung und Einführung bei Geschäftspartnern** ist Thema des Beitrags von **Michael Wiehl**. Aber was passiert, wenn eine Nachfolge gescheitert ist und die Existenz des Unternehmens akut bedroht ist? **Hans-Michael Hornberg** stellt das Instrument des externen Krisenmanagements im Falle einer **gescheiterten Nachfolge** an einem Praxisfall vor.

Im abschließenden fünften Kapitel werden ausgewählte Aspekte im Bereich finanzieller und rechtlicher Regelungen erörtert. Die manchmal unheilvolle Rolle von Rechtsanwälten, Steuerberatern, Wirtschaftsprüfern und Unternehmensberatern in der **Nachfolgeberatung** stellt **Prof. Dr. Christoph Braunschweig** vor. Überforderte oder eigennützige Ratgeber können eine Nachfolge im schlimmsten Fall bis zur Unternehmensaufgabe treiben. Qualifizierte Nachfolgeberatung hingegen - darin sind sich nahezu alle Autoren einig - begünstigt in allen Fällen einen erfolgreichen Generationenwechsel im Unternehmen. **Dr. Hans Flick** stellt die notwendigen Planungsschritte in der Erbfolgeberatung im Rahmen des ganzheitlichen Ansatzes vor und geht besonders auf die Gestaltung des **Testaments** ein. Ein Beirat, wie ihn **Prof. Dr. Brun-Hagen Hennerkes** vorstellt, beschreibt nicht nur ein wichtiges Beratungsgremium im Übergang, sondern auch eine kommissarische Nachfolgeregelung für den plötzlichen Ausfall des Unternehmerseniors. Eine weitere interessante Lösung für die Nachfolge ist die **Gründung einer Stiftung**. **Dr. Ambros Schindler** zeigt auf, welche Möglichkeiten zur finanziellen Absicherung der Familie bei gleichzeitiger Wahrung der Unternehmenskontinuität eine Stiftung bietet.

Trotz aller Gemeinsamkeiten ist jede einzelne Nachfolgeregelung anders, jeder Fall in der Praxis einmalig. Sechs Unternehmerpersönlichkeiten haben sich bereit erklärt, für dieses Buch ihre eigene Geschichte in persönlichen Interviews wiederzugeben. **Iris Hermann, Christian Weiß, Ulrich Burger** und **Jörg Albers** haben die **sechs Praxisfälle** recherchiert und aufbereitet.

Die unterschiedlichen Beiträge zeigen bereits, welche Komplexität das Thema Nachfolgemanagement hat und daß kein Buch Patentrezepte anbieten kann. Daß es dennoch gelungen ist, ein nicht nur bruchstückhaftes oder einseitig auf eine Perspektive ausgerichtetes Bild über die zahlreichen Facetten des Generationenwechsels in Familienunternehmen zu zeichnen, dafür bedanke ich mich bei allen Autoren und Unternehmern ganz herzlich. Ihre Begeisterung für das Thema war nicht nur im vorangegangenen Workshop zu spüren, sie ist auch in die vorliegenden Beiträge eingeflossen. Mein ganz persönlicher Dank gilt Iris Hermann, die nicht nur dieses Buch redaktionell mitbetreut, sondern auch den Aufbau der Gerhard und Lore Kienbaum Stiftung in den vergangenen Jahren tatkräftig unterstützt hat.

Prof. Dr. Norbert Walter

Die Rolle mittelständischer Familienunternehmen in Wirtschaft und Gesellschaft

1.   Besonderheiten von familiengeführten Unternehmen

Der Mittelstand verkörpert den Kern der pluralistischen Wirtschaftsstruktur in Deutschland. Er setzt sich zum ganz überwiegenden Teil aus Familienunternehmen (Ende 1995 knapp 1,5 Millionen) zusammen und ist in allen Bereichen des wirtschaftlichen Lebens zu finden. Die Bedeutung kleiner und mittlerer Unternehmen (KMU) geht über das Füllen von rentablen Marktnischen oder von Angebotslücken großer Unternehmen hinaus. In ihrer Vielzahl, ihrer unterschiedlichen Branchenausrichtung und ihrer Wettbewerbsorientierung bilden sie das **Fundament unserer freiheitlichen Wirtschaftsordnung**. Ihre spezifischen Stärken – große Marktnähe, hohe Flexibilität und beträchtliche Innovationsfähigkeit – tragen den permanenten Strukturwandel und Erneuerungsprozeß der Marktwirtschaft.

Aber auch **gesellschaftlich** spielen Familienunternehmen eine wichtige Rolle. Der mittelständische Unternehmer zeichnet sich durch den Einsatz von Privatkapital, Mut zur privatwirtschaftlichen Übernahme von Risiken und die Bereitschaft zu eigenverantwortlichem Handeln aus. Vielfach verbindet den Eigentümerunternehmer **ein engeres Verhältnis** mit seinen Kunden, den von seiner Firma bereitgestellten Produkten oder Dienstleistungen und der Belegschaft, als dies bei angestellten Managern der Fall ist. Positive oder negative Folgen unternehmerischer Entscheidungen beeinflussen unmittelbar die Vermögenssituation des Unternehmers, die Anreizmechanismen des Marktes können ungefiltert wirksam werden. Die Einheit von Eigentum und Risiko und die Verzahnung der wirtschaftlichen Existenz des Eigners mit der des Unternehmens schaffen eine spezielle Sichtweise, die man in der Tat als „Kultur der Selbständigkeit" bezeichnen kann. Eine breite Streuung von Eigentum und Verantwortung, wie sie durch eine gesunde Basis von KMU erreicht wird, wirkt damit nicht nur der Konservierung von Wirtschaftsstrukturen entgegen, sondern stützt vor allem auch die Anpassungs- und Erneuerungsfähigkeit der Gesellschaft.

2. Die wirtschaftliche Bedeutung mittelständischer Unternehmen

Der **Begriff „Mittelstand"** ist trotz seines häufigen Gebrauchs unscharf und beschreibt eine äußerst heterogene Gruppe von Unternehmenstypen. Nach quantitativen Aspekten werden darunter Betriebe mit bis zu 500 Beschäftigten bzw. bis zu 100 Millionen DM Umsatz gerechnet. Aus qualitativer Sicht ist vor allem die **Übereinstimmung von Eigentümer und unternehmerischer Leitung** zu betonen. Berücksichtigt man die beiden Aspekte, so umfaßt der Mittelstand Kleinstunternehmen, Handwerksbetriebe, freie Berufe, kleinere Technologieunternehmen bis hin zu mittelgroßen Industrieunternehmen.

Die wirtschaftliche Rolle mittelständischer (und damit weitgehend familiengeführter) Unternehmen - immerhin 99,6 Prozent aller umsatzsteuerpflichtigen Unternehmen – bei der Investitionstätigkeit und für die Wachstumsdynamik ist groß. Knapp 50 Prozent aller steuerpflichtigen Umsätze werden von KMU erzielt; sie tragen 53 Prozent zur Bruttowertschöpfung aller Unternehmen bei und tätigen rd. 45 Prozent aller Bruttoinvestitionen. Dazu kommt der arbeitsmarktspezifische Aspekt: **Der Mittelstand beschäftigt etwa 20 Millionen Arbeitnehmer**, das sind rd. 68 Prozent aller sozialversicherungspflichtig Beschäftigten in Westdeutschland; der Schwerpunkt liegt mit fast 5,5 Millionen Beschäftigten bei Betrieben mit einer Mitarbeiterzahl zwischen 100 und 499. Ihr Beschäftigungsverhalten erweist sich - auch im Konjunkturverlauf - stabiler als das der Großunternehmen: Während in Westdeutschland Großunternehmen zwischen 1990 und 1995 ca. 750 000 Arbeitsplätze abgebaut haben, schufen KMU im gleichen Zeitraum durch Neugründungen und internes Wachstum knapp eine Million neue Stellen. Allerdings dürfte diese Entwicklung statistisch etwas überzeichnet sein. In dem Maße, wie große Industrieunternehmen einzelne Unternehmensbereiche in kleinere, rechtlich selbständige Betriebseinheiten ausgliedern, verringert sich der Anteil der Großunternehmen an der Beschäftigung und erhöht sich der des mittelständischen Bereichs. Schließlich sollte auch nicht übersehen werden, daß besonders in der Zuliefererbranche das Beschäftigungsverhalten mittelständischer Betriebe durch die Entwicklung bei den Großunternehmen vorgezeichnet wird.

Eine noch wichtigere Rolle als in Westdeutschland spielen mittelständische Unternehmen für die Beschäftigung in den östlichen Bundesländern. KMU repräsentieren mehr als 80 Prozent der sozialversicherungpflichtig Beschäftigten Ostdeutschlands und stellen 85 Prozent der Lehrstellen zur Verfügung.

Die **Branchenstruktur des Mittelstandes** ist äußerst vielfältig:

Abbildung 1: Umsatzanteile des Mittelstands in den Branchen 1994

Branche	Anteil
Land und Forstwirtschaft	98,0%
Fischerei und Fischzucht	100,0%
Verarbeitendes Gewerbe	34,0%
Baugewerbe	84,7%
Großhandel	47,2%
Einzelhandel	50,0%
Gastgewerbe	86,0%
Verkehr und Nachrichtenübermittlung	43,3%
Dienstleistungen	53,7%
Kfz-Handel und -reparatur	79,2%
Kreditinstitute und Versicherungen	26,2%
Bergbau, Energie und Wasser	13,4%
Sonstige	52,4%
insgesamt	46,8%

Quellen: Bundesministerium für Wirtschaft, Studienreihe Nr. 96 Unternehmensgrößenstatistik 1997/98, eigene Berechnungen

Die meisten mittelständischen – familiengeführten – Betriebe sind in der Land- und Forstwirtschaft bzw. der Fischerei zu finden. Traditionell von kleinen und mittleren Unternehmen geprägt sind auch das Gastgewerbe, das Baugewerbe und natürlich das Handwerk. Ausgewogener ist dagegen der Anteil mittelständischer und großer Unternehmen im Dienstleistungssektor.

Eine geringere Rolle spielen mittelständische Familienunternehmen im verarbeitenden Gewerbe, zumindest in bezug auf den Umsatz. Trotzdem: Auch hier gehören 98 Prozent der Industrieunternehmen zum Mittelstand; sie beschäftigen 42 Prozent der Arbeitnehmer in diesem Bereich und tätigen immerhin 36 Prozent der industriellen Umsätze. Im Unterschied zu anderen Branchen gibt es in der Industrie eine nicht unerhebliche Anzahl von Unternehmen, die zwar einerseits aus dem quantitativen Kriterium der Mittelstandszugehörigkeit herausfallen, andererseits aber unter qualitativen Aspekten – eignergeführt und konzernunabhängig – als mittelständische Familienunternehmen bezeichnet werden können. Immerhin 23 Prozent der großen Industrieunternehmen sind dazu zu zählen, mit einer durchschnittlichen Zahl von 1300 Beschäftigten. Insgesamt sind 73 Prozent der Industrieunternehmen inhabergeführt und konzernunabhängig, in der Mehrzahl mit weniger als 500 Beschäftigten. Eine ähnlich hohe Anzahl selbständiger Industrieunternehmen ist in einem Land vergleichbarer wirtschaftlicher Bedeutung und Größenordnung nicht zu finden.

3. Risiken gescheiterter Nachfolgen im Mittelstand

Die erfolgreiche Bewältigung des Generationenwechsels in den Familienunternehmen wird daher mit darüber entscheiden, ob diese besondere, und zumindest in der Vergangenheit erfolgreiche, deutsche Ausprägung der Industriestruktur auch in Zukunft erhalten werden kann. Die unsichere Perspektive dieser Unternehmen läßt auch den Arbeitsmarkt nicht unberührt. Von den anstehenden Unternehmensübergaben sind nach Schätzungen des Instituts für Mittelstandsforschung gut 4 Millionen Arbeitsplätze betroffen, da Unternehmen in einer solchen Übergangsphase eher anfällig sind. Besonders **gefährdet dürften etwa 1 Million Arbeitsplätze sein**, die je zur Häfte auf Unternehmensstillegungen wegen fehlendem Nachfolger und übernahmebedingte Restruktrurierungen zurückzuführen sind. Eine unprofessionelle Übergabe, die dann zu betriebsbedingten Problemen oder in letzter Konsequenz sogar zu einer Liquidation des betroffenen Unternehmens führt, würde daher auch den Arbeitsmarkt weiter belasten.

Unternehmensgröße ist nicht immer nur Ausdruck einer Spezialisierung auf kleinere Marktsegmente, sondern ebenso der Entwicklungsphase eines Unternehmens. Im Mittelstand, bei den Kleinunternehmen, spielen sich die Gründungsaktivitäten im Unternehmenssektor ab. Die Fluktuation dieser jungen, zum Teil hochtechnologieorientierten Unternehmen trägt zu einer ständigen Erneuerung des Unternehmensbestandes bei und treibt den Strukturwandel voran. Existenzgründungen verdienen daher in der Tat besondere Beachtung. Von einem aktiveren Gründungsgeschehen erwarten viele auch positive Impulse für den Arbeitsmarkt, immerhin werden mit jeder Gründung im Schnitt vier neue Arbeitsplätze geschaffen. Echte Entlastung können die neuen Unternehmen aber nur bringen, wenn sie mit ihrer Angebotspalette wettbewerbsfähig sind und so auf Dauer am Markt bestehen können.

4. Neue Herausforderungen für Familienunternehmen

Gerade im Hinblick auf die erfolgreiche Fortführung von kleinen und mittleren Familienunternehmen in der nächsten Generation treten oft die strukturellen Schwächen auf, die in einem veränderten wirtschaftlichen Umfeld noch deutlicher zutage treten. Die geringere Personaldecke führt meist dazu, daß Stabstellen zur Beobachtung ausländischer Märkte oder Konkurrenten, zur Steuer- oder Organisationsoptimierung nicht in ausreichendem Maße vorhanden sind. Dies erschwert die Entwicklung von langfristigen, konsequent umgesetzten Unternehmensstrategien bei der Erschließung neuer Märkte und Innovationsfelder. Zudem unterliegen viele KMU einer starken Ressourcenlimitierung. Abgesehen von den größeren mittelständischen Unternehmen besitzen sie nicht die Finanzkraft, um zum einen mit modernsten Fertigungsanlagen Kostendegressionseffekte zu erzielen und zum anderen die steigenden Erschließungskosten für neue Märkte und Produkte zu bezahlen. Für bestimmte Aktivitäten ist daher eine gewisse Unternehmensgröße Voraussetzung: So besteht eine enge Verbindung zwischen der Betriebsgröße und der Höhe der Exportquote bzw. dem Umfang von Forschungsvorhaben, obwohl es Ausnahmen u.a. in der Elektrotechnik oder dem Maschinenbau gibt. Schließlich kann der Vorteil einer schnellen, **auf den Eigentümer zugeschnittenen Entscheidungsstruktur** ins Gegenteil umschlagen, wenn der Mittelständler in traditionellem Denken verharrt und strategische Aufgaben ohne Hilfe von außen alleine nicht mehr meistern kann. Nach wie vor sind mittelständische Unternehmen deutlich weniger als Großunternehmen bereit, angestammte Betätigungsfelder aufzugeben, um von einer veralteten Branche in eine neue mit besseren Wachstumsperspektiven zu wechseln. Um wettbewerbsfähig zu bleiben, werden KMU daher eine den Großunternehmen nicht unähnliche Anpassungstrategie fahren müssen: Aufspüren von Kostensenkungspotentialen – die gerade im Zuliefererbereich oftmals durch die Großabnehmer erzwungen werden, Erschließung neuer Wachstumsmärkte sowie Forcierung von Produkt- und Verfahrensinnovationen.

4.1 Sicherung von Innovation im Familienunternehmen

Innovationen und technischer Fortschritt sind Grundlagen wirtschaftlichen Wachstums. Aus volkswirtschaftlicher wie betriebwirtschaftlicher Sicht kann nur der überleben, der sich den Herausforderungen des technischen Fortschritts stellt. Die Produktlebens- und Innovationszyklen sind in den letzten Jahren immer kürzer geworden und damit die Zeitspanne zum Erwirtschaften der für die Entwicklung neuer Produkte erforderlichen Mittel.

Der Stifterverband für die Deutsche Wissenschaft hat in seinem FuE-Datenreport 1997 das Innovationsverhalten der Unternehmen analysiert und dabei festgestellt, daß kleinere und mittlere Unternehmen relativ forschungsaktiver sind als Großunternehmen. Allerdings gibt es hinsichtlich der Größe der Forschungsprojekte eine klare Arbeitsteilung zwischen den Großunternehmen und den KMU. Vor allem, wenn das Innovationsvorhaben zeit- und kostenaufwendig ist und eine Markteinführung möglichst international erfolgen soll, sind KMU organisatorisch und finanziell überfordert. Ihre Stärke liegt im Aufgreifen neuer Technologien und der Weiterentwicklung für spezielle Anwendungsfelder. Sie erreichen damit zwar weniger technologische Durchbrüche, sorgen aber für die erforderliche Technologiediffusion in die Breite der Wirtschaft.

Betrachtet man die FuE-Aufwendungen nach der Zahl der im Unternehmen Beschäftigten, so zeigt sich, daß Betriebe mit bis zu 100 Mitarbeitern am stärksten forschungsorientiert sind. Mit einem Anteil der FuE-Aufwendungen von rd. 6 Prozent am Umsatz liegen sie an der Spitze aller Unternehmen, und bezogen auf die Beschäftigten werden sie nur von Unternehmen mit mehr als 10 000 Mitarbeitern übertroffen:

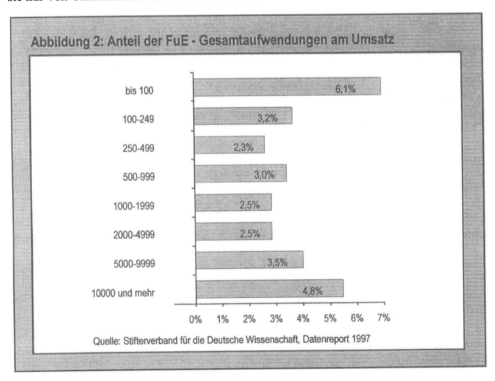

Abbildung 2: Anteil der FuE - Gesamtaufwendungen am Umsatz

Beschäftigte	Anteil
bis 100	6,1%
100-249	3,2%
250-499	2,3%
500-999	3,0%
1000-1999	2,5%
2000-4999	2,5%
5000-9999	3,5%
10000 und mehr	4,8%

Quelle: Stifterverband für die Deutsche Wissenschaft, Datenreport 1997

Mittelständische Unternehmen wenden mit rd. 69 Prozent einen höheren Anteil ihrer Mittel für Produktentwicklungen auf als die Großunternehmen (rd. 62 Prozent).

Auch für die KMU gilt aber - wie für die gesamte deutsche Wirtschaft -, daß sie im internationalen Vergleich Schwierigkeiten mit der eigenständigen Entwicklung neuer Technologien haben und Innovationen zu selten auch in unternehmerischem Erfolg münden.

4.2   Organisationsstrukturen verändern sich – Unternehmensnachfolge als Chance

Die Arbeitsorganisation der Wirtschaft – und des Staates – hat sich in den letzten Jahren verändert. Gerade die Nachfolge in Familienunternehmen bietet mit dem Einstieg einer neuen Generation die Chance, althergebrachte Organisationsstrukturen den Anforderungen der Zeit anzupassen. Die aktuellen Einflüsse und Tendenzen in der Organisations- und Prozeßgestaltung der Wirtschaft können dann konsequent berücksichtigt werden. Die stärkere Konzentration der Großunternehmen auf Kerngeschäftsfelder hat zu einer breiten Ausgliederung von Geschäftsbereichen geführt, die von Produktions-, Logistik- und FuE-Aufgaben bis zu verschiedensten Serviceleistungen reichen. Dadurch vergrößert sich das Aufgabenfeld der mittelständischen Familienunternehmen quantitativ wie auch qualitativ, während gleichzeitig die Anforderungen hinsichtlich Flexibilität, Zuverlässigkeit und Kundennähe zunehmen.

Besonders deutlich wird dies bei den Beziehungen zwischen industriellen Großabnehmern und mittelständischen Zulieferern. Durch die Reduzierung der Fertigungstiefe bei Großunternehmen werden die Zulieferbetriebe verstärkt in den Wertschöpfungsprozeß ihrer Abnehmer integriert. Die Möglichkeiten zur Zusammenarbeit umfassen die Verlagerung des Unternehmensstandortes an den des Abnehmers (selbst ins Ausland), über die Vernetzung von Informations- und Kommunikationssystemen bis hin zur Offenlegung von Kostenrechnung und Kalkulationsgrundlagen. Die Reorganisation der Fertigungs- und Beschaffungsstrukturen zieht eine Differenzierung der Zuliefererbranche und damit auch großer Teile des Mittelstandes nach sich. Nicht alle mittelständischen Unternehmen haben die Aussicht, sich zu einem „Systemlieferanten" eines Großunternehmens zu entwickeln, sondern müssen sich einen neuen Platz in der Zuliefererhierarchie suchen. Wichtig für die Betriebe auf allen Stufen der Wertschöpfungskette ist, sich spezifische Wettbewerbsvorteile zu schaffen, um den potentiellen Konkurrenten, die angesichts des global sourcing vieler Großunternehmen zunehmend auch aus dem Ausland kommen, immer einen Schritt voraus zu sein.

Vor allem dieses Outsourcing hat dazu geführt, daß der relative Anteil der mittelständischen Unternehmen im verarbeitenden Gewerbe gestiegen ist. Die „Dezentralisierungspolitik" der Großunternehmen mündet allerdings oftmals in Unternehmenseinheiten, die mit rein mittelständischen Strukturen relativ wenig zu tun haben, sondern eher stark vernetzten Wertschöpfungsketten gleichen. Die Wettbewerbsorientierung untereinander mag dabei ebenso beeinträchtigt werden wie die unternehmerische Selbständigkeit. Qualifikation und Motivationsprofil dieser Unternehmensformen dürften sich damit deutlich von Familienunternehmen unterscheiden.

4.3 Zukunftssicherung im internationalen Wettbewerb – Chancen und Risiken

Der Globalisierungsprozeß hat auch den Mittelstand erreicht. Rund 40 Prozent der mittelständischen Unternehmen sind im Ausland tätig und haben sich Nischen mit teilweise beeindruckenden Weltmarktanteilen gesichert. Nach wie vor aber konzentriert sich das Auslandsengagement des Mittelstandes auf Westeuropa, obwohl ein internationaler Fokus bessere Wachstumsaussichten eröffnen würde. Die Übergabe der Verantwortung auf die nachfolgende Generation bietet hier die Chance, alte Denkmuster und Strategien abzulegen. Die Globalisierung der Märkte bringt mehr Wettbewerb, aber auch neue Möglichkeiten. Deutsche Unternehmen insgesamt und besonders die schnell und flexibel agierenden Mittelständler haben in den aufstrebenden Marktwirtschaften in Osteuropa, Lateinamerika und Süd-Ost-Asien gute Geschäftsaussichten.

Viele mittelständische Unternehmen besetzen Nischenpositionen. Zwar wird es auch in Zukunft neue Marktnischen geben, doch wird eine bislang erfolgreich gefahrene Nischenstrategie auf den globalen Märkten kein Garant mehr für den langfristigen Unternehmenserfolg sein. Die voranschreitende Deregulierung im nationalen Rahmen sowie die Handelsliberalisierung verringern nicht nur den staatlichen Bestandsschutz für etablierte Unternehmen, sondern entwerten zunehmend auch nationales Marktwissen. Die Transformation nationaler in globale Märkte ermöglicht neuen Wettbewerbern, sich auch auf angestammten Betätigungsfeldern deutscher Unternehmen zu etablieren. Regionale Nischen wachsen zusammen und können so eine Größenordnung erreichen, die den Markt auch für größere Unternehmen lukrativ erscheinen lassen.

Auch die von Familienunternehmen in der Vergangenheit erfolgreich besetzten Produktnischen können zunehmend gefährdet werden. Produkte zu perfektionieren und/oder zu individualisieren, kann temporär durchaus erfolgreich sein. Grundsätzlich ist es allerdings eine defensive Strategie, und das Risiko besteht, daß die Kunden den Zusatznutzen nicht wahrnehmen und nicht bereit sind, einen höheren Preis zu bezahlen. Gerade bei deutschen Unternehmen besteht häufig die Gefahr des „over-engineering".

Globalisierung und steigende Anforderungen in der Innovationspolitik werden dazu führen, daß KMU in Zukunft verstärkt ihre Haltung hinsichtlich Kooperationen überdenken müssen. Häufig bestehen bei den Familienunternehmern jedoch Berührungsängste gegenüber Konkurrenten. Auch der höhere Stellenwert der Selbständigkeit des Unternehmers und seiner Entscheidungsautonomie als Eigentümer behindern nicht selten eine sachgerechte, unternehmensübergreifende Lösung. Kooperation in verschiedenen Teilbereichen – Materialeinkauf, Vertrieb, Forschung – bedeutet jedoch nicht, auf die Flexibilitätsvorteile überschaubarer mittelständischer Betriebseinheiten verzichten zu müssen, sondern läßt die mittelständischen Unternehmen gemeinsam erst die für manche Märkte überlebenskritische Masse erreichen. Angesichts der zunehmend globalen Ausrichtung darf die Suche nach geeigneten Kooperationspartnern nicht an der Landesgrenze enden. Es sind vielmehr internationale Partnerschaften und strategische Allianzen sowohl mit mittelständischen Unternehmen als auch Großunternehmen anzustreben.

4.4   Rahmenbedingungen für Familienunternehmen verbessern

Die mittelständischen Familienunternehmen können ihre Leistungsfähigkeit nur entfalten, wenn auch die Rahmenbedingungen am Standort Deutschland stimmen. Die Defizite des deutschen Standorts – Regelungsdichte und leistungsfeindliche Steuer- und Sozialgesetzgebung - beeinträchtigen die unternehmerische Tätigkeit mittelständischer Betriebe wegen fehlender Ausweichmöglichkeiten wesentlich stärker als die der Großunternehmen. Dazu kommt der für viele KMU bestehende Kapitalbedarf, ausgelöst u.a. durch eine Nachfolgeregelung, der im vorhandenen nationalen Umfeld nicht immer befriedigend gedeckt werden kann.

In den letzten dreißig Jahren hat sich die Eigenkapitalquote der deutschen Unternehmen auf zuletzt durchschnittlich 18 Prozent verringert. Bei kleinen und mittleren Betrieben liegt sie häufig unter 10 Prozent. Eine befriedigende Eigenkapitalquote ist aber Voraussetzung für eine schlagkräftige Unternehmensstrategie. Niedrige Eigenkapitalquoten dagegen sind in vielen Fällen die Ursache für Unternehmensinsolvenzen und auch eingeschränkte Kreditvergabe von Finanzinstitutionen. Staatliche Förderprogramme können hier auf Dauer keine Abbhilfe schaffen, zumal sie immer häufiger auf Neugründungen konzentriert sind und großen bürokratischen Aufwand mit sich bringen. Nicht zuletzt lenkt diese Focussierung auf Existenzgründungen von einer „Bestandspflege" der bestehenden Unternehmen mit ihrer ungleich höheren Zahl von Beschäftigten ab.

Damit die finanzielle Basis nicht zum Engpaß im Nachfolgeprozeß und für notwendige Restrukturierungen wird, müssen daher neue Wege zur Beschaffung von Eigenkapital gefunden werden. Die Stärkung der Eigenmittelbasis mittelständischer Unternehmen ist aus zwei Gründen nicht immer leicht. Zum einen steht in Deutschland, im internationalen Vergleich, **Venture Capital** für Existenzgründer und zur Existenzsicherung bestehender mittelständischer Unternehmen in geringerem Umfang zur Verfügung. Zum anderen verlangen Investoren berechtigterweise Transparenz, wenn sie ihr Kapital in einem Unternehmen anlegen sollen. Viele mittelständische Unternehmer üben dagegen starke Zurückhaltung, wenn es um die Weitergabe unternehmensinterner Informationen geht. Hier müssen auch die Eigentümer umdenken.

Eine Lösung des Kapitalproblems sind **Beteiligungsgesellschaften**. Auch ein Gang an die Börse sollte nicht nur als Ausnahmefall gesehen werden. Dafür spricht auch, daß selbst bei finanziell gesunder Basis marktführende Positionen gefährdet sein können, wenn Familienunternehmen immer öfter gegen börsennotierte ausländische Wettbewerber mit entsprechender Kapitalfundierung antreten müssen. Die Einführung des „Neuen Marktes" an der Börse hat die Hürden für die KMU deutlich gesenkt. Generell müssen aber die rechtlichen und steuerlichen Rahmenbedingungen verbessert und damit der Zugang zu Risikokapital am Standort Deutschland weiter verbessert werden.

Die aus Sicht der angebotsorientierten Wirtschaftspolitik dauerhaft bessere Lösung wäre allerdings, den Unternehmen von vornherein einen größeren Teil ihrer erwirtschafteten Mittel zur Kapitalbildung zu lassen, d.h. ein **leistungsfreundlicheres Steuersystem** zu etablieren. Die hohe Steuerbelastung höhlt die Selbstfinanzierungskräfte der Unternehmen aus und wirkt demotivierend auf bestehendes und geplantes unternehmerisches Engagement. Ohne finanzielle Anreize, die die Übernahme unternehmerischen Risikos lohnend machen, wird die Selbständigkeit keine überzeugende Alternative zur Arbeitnehmerposition bieten. Dazu kommt, daß die Vielfalt von unterschiedlichen Tarifen, Abschreibungsbedingungen und Vergünstigungen vor allem für die KMU nicht mehr überschaubar sind. Mit Blick auf den Mittelstand muß eine entsprechende Steuerreform nicht nur mehr Transparenz und eine deutliche Senkung der Belastung durch Unternehmensteuern zum Ziel haben, selbst wenn ein Drittel der Umsätze im Mittelstand von mittelständischen GmbHs erzielt (rd. 13 Prozent aller KMU) wird. Die geläufigste Rechtsform des Mittelstandes ist mit 70 Prozent die Personengesellschaft, so daß der Mittelstand vor allem auf eine nachdrückliche Senkung des Einkommensteuersatzes angewiesen ist.

Auch die aufgrund von Tarifvereinbarungen und ausufernden Sozialabgaben steigenden **Arbeitskosten** belasten die mittelständischen Unternehmen weit mehr als die Großunternehmen, da bei ihnen das Rationalisierungspotential oder die Ausweichmöglichkeiten auf ausländische Standorte weniger ausgeprägt sind. In einem veränderten weltwirtschaftlichen Umfeld ist eine Reform der Flächentarifverträge ebenso unvermeidlich wie eine konsequente Überprüfung des sozialen Leistungsniveaus.

Trotz gewisser Deregulierungsfortschritte hat sich der Vorschriftendschungel in Deutschland nur wenig gelichtet. Der Bürokratieaufwand bleibt wegen seines Fixkostencharakters für die KMU belastender als für große Unternehmen. Auch Genehmigungsverfahren sind nach wie vor langwierig und behindern die Entwicklung oder verzögern die Einführungsphase neuer Produkte so lange, bis Konkurrenten und Nachahmer die Amortisierung der Entwicklungskosten am Markt kaum noch zulassen. Je weniger der Staat regulierend in das Wirtschaftsgeschehen eingreift, desto eher kommen die Stärken des Mittelstandes zum Tragen und der Nachfolgeprozeß kann reibungsloser verlaufen.

5.   Ausblick

Die Herausforderungen an mittelständische Familienunternehmen werden weiter wachsen. Neue und internationale Konkurrenten verschärfen den Wettbewerb, die Ansprüche der privaten und gewerblichen Kundschaft aus Industrie und Handel steigen. Vor allem, wenn sie im internationalen Wettbewerb stehen, werden die mittelständischen Unternehmen darauf mit einer ähnlichen Anpassungsstrategie wie die Großunternehmen reagieren müssen. Auf der anderen Seite bietet das veränderte Umfeld vielfältige Chancen: Neue und umsatzstarke Absatzmärkte öffnen sich, kostengünstigere Produktionsstandorte können erschlossen werden. Das Ausgliedern oder Auslagern von Teilen der Wertschöpfungskette wird bei den industriellen Großunternehmen weiter anhalten. Gleichzeitig zwingt die Haushaltskonsolidierung den Staat, seine Leistungen einzuschränken und auf private Anbieter zu übertragen. Angesichts dieser Perspektiven sollte der Generationenwechsel in den kleinen und mittleren Betrieben offensiv betrieben werden, zum Nutzen nicht nur des Unternehmens und seiner Beschäftigten selbst, sondern der gesamten Volkswirtschaft.

Zweiter Teil

Das Ziel bestimmt den Weg –
Ansatz und Prozeß

Prof. Dr. Brun-Hagen Hennerkes

Der ganzheitliche Ansatz als Lösungsmodell

1. Einführung in die Problematik

Begreift man das Familienunternehmen lediglich als ein Unternehmen, an dem eine oder mehrere Familien Anteile besitzen, mit denen unternehmerischer Einfluß vermittelt wird, so ist diese Definition zu kurz gegriffen. Es fehlt bei ihr der Aspekt, der als der eigentlich wesentliche für Familienunternehmen zwingend zu berücksichtigen ist. Gemeint ist die subjektive Komponente, wonach der Begriff „Familienunternehmen" voraussetzt, daß die Familienmitglieder in eigener Wertung die **familiäre Verbundenheit** und die von der Familie aufgestellten Prinzipien als tragendes Element ihrer unternehmerischen Tätigkeit betrachten. Man ist also nicht etwa per Definition Familiengesellschaft, sondern man will Familiengesellschaft sein.

Mit dieser Definition wird zugleich deutlich, daß das Familienunternehmen als lebender Organismus bildhaft gesprochen zwei ineinander verschlungenen Ringen gleicht, wobei im Zentrum des einen das Unternehmen und im Zentrum des anderen die Familie steht. Die Komplexität eines solchen Gebildes muß notwendigerweise wesentlich größer sein als beispielsweise die einer anonymen Börsengesellschaft. Während nämlich bei jener weitgehend objektivierte betriebliche Abläufe mit fest definierten Schnittstellen den Auftritt im allgemeinen Wirtschaftsverkehr bestimmen, ist allen Familienunternehmen naturgemäß das jeweilige familiäre Verständnis bezüglich des Unternehmens immanent, wodurch eine sehr viel subjektivere, stärker auf die einzelnen Persönlichkeiten ausgerichtete Unternehmensführung nach innen und außen zutage tritt.

Wenn soeben bei der Betrachtung der „Nicht-Familiengesellschaften" von weitgehend objektivierbaren Abläufen gesprochen wurde, so darf dieser Befund nicht mißverstanden werden. Natürlich und zwingend gibt es auch in diesen Unternehmen psychologisch, unternehmenspolitisch oder gesamtvolkswirtschaftlich terminierte Entscheidungen, die sich einer konkreten Richtigkeitskontrolle durch Fachabteilungen mangels Objektivierbarkeit entziehen. Tatsache ist jedoch, daß sich hier die Einflüsse weniger komplex als im Familienunternehmen darstellen und daß sie zudem nicht so häufigem Wandel unterliegen, wie das zwingend bei einer auf einzelne individuelle Persönlichkeiten basierenden Familie der Fall sein muß.

Ein besonders hoher Grad an Komplexität zeigt sich in Familienunternehmen insbesondere bei der Konzeption der Unternehmensnachfolge. Die Zeiten, in denen der Senior sich mit seinem Steuerberater und Hausanwalt ins Kaminzimmer zurückzog und anschließend der andächtig lauschenden Familie das Verdikt der vornehmlich unter steuerlichen und haftungsrechtlichen Aspekten getroffenen Nachfolgeregelung verkündete, sind gottlob vorbei. Zu schmerzlich haben viele Familienunternehmen erfahren müssen, daß diese Art der Nachfolgeregelung nur allzuoft das Ende der unternehmerischen Betätigung oder gar den Verlust des gesamten Familienvermögens nach sich ziehen kann. Klangvolle Namen wie Neckermann, Grundig, Porst oder in jüngerer Zeit Birkle, Leitz oder auch Hohner bezeugen dies eindrucksvoll und warnen die Epigonen. Dabei ist der allseits bekannte, von der Statistik untermauerte Tatbestand, wonach nur maximal 35 Prozent unserer Familienunternehmen ihre Existenz bis zur dritten Generation bewahren können, zwar nicht zu leugnen; er ist aber keinesfalls schicksalhaft vorgegeben. Jede Familie, die sich bemüht, bei ihrer Nachfolgekonzeption die Fehler anderer im Sinne eines ganzheitlichen Lösungsansatzes zu vermeiden, hat gute Chancen, ihre Zielsetzungen in Richtung Kontinuität zu erreichen.

Es geht eben nicht an, dieser überaus vielschichtigen Problematik allein unter steuer- und gesellschaftsrechtlichen Zielvorstellungen gegenüberzutreten. Vielmehr gilt es, hierbei sowohl auf die psychologischen Auswirkungen bei den unmittelbar und mittelbar Beteiligten, auf die betriebswirtschaftlichen Konsequenzen für den Betrieb, auf die volkswirtschaftlichen Gesamtaspekte wie auch auf die emotionale Akzeptanz der Mitarbeiter Rücksicht zu nehmen. Daß der Einsatz hierfür sich lohnt, ist jedem klar, der die im Tagesgeschäft mühsam erarbeiteten Gewinne mit den Vermögenswerten vergleicht, die bei einer mangelnden Vorsorge für eine optimale Nachfolge aufs Spiel gesetzt werden.

2.   Psychologische Perspektive

Den psychologischen Aspekten der Nachfolge, insbesondere deren emotionale Auswirkung auf die Mitglieder der Familie selbst, auf die Führungskräfte im Unternehmen wie auch auf die Vielzahl der in den unteren Ebenen tätigen Mitarbeiter kann nicht genügend Beachtung geschenkt werden.

Eine insgesamt optimal verlaufende Nachfolge hat entscheidenden Einfluß auf die Motivation aller Mitarbeiter im Unternehmen. Welche wirtschaftlichen Konsequenzen eine solche Motivation nach sich zieht, wird jedem klar, der einen Blick in die Gewinn- und Verlustrechnung des jeweils betroffenen Unternehmens wirft. Die gewichtigste Aufwandsposition – bei Handels- und Dienstleistungsunternehmen im übrigen noch stärker als bei reinen Produktionsbetrieben – ist stets die Lohn- und Gehaltssumme. Gerade diese Position kann durch subjektive Einflüsse erheblich beeinflußt werden, so daß ihrer Beachtung ein besonders hoher Stellenwert, auch und gerade unter dem Aspekt der Gewinnoptimierung, beizumessen ist.

Eine reibungslose Unternehmensnachfolge wird nur demjenigen Senior gelingen, der die bei allen Beteiligten innerhalb und außerhalb der Familie ausgelösten Faktoren und Verhaltensweisen hinreichend versteht und beachtet. Dabei bedarf es nicht zwingend der Einschaltung eines medizinisch geschulten Psychologen, um angemessen und zielführend auf erwartete bzw. sich plötzlich ergebende Probleme reagieren zu können. Meist – und das gilt in aller Regel bei funktionierenden Familien – reicht es aus, wenn einzelne Familienmitglieder, gegebenenfalls im Zusammenwirken mit anderen, bei den von einer Nachfolgeregelung objektiv oder subjektiv Benachteiligten Verständnis für die getroffene Lösung zu erwecken suchen. Dies geschieht am besten dadurch, daß die sachlichen Gründe für die von den jeweiligen Entscheidungsträgern vorgesehenen Regeln explizit dargelegt und ausgiebig erörtert werden. Es erweist sich immer wieder als besonders förderlich, wenn berechtigten Argumenten und Wünschen der „weichenden Erben" durch Korrekturen am vorgesehenen Konzept Rechnung getragen wird. Eine solche Korrektur schafft Vertrauen und kann das subjektive Gefühl, in ungerechter Weise übervorteilt worden zu sein, entscheidend beeinflussen. Wird z. B. unter mehreren Geschwistern nur eines bei der Nachfolge berücksichtigt, so ist es oft dem Familienfrieden besonders dienlich, wenn den nicht zum Zuge gekommenen Kindern hierfür ein Ausgleich – etwa aus dem Privatvermögen oder auch nur auf der emotionalen Seite durch Einräumung einer spezifischen Kontrollfunktion - geboten wird.

Die wichtigste psychologische Voraussetzung der Unternehmensübergabe muß der Senior zunächst bei sich selbst schaffen. Er muß sich umfassend und intensiv auf den Zeitpunkt vorbereiten, an dem er die Macht abgibt. Nur derjenige, dem es gelingt, seinem Leben für die „Zeit danach" einen neuen Sinn zu geben, wird zu der notwendigen aktiven Begleitung des Nachfolgeprozesses imstande sein. Das ist jedoch leichter gesagt als getan. Wer jahrzehntelang an der Spitze eines Familienunternehmens gestanden hat, ist häufig ein einsamer Mann. Ihm fehlen die notwendigen Gesprächspartner für die Bewältigung einer solchen Trendwende im persönlichen Lebenszuschnitt. Die Mitarbeiter und die täglichen Berater sind als Gesprächsteilnehmer ungeeignet, da es ihnen regelmäßig an der erforderlichen persönlichen Unabhängigkeit mangelt. Kollegen aus dem Unternehmerlager scheiden meist ebenfalls aus: Zu gravierend ist die innere Hemmung vor der Preisgabe sensibler persönlicher Verhältnisse wie auch die Furcht vor Interessenkollisionen und einem Bruch der Verschwiegenheit. Verbleibt als wichtigster Gesprächspartner die Familie und hier insbesondere die Ehefrau, der es jedoch häufig an unternehmerischer Erfahrung mangelt. Dieser Mangel übrigens ist vom Unternehmer in vielen Fällen selbstverschuldet. Aus falsch verstandener Rücksicht vermeidet er es, betriebliche Belange in die Familie hereinzutragen und übersieht dabei die Konsequenz, daß im Bedarfsfalle die wichtigste Gesprächsquelle des Eigners, nämlich die eigene Familie, d.h. Ehefrau und Kinder, nicht zur Verfügung steht.

Um die Nachfolge nicht zu einer einsamen Entscheidung des Seniors degenerieren zu lassen, sondern sie – wie es richtig und wünschenswert ist – in den Rang einer wirklichen Familieneinigung zu erheben, bedarf es allerdings jahrelanger Vorbereitung. Zum einen gilt es, bei den Kindern das rechte Verständnis für maßgebliche Grundwerte des Unternehmerdaseins, wie z. B. Autorität, Sparsamkeit, Pflichtbewußtsein und soziale Einstellung wachsen zu lassen, zum anderen gilt es, ihnen zu vermitteln, daß neben aller Arbeit und Mühe die Führung eines Betriebes auch Freude und Erfüllung bedeuten kann. Dies läßt sich jedoch nur dann glaubwürdig tun, wenn der Senior die geänderte Wertekonstellation der jüngeren Generation, die beispielsweise der Familie und der Selbstverwirklichung des Individuums einen hohen Stellenwert einräumt, akzeptiert. Neben das Bemühen, die eigene Familie zu einer wertprägenden Institution auszugestalten, muß aber zugleich eine Weitergabe des vom Senior erworbenen unternehmerischen Wissens auf der Grundlage der von ihm gemachten Erfahrungen treten. Allein dieses Wissen versetzt die Junioren in die Lage, auch die Alternativen einer Nachfolge aus der Familie selbst, wie z. B. Fremdmanagement, Verkauf, Fusion, Management-Buy-Out oder Börsengang sachgerecht prüfen zu können.

An dieser Stelle sei noch auf ein besonders heikles Thema hingewiesen. Streit in der Familie ist eindeutig die größte Gefahr für das Familienvermögen. Wie zahlreiche Beispiele nachdrücklich unter Beweis stellen, ist Streit der größte Wertevernichter. Trotzdem ist in vielen Eignerfamilien die Kultur zur Vermeidung bzw. Beseitigung von Konflikten stark unterentwickelt. Das beginnt bei der Streitvermeidung, der man getreu dem Motto „Vorbeugen ist besser als Heilen" eigentlich den größten Stellenwert beimessen sollte. Wichtigstes Hilfsmittel hierbei ist die kluge Regelung der Streitpotentiale in allen persönlichen Verträgen sowie im Gesellschaftsvertrag. Eine solche Regelung wird aber nur dem gelingen, der aufgrund langjähriger Erfahrung die sensiblen Zentren der potentiellen Konfliktfelder genau kennt und sie unter angemessener Würdigung der Interessen aller Beteiligten gerecht und vorausschauend ordnet.

Ist der Streit erst einmal ausgebrochen, so wird es schwierig, die Ausdehnung zum Flächenbrand zu verhindern. Jedenfalls ist die übliche Zuziehung von Rechtsanwälten in aller Regel kontraproduktiv. Anwälte können mangels wirtschaftlicher Erfahrung die Auswirkungen eines Gesellschafterstreits auf das Unternehmen nur selten richtig einschätzen, so daß ihre Bereitschaft und Fähigkeit zur Schlichtung von vorneherein gering ist. Dasselbe gilt im übrigen für die Einschaltung von Schiedsgerichten, die – wie die Erfahrung zeigt – meist weitere Schiedsverfahren nach sich ziehen. Die größte Chance zur Einigung besteht dann, wenn sich alle streitenden Gesellschafter, unter Ausschluß ihrer persönlichen Anwälte, auf einen Koordinator einigen, der die meist tiefsitzenden psychologischen Vorbehalte der jeweiligen Gegenseite aufzuarbeiten versucht.

3. Betriebswirtschaftliche Perspektive

Ein weiterer Aspekt der Unternehmensnachfolge, der dringend qualifizierter Beachtung bedarf, betrifft den Bereich der Betriebswirtschaft. Bei Familienunternehmen führt der Übergang auf den Nachfolger in aller Regel zu erheblichen zusätzlichen Liquiditätsbelastungen. Dies ist deshalb besonders problematisch, weil gerade in Familienunternehmen – wie die sinkenden Eigenkapitalquoten und die Zunahme der Konkurse nachdrücklich beweisen – der Mangel einer ausreichenden Innenfinanzierung zu den gefährlichsten Schwachstellen gehört. Anders als bei den Konzernen gibt es bei ihnen aus dem persönlich-familiären Bereich resultierende Liquiditätsabflüsse, die infolge des fehlenden Zugangs zum öffentlichen Kapitalmarkt und des traditionell schwach ausgebildeten Privatvermögens der Eignerfamilie nicht durch Eigenkapitalzufuhr von außen neutralisiert werden können.

An erster Stelle der möglichen Liquiditätsabflüsse steht die mit dem Übergang von Betriebsvermögen anfallende Erbschaft- bzw. Schenkungsteuer, die erfahrungsgemäß häufig bei der betrieblichen Liquiditätsplanung nicht in genügendem Ausmaß berücksichtigt wird. Hinzu kommen Abfindungszahlungen an ausscheidende Gesellschafter sowie in vielen Fällen Rentenzahlungen an den ausscheidenden Senior und seine Ehefrau. Berücksichtigt man, daß mit dem Stabwechsel an eine neue Unternehmensführung ganz natürlich stets eine gewisse Verunsicherung nach innen und außen, so z. B. bei den Geschäftspartnern, den Gläubigern und den Banken einhergeht, so wird klar, daß diese offene Flanke abgedeckt werden muß. Das geschieht am ehesten dadurch, daß ein direkter persönlicher Kontakt zu den wichtigsten Risikopartnern aufgenommen wird, beispielsweise durch eine Vorstellung des Nachfolgemanagements seitens des Seniors. Zu empfehlen ist, den Nachfolgevorgang zudem durch eine entsprechende Öffentlichkeitsarbeit zu begleiten, obwohl diese – wie allseits bekannt – von vielen Familienunternehmern immer noch mit allzu großer Skepsis angesehen wird. Liquiditätssicherung im Familienunternehmen bedeutet jedoch nicht nur die Berücksichtigung der speziell auf der Nachfolge beruhenden Mittelabflüsse. Wichtig ist darüber hinaus eine kurz- und mittelfristige Planung unter Einbeziehung des operativen Tagesgeschäfts. Voraussetzung hierfür ist, daß das interne Berichtswesen und insbesondere auch die Kostenrechnung modernen Standards entspricht. Jeder, der mit Familienunternehmen zu tun hat, weiß, daß hier in nicht wenigen Fällen schwerwiegende Probleme und Versäumnisse vorliegen, die oft so weit gehen, daß eine seriöse Unternehmensplanung im kurz- und mittelfristigen Bereich gar nicht möglich ist, obwohl sie die unabdingbare Voraussetzung eines risikominimierten Geschäfts in der Zukunft darstellt. Solche Fehler können jedoch gerade im Stadium der Nachfolge infolge ihrer Kumulationswirkung existenzvernichtende Wirkung entfalten.

Die Komplexität der Nachfolgeplanung im betriebswirtschaftlichen Bereich bezieht sich indes keinesfalls nur auf die Liquidität. Sie umfaßt das gesamte betriebswirtschaftliche Spektrum, so daß die vorstehenden Ausführungen nur beispielhaft zu verstehen sind. Denn, wenn der Senior sich zurückzieht, besteht die Notwendigkeit und die Chance zugleich, das gesamte Unternehmen auf den Prüfstand zu stellen. Das bedeutet, daß alle betriebswirtschaftlichen Kernfragen, wie z. B. Managementkonzepte, prozeßorientierte Organisation, Reengineering, innerbetriebliche Information, strategische Produktausrichtung, Globalisierung etc. auf den Prüfstand zu stellen sind. Dasselbe gilt für etwaige Kostensenkungs- und Umsatzsteigerungsprogramme wie für das Marketing, die Investitionsplanungen, die Logistik, um nur einige der wichtigsten Fragestellungen aufzuwerfen.

4.   Steuer- und gesellschaftsrechtliche Perspektive

Die Unternehmensnachfolge ist stets mit steuer- und gesellschaftsrechtlichen Fragen verbunden. Anders als früher hat sich jedoch heutzutage die Erkenntnis durchgesetzt, daß dem Steuer- und Gesellschaftsrecht in diesem Zusammenhang nur eine Hilfsfunktion zukommt. So darf beispielsweise die vorrangige Frage nicht die nach der steuerlich günstigsten Einbindung des Juniors in die Gesellschafterstellung sein, sondern vorab ist unbedingt zu klären, ob er überhaupt die erforderliche Eignung besitzt. Die vorbezeichnete Priorität ergibt sich sowohl aus der sozialen Verantwortlichkeit wie auch aus der vermögensmäßigen Interessenlage der Unternehmerfamilie: Nur dann, wenn ein wirtschaftlich überzeugendes Konzept gefunden worden ist, kann der Fortbestand des Unternehmens als sozialer Organismus und als Ertragsquelle für die Familie auf der Basis gesellschaftlicher und steuerlicher Problemlösungen gesichert werden.

Die **gesellschaftsrechtliche Absicherung** beginnt hierbei mit Problemstellungen des Zivilrechts, die es zu optimieren gilt, so z. B. die Entscheidung für den richtigen Güterstand, die richtige Testamentsform und die wirtschaftliche Absicherung des weichenden Seniors und seiner Ehefrau. Sie endet bei Fragen der Rechtsform unter Einbeziehung des Stiftungsrechts und bei der wichtigen Forderung, alle Gestaltungen so flexibel zu halten, daß veränderte persönliche und wirtschaftliche Verhältnisse und Voraussetzungen aufgefangen werden können.

Die **steuerliche Konzeption** beginnt bei den Optimierungsmöglichkeiten des nationalen Steuerrechts und endet bei der internationalen Steuerstruktur. Gerade bei letzterer zeigt sich in aller Regel erheblicher Nachholbedarf, der auf mangelnde Erfahrung im internationalen Bereich zurückzuführen ist. So zeigt sich in der Praxis sehr oft, daß im Inland eine stark durch Personengesellschaften geprägte Unternehmensstruktur gegeben ist, während im Ausland ein Engagement in der Rechtsform der Kapitalgesellschaft erfolgt. Dieses Aufeinandertreffen von unterschiedlichen Gesellschaftsformen ist jedoch steuerlich extrem ungünstig, da die vom Ausland ausgeschütteten Gewinne im Inland nochmals der Besteuerung unterliegen. Dies ist eine Rechtsfolge, die bei der Wahl der richtigen Rechtsform ohne weiteres ausgeschlossen werden kann.

5.   Unternehmensstrategische Perspektive

Die betriebswirtschaftlichen Eckdaten, die das operative Controlling liefert, ergeben die Basis für die Unternehmensstrategie. Deren Aufgabe muß es sein, das Unternehmen von den Verhaltens- und Vorgehensweisen der Wettbewerber so zu differenzieren, daß es möglichst selektiv und einzigartig am Markt auftreten kann. Die strategische Konzeption

muß auf den spezifischen Möglichkeiten des Unternehmens und insbesondere auf dem
Potential des Managements aufbauen. Aus dieser Notwendigkeit ergibt sich die substan-
tielle Verknüpfung mit der Nachfolgeproblematik. Der Nachfolger wird das Unternehmen im Normalfall anders führen als der Senior. Er wird seine eigenen Vorstellungen
über die anzuwendenden Führungsinstrumente, über die innerbetriebliche Information,
über Personalentwicklung, über die Produktpalette etc. durchzusetzen versuchen. Hieraus ergibt sich, daß die unternehmensstrategische Ausrichtung auf seine Persönlichkeit
sowie auf das von ihm ausgewählte Führungsteam adjustiert werden muß, so daß Nachfolgeregelung stets auch Strategieanpassung bedeutet.

6.   Schlußbetrachtung

Es ist heute nicht mehr zeitgemäß, die Unternehmensnachfolge als singuläres Problem
für die betroffene Eignerfamilie oder für den potentiellen Nachfolger anzusehen. Es steht
für alle von diesem Prozeß unmittelbar oder mittelbar Betroffenen zuviel auf dem Spiel:

- Für die Eigentümerfamilie geht es um das unternehmerisch gebundene Vermögen
  und die hieraus resultierende Ertragsquelle.
- Für die Manager geht es um die Karriere und die Selbstidentifikation.
- Für die Arbeitnehmer stehen der Arbeitsplatz und die soziale Sicherheit
  auf dem Spiel.
- Für die Volkswirtschaft gilt es, das Familienunternehmen als betrieblichen
  Organismus, der als besondere Spezies die wichtigste Säule unseres Wohlstands
  darstellt, in seinem Bestand zu schützen.

Dieser Erkenntnis folgend kann eine Nachfolge nur dann gelingen, wenn sie den berechtigten Interessen aller an diesem Prozeß Beteiligten angemessen Rechnung trägt. Dies
aber setzt voraus, daß **die Lösung ganzheitlich konzipiert** ist und den vorgegebenen
Prämissen aller persönlichen und betrieblichen Lebensbereiche angemessen Rechnung
trägt. Die Nachfolge optimal regeln heißt daher, gesamthaft den betriebswirtschaftlichen,
den psychologischen, den sozialen und den rechtlichen Belangen aller Beteiligten Genü-
ge zu tun und die unvermeidlichen Schnittstellen ambivalent zu regeln. Nur so kann
Werterhaltung erfolgen und zugleich der verfassungsrechtliche Auftrag unseres Grund-
gesetzes erfüllt werden, wonach Eigentum neben dem privaten Bezug stets auch eine
soziale Bindungswirkung entfaltet.

Dr. Christoph Watrin

Planung des Nachfolgeprozesses in Familienunternehmen

1.   Nachfolge als Prozeß

Die komplexe Aufgabenstellung des Generationswechsels in Familienunternehmen kann nur erfolgreich bewältigt werden, wenn sie langfristig geplant wird. Die Gestaltung der Nachfolge ist ein **Prozeß**, der das gesamte Unternehmerleben begleitet. Eine ad-hoc Beschäftigung mit diesem Thema am Wochenende wird der Bedeutung dieses Problembereichs für Unternehmenskontinuität und Vermögensentwicklung des Eigentümers nicht gerecht. Es reicht auch nicht, sich das Thema zum Jahreswechsel auf Wiedervorlage zu legen, um dann festzustellen, daß noch lange kein Regelungsbedarf besteht. Nein, die Nachfolgeregelung muß als kontinuierlicher, dynamischer Prozeß verstanden werden, bei dem getroffene Regelungen immer wieder überprüft und Veränderungen innerhalb der Unternehmerfamilie oder des Unternehmens in die Planung mit einbezogen werden.

Die Nachfolgeplanung in Familienunternehmen sollte gleichwertig neben Produktions-, Finanz-, Vertriebs- und Personalplanung stehen und auch zeitlich im Prozeß gebührend berücksichtigt werden. Nachfolgeplanung ist sowohl ein Mußbestandteil der strategischen Unternehmensplanung als auch ein Eckpfeiler in der persönlichen Lebensplanung des Unternehmers und seiner Familie. Die Frage der Nachfolge sollte deshalb zwischen allen Beteiligten des Generationswechsels, dem Unternehmer, der Familie sowie dem Management und gegebenenfalls den Mitarbeitern besprochen werden. Von einsamen Entscheidungen des Seniors ist dringend abzuraten. Für den Unternehmer ist mit der Nachfolgeregelung die Sicherung seines Lebenswerks verbunden. Häufig sind aber auch Fragen der eigenen Alterssicherung zu berücksichtigen. Eine Einbeziehung der Familie in die Nachfolgeplanung wird die Akzeptanz der getroffenen Regelung erhöhen und so Familienstreitigkeiten vorbeugen, die sich negativ auf das Unternehmen auswirken. Eine Kommunikation der getroffenen Nachfolgeregelung nach außen trägt dazu bei, die zukünftige Unternehmensentwicklung für Mitarbeiter, Kunden und Lieferanten transparenter und verläßlicher zu machen.

Die Nachfolgeplanung bedarf eines strukturierten Vorgehens. Dies ergibt sich aus der Komplexität des Themas, das nicht auf steuerliche oder juristische Fragen reduziert werden darf, sondern die menschlichen, psychologischen und betriebswirtschaftlichen Dimensionen berücksichtigen muß. In mehreren Planungs- und Umsetzungsschritten müssen die Nachfolgeoptionen gegeneinander abgewogen und die gewählten Alternativen umgesetzt werden.

Die in der Abbildung 1 dargestellten fünf Phasen der Nachfolgeplanung müssen bei jedem Generationswechsel in dieser logischen Reihenfolge durchlaufen werden. Je nach dem gewählten Nachfolgemodell (Familiennachfolge, Fremdgeschäftsführung etc.) werden in den einzelnen Phasen unterschiedliche Maßnahmen ergriffen. Mußbestandteile jeder Nachfolgeplanung sind ein rechtlich haltbares Testament, eine schriftlich fixierte Nachfolgekonzeption und ein mit dem Nachfolger vereinbarter Übergabeplan. Die Dauer und Komplexität jedes Planungsschrittes hängt dabei wesentlich von den Besonderheiten des Einzelfalls ab.

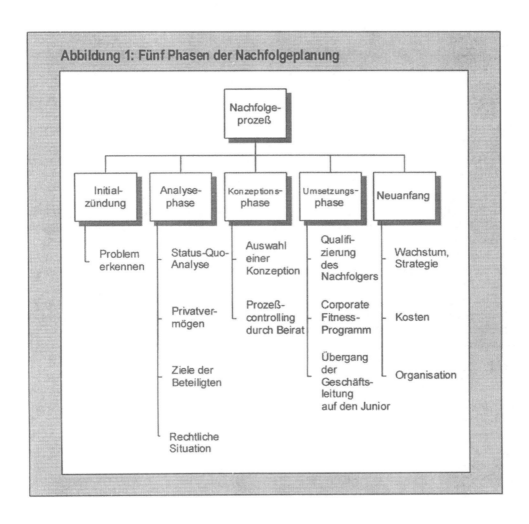

Abbildung 1: Fünf Phasen der Nachfolgeplanung

2.   Die fünf Phasen der Nachfolgeplanung

2.1   Initialzündung

Wer kennt nicht den Senior, der anscheinend bis ins hohe Alter die Kommandobrücke seines Unternehmens nicht verlassen will? Empirische Untersuchungen zeigen, daß eine große Zahl mittelständischer Unternehmer das Problem der Nachfolge verdrängt. Die Frage der Nachfolge, die immer auch mit der Erkenntnis der Endlichkeit des eigenen Lebens verbunden ist, wird gerne auf die lange Bank geschoben. Die Laissez faire-Politik des Unternehmers in bezug auf die eigene Nachfolge ist vielfach die größte Gefahr für die Kontinuität eines Familienunternehmens. Weigert sich der Unternehmer, aus eigenem Antrieb die Frage des Generationswechsels anzugehen, so stellt sich die Frage: **Wer sagt es ihm?**

Ursache für das Scheitern einer Nachfolgeplanung ist in der Praxis fast immer das **fehlende Problembewußtsein** des Seniors. Ist die Initialzündung erst einmal gegeben, d.h. sind die psychologischen Barrieren zur Beschäftigung mit dem Thema Nachfolge überwunden, so lassen sich die betriebswirtschaftlichen, juristischen und steuerlichen Fragen in aller Regel lösen. Patentrezepte dafür, wer die Initialzündung geben könnte, wenn sie nicht vom Unternehmer selbst ausgeht, gibt es nicht. Vielfach fällt es dem potentiellen Familiennachfolger besonders schwer, das Thema auf den Tisch zu bringen, weil er sich schnell dem Ruf der Erbschleicherei aussetzen könnte. Hilfreich kann es sein, wenn der Junior einen Dritten als **Moderator** des Nachfolgeprozesses hinzuzieht. Dieser Berater kann versuchen, den Senior für die Frage der Notwendigkeit einer Nachfolgeregelung zu sensibilisieren - eine Aufgabe, die eines großen psychologischen Geschicks bedarf. Ziel des Moderators muß es sein, die Ausarbeitung eines verbindlichen Nachfolgeplans zwischen Senior und Junior zu vermitteln. Ist dieser Weg nicht gangbar, vielleicht, weil es an einem designierten Nachfolger aus der Familie fehlt, so sind alle anderen Berater des Unternehmers aufgerufen, diesen auf die Notwendigkeit einer Planung des Generationswechsels aufmerksam zu machen. So können zum Beispiel Banken bei Kreditverhandlungen die Thematik ansprechen oder sich gar konkrete Nachfolgepläne vorlegen lassen. Wirtschaftsprüfer, Steuerberater und Rechtsanwälte haben vielfältige Gelegenheit, die Initialzündung zu geben. Der Hinweis auf drohende Steuerlasten bewegt manchen Patriarchen noch am ehesten, sich mit dem Thema Nachfolge ernsthaft auseinanderzusetzen. Allerdings darf die Nachfolgeberatung nicht auf steuerliche oder juristische Aspekte beschränkt bleiben. Erforderlich ist eine umfassende Gestaltung des Generationswechsels. Die juristischen und steuerlichen Ratgeber des Unternehmers sollten deshalb einen Berater hinzuziehen, der den Nachfolgeprozeß ganzheitlich begleitet.

Bei der Planung der Unternehmernachfolge ist zu berücksichtigen, daß mit jedem Generationswechsel Chancen und Risiken verbunden sind. Dem Senior muß vermittelt werden, daß die Nachfolgeregelung als Chance zu einer strategischen und organisatorischen

Neuausrichtung für das eigene Lebenswerk zu begreifen ist. Diese Einsicht sollte zu der Bereitschaft führen, mit Hilfe professionellen Rates einen Fahrplan für den Nachfolgeprozeß zu entwickeln, der die fünf Phasen, wie in Abbildung 1 dargestellt, umfaßt.

2.2 Analysephase und Zielfindung

Grundlage einer jeden Nachfolgeplanung ist die objektive **Analyse des Ist-Zustandes**, welche die individuelle Situation des Unternehmens, des Seniors und seiner Familie systematisch untersucht. Analyse- und Konzeptionsphase sollten zusammen in der Regel nicht mehr als sechs Monate dauern.

In einem ersten Schritt ist durch eine Status-Quo-Analyse das Chancen- und Risiko-Profil des Unternehmens zu ermitteln. Die Stärken und Schwächen der aktuellen Marktposition, der bisherigen Geschäftsfelder, der organisatorischen Strukturen, der operativen Abläufe und der Steuerungsprozesse sind zu beurteilen. Die Finanzkraft und der Marktwert des Unternehmens müssen ermittelt werden.

Die Analyse darf aber nicht bei dem Familienunternehmen haltmachen. Vielmehr muß das Privatvermögen in die Untersuchung einbezogen werden. Gerade beim Erbfall zeigen sich häufig die negativen Folgen der typisch mittelständischen Unternehmenspolitik, alles in die Firma zu investieren und den Aufbau eines entsprechenden Privatvermögens zu vernachlässigen. Zu prüfen ist, inwieweit das Privatvermögen ausreicht, um die massiven Liquiditätsanforderungen zu befriedigen, die beim Erbfall durch Steuerforderungen, Pflichtteilsansprüche, Zugewinnausgleichsansprüche und Vermächtnisse entstehen. Die Analyse der wirtschaftlichen Situation des Seniors wird abgerundet durch die Ermittlung von Versorgungslücken bei seiner eigenen Alterssicherung und der des Ehegatten. Die Bestandsaufnahme muß sich weiter auf die rechtliche Lage erstrecken. Neben den Bindungen des Seniors, die sich aus dem ehelichen Güterrecht und dem Familienrecht ergeben, sind auch Planungsrestriktionen zu beachten, die sich aus vorhandenen Testamenten oder Erbverträgen ergeben. Befindet sich das Unternehmen bereits in der zweiten Generation, so kann der Unternehmer durch eine vom Gründer angeordnete Vor- und Nacherbschaft in seiner Befugnis zur Verfügung über die Firma gebunden sein.

Neben den wirtschaftlichen und rechtlichen Aspekten müssen die Ziele der Beteiligten ermittelt werden. Für den Senior bedeutet dies, daß er nicht nur über seine wirtschaftlichen Absichten bei der Gestaltung der Nachfolge, sondern insbesondere auch über seine persönlichen Ziele Klarheit haben muß.

Eine Analyse der Ausgangssituation ist unvollständig, wenn sie nicht die nachfolgende Generation einbezieht. Hier gilt es festzustellen, ob Familienangehörige die Neigung und die Fähigkeit zu einer Übernahme der Leitungsposition im Unternehmen haben. Die Bereitschaft der nachfolgenden Generation, Verantwortung für die Leitung eines Familienunternehmens zu übernehmen, ist in den letzten Jahrzehnten deutlich gesunken. Erfolgreich als Unternehmer kann aber nur der werden, der vom inneren Antrieb her Unternehmer sein will. Er muß sich fragen, ob das, was ihn als Unternehmer erwartet, seinem Berufswunsch entspricht und ob er sich von seinen geistigen und körperlichen Fähigkeiten die Aufgabe zutraut, ein Familienunternehmen mit der vorhandenen Größe, der wirtschaftlichen Situation, den Gesellschaftsverhältnissen und den Produkten zu führen. Kann er diese Fragen nicht mehr oder weniger positiv beantworten, sollte er von einem Eintritt in die Familienfirma Abstand nehmen. Neben der Neigung bedarf es auch persönlicher und fachlicher Fähigkeiten. Zu den fachlichen Voraussetzungen gehören das Erlernen von Führungstechniken auf den Gebieten Organisation, Planung und Überwachung, der Kontrolle und internen Kommunikation sowie ein notwendiges Maß an Entscheidungskraft. Als persönliche Fähigkeiten sind zu nennen: Leistungs- und Verantwortungsbereitschaft, Bereitschaft zu lebenslangem Lernen sowie die Fähigkeit, Risiken einzugehen und Konflikte durchzustehen. Auch charakterliche Eigenschaften, wie eine gewisse soziale Kompetenz, gehören zum Bild eines Unternehmers.

Die Analysephase mündet in einer **Zielfindung**. Unter Berücksichtigung der sich möglicherweise widersprechenden wirtschaftlichen und persönlichen Ziele der Beteiligten muß ein Nachfolgemodell ausgewählt werden. Dabei ist zu beachten, daß die Entscheidung niemals zu Lasten des Unternehmens gehen sollte. Der Betrieb repräsentiert für die Eigentümerfamilie in aller Regel den bedeutendsten Vermögenswert, der auch aus Verantwortung gegenüber den Mitarbeitern nicht durch eine schlechte Nachfolgeregelung aufs Spiel gesetzt werden sollte. Läßt sich eine Nachfolge innerhalb der Familie nicht realisieren, so sollten andere Alternativen erwogen werden, zu denen auch ein geordneter Verkauf gehören kann.

2.3   Konzeptionsphase

Nach Beendigung der Analysephase ist eine Konzeption für die Nachfolgeregelung zu entwickeln. Damit hat die Entscheidung für eines der **vier Nachfolgemodelle - Familiennachfolge, Fremdgeschäftsführung, Firmenunabhängigkeit, Firmenverkauf** - zu fallen. Diese Grundsatzentscheidung muß in einem Übergabeplan konkretisiert werden, der auf die speziellen Bedürfnisse des Unternehmens abgestimmt ist. Die Konzeption sollte regelmäßig auf ihre Aktualität hin überprüft und gegebenenfalls angepaßt werden. Der Übergabeplan muß auch eine Zeitachse enthalten, d. h. die einzelnen zu treffenden Maßnahmen müssen zeitlich aufeinander abgestimmt werden. Dabei darf eine detaillierte Regelung allerdings nicht zu früh festgeschrieben werden. So wäre es zumeist verfrüht, bei einer Nachfolge aus der Familie eine ins einzelne gehende Regelung des Generationswechsels vor dem 20., eventuell auch vor dem 25. Lebensjahr des Nachfolgers verbindlich festzulegen. Zum Inhalt des Konzepts gehört bei mehreren geeigneten Kandidaten auch die Auswahl des familieninternen Nachfolgers. Gerade bei dieser Entscheidung kann die **Hinzuziehung eines außenstehenden Dritten** dazu beitragen, die Sache möglichst objektiv zu behandeln. Eventuelle Gesellschafter- oder Familienkonflikte lassen sich so oft schon im Kern ersticken. Im Übergabeplan sind die Aufgaben und Kompetenzen des Juniors festzulegen, falls Senior und Junior eine Zeitlang im Unternehmen zusammenarbeiten wollen. Dem Junior müssen Freiräume gewährt werden, damit er seine Kompetenz entwickeln und unter Beweis stellen kann. Zum Zeitpunkt des Eintritts in das Unternehmen sollte der Junior über die finanzielle Situation genau Bescheid wissen. Zum Inhalt eines Übergabeplans gehört auch, daß die persönlichen Angelegenheiten des Nachfolgers geregelt werden. Dabei sollten die Konditionen, zu denen der Nachfolger antritt, nicht schlechter sein als bei einem familienfremden Manager.

Ist demgegenüber eine **Fremdgeschäftsführung** geplant, muß entschieden werden, in welcher Form diese familienexterne Lösung verwirklicht werden soll. Der Nachfolger kann aus der zweiten Reihe der Führungskräfte des Unternehmens aufgebaut werden. Möglicherweise empfiehlt es sich jedoch auch, einen Manager von außen zu gewinnen, der nach einer Einarbeitungszeit, in welcher er mit dem Senior gemeinsam das Unternehmen leitet, das Ruder übernimmt. Ähnliche Fragen stellen sich bei einer Stiftungslösung; auch hier gilt es, geeignete Führungskräfte für den Stiftungsvorstand zu rekrutieren.

Steht die **Veräußerung** des Unternehmens zur Debatte, könnten ein MBI (Management-buy-in oder ein MBO (Management-buy-out) eine Alternative sein. Der optimale Zeitpunkt für eine Unternehmensveräußerung ist zu bestimmen. Das Unternehmen muß eventuell erst durch ein „Fitneß-Programm" für Erwerber interessant gemacht werden. Die Steigerung der Attraktivität des Unternehmens für Dritte und der Zeitpunkt für den Ausstieg des Seniors sind ebenso entscheidende Weichenstellungen bei Betriebsverpachtung oder Einbringung in eine Holding.

Es ist notwendig, im Nachfolgekonzept neben dem Wechsel in der Führungsverantwortung auch die Vermögensübertragung zu behandeln. Festzulegen ist, wer zu welchem Zeitpunkt Anteile am Familienunternehmen erhält und wer mit Privatvermögen abgefunden wird. Die Minimierung der steuerlichen Belastung des Vermögensübergangs, u. a. durch die Wahl der optimalen Rechtsform des Unternehmens, wird regelmäßig ein weiteres Ziel des Übergabeplans sein. Um Erbstreitigkeiten vorzubeugen, muß die getroffene Aufteilung juristisch unangreifbar sein.

2.4 Umsetzungsphase

Die zeitliche Dimension hängt vom gewählten Nachfolgemodell ab. Ist die Entscheidung für die Familiennachfolge getroffen, ist die **Ausbildungszeit des potentiellen Nachfolgers** oder der Nachfolgerin zu berücksichtigen, die von den Anforderungen an die zukünftige Aufgabenstellung bestimmt ist. Zudem sollten die ersten beruflichen Erfahrungen nicht im elterlichen Betrieb gesammelt werden. Wollen Senior und Junior eine Zeitlang im Unternehmen zusammenarbeiten, ist dies für die Sicherung der Unternehmenskontinuität nach außen und innen von Vorteil. Der Stabwechsel kann dann sukzessive gestaltet werden. Die Erfahrung zeigt, daß die Zusammenarbeit im Unternehmen gewöhnlich nicht länger als etwa fünf Jahre dauern sollte. Dieser Zeitraum sollte zur Einarbeitung des Juniors ausreichen. Die **zeitliche Begrenzung der Übergangsphase** eröffnet dem Junior die Perspektive, in nicht allzu ferner Zukunft die volle Verantwortung übernehmen zu können. Eine kürzere Übergangsphase oder gar ein vollständiger Verzicht auf eine Zusammenarbeit im Betrieb kommt immer dann in Betracht, wenn die persönliche Beziehung zwischen Senior und Junior gestört ist. Eine klare Aufgaben- und Kompentenzverteilung zwischen jung und alt wird die Harmonie und den Unternehmenserfolg in der Übergangsphase stärken.

Bei den anderen Nachfolgealternativen wird die Umsetzung einen kürzeren Zeitrahmen in Anspruch nehmen. Bei einer geplanten Fremdgeschäftsführung ist das eigene Personal intensiv danach zu durchforsten, ob sich einzelne Mitarbeiter, eventuell mit Hilfe von Fortbildungsmaßnahmen, für die erste Führungsebene qualifizieren können. Die Rekrutierung hochqualifizierter Führungskräfte von außen fällt Familienunternehmen häufig schwer, weil Manager eine Tätigkeit in Nichtfamilienunternehmen vorziehen. Hier können Personalberater Hilfestellung geben. Zur Versachlichung der Auswahl des Bewerbers empfiehlt es sich, daß objektive Kriterien für das Anforderungsprofil des externen Managers festgelegt werden. Mit dem neuen Geschäftsführer sollten Aufgaben und Handlungsspielräume offen und ehrlich besprochen und der Übergabezeitplan schriftlich fixiert werden. Die miteinander getroffenen Regelungen sind strikt einzuhalten.

Wenn das Unternehmen veräußert werden soll, muß es sich in verkaufsfähiger Verfassung befinden, wozu insbesondere im Langfristvergleich gute Erträge und gute Zukunftsaussichten gehören. In der Umsetzungsphase bedarf es einer Unternehmensbewertung, welche von den zukünftigen Ertragsaussichten des Unternehmens auszugehen hat. Mit Banken, Wirtschaftsprüfern und Beratern sind die Alternativen eines Verkaufs - MBO/MBI, Teilverkauf, Verkauf an einen Konzern oder Konkurrenten, Aufnahme einer Beteiligungsgesellschaft - zu prüfen.

2.5 Unternehmerischer Neuanfang

Mit der Übernahme der Gesamtverantwortung durch den Nachfolger ist der Generationswechsel abgeschlossen. Dies stellt bei einem externen Nachfolger eine Selbstverständlichkeit dar, muß aber auch für den die Familiennachfolge antretenden Junior gelten. Versucht der ehemalige Unternehmer über einen Beratervertrag oder ein Beiratsmandat weiter mitzuregieren, so sind Konflikte oft vorprogrammiert. Der junge Unternehmer muß sein **eigenes strategisches Konzept** entwickeln. Unter Berücksichtigung der Kernkompetenzen des Unternehmens müssen Wachstumschancen definiert und wahrgenommen werden. Die Kostenstruktur ist zu überprüfen und Einsparungspotentiale sind zu realisieren. Zum Neuanfang gehört häufig auch die Änderung der Unternehmensorganisation, wenn sie bisher ganz auf den Senior zugeschnitten war. Der Generationswechsel bietet die Chance, überfällige Strukturen zu ändern und damit das Unternehmen neu auszurichten. Globalisierung und notwendige Kundenorientierung machen es häufig erforderlich, von der alten funktionalen Gliederung zu einer Geschäftsfeldorganisation überzugehen.

3. Krisenplan

Untersuchungen des Instituts für Mittelstandsforschung belegen, daß mehr als die Hälfte aller Unternehmernachfolgen durch ein **plötzliches Ausscheiden** des Geschäftsführers aufgrund von Krankheit, Tod, Scheidung oder ähnlichem bedingt sind. Die Qualität eines Nachfolgeplans zeigt sich auch daran, inwieweit Vorkehrungen für solche Krisenfälle getroffen werden. Neben der oben beschriebenen langfristigen Planung des Generationswechsels bedarf es immer auch eines Krisenplans, der bei einem unerwarteten Ausscheiden des Unternehmers gültig wird.

Die personelle Kontinuität in der Geschäftsführung kann durch das langfristige Heranziehen einer guten Führungsmannschaft oder eines Stellvertreters abgesichert werden. Die zweite Ebene sollte so kompetent besetzt sein, daß aus ihr zumindest für eine Übergangszeit eine oder mehrere Personen ausgewählt werden können, die das Unternehmen ohne großen Bruch in der Geschäftsführung leiten können. Eine dadurch eingeleitete Professionalisierung des Managements wird nicht nur beim Generationswechsel, sondern auch im Wettbewerb am Markt Vorteile bieten.

Ein absolutes Muß ist ein rechtlich haltbares Testament, das für den plötzlichen Tod des Unternehmers vorsorgt. In diesem kann ein Testamentsvollstrecker eingesetzt werden, der die Führungslücke vorübergehend ausfüllt. In der Praxis hat sich jedoch ein Beirat, der das Unternehmen schon länger begleitet, als geeigneter erwiesen. Er kann bei einem unvorhergesehenen Ausscheiden des Unternehmers einen Interims-Geschäftsführer bestimmen, für die Kontinuität der Geschäftspolitik Sorge tragen und ebenso dem Familiennachfolger, der das Erbe verfrüht antritt, mit Rat und Tat zur Seite stehen.

4.   Professionelle Nachfolgegestaltung

Erfahrungen in den USA belegen, daß mit einer professionellen Beratung aus einer Hand (im Sinne eines Estate Planning), die die notwendigen betriebswirtschaftlichen, steuerlichen und juristischen Spezialisten koordiniert, die komplexen Probleme des Nachfolgeprozesses am besten zu lösen sind. Unternehmensberater können den Nachfolgeprozess in allen Phasen entscheidend unterstützen: Sie können Status-Quo-Analysen aufstellen, alternative Nachfolgekonzepte erarbeiten, Unternehmensbewertungen durchführen, Restrukturierungsprogramme entwerfen, den Übergang der Geschäftsleitung und den strategischen Neuanfang begleiten. Die wichtigste Aufgabe von Beratern ist aber die Vermittlung zwischen den beteiligten Personen. Durch die Einschaltung eines neutralen Beraters, der das Vertrauen aller Parteien besitzt, werden sachliche, von falschen Emotionen freie Gespräche gefördert, um zum Wohl aller einvernehmliche Lösungen herbeizuführen.

Dritter Teil

Familienansichten – Strukturen und Psychologie

Dr. Helga Breuninger

Psychologische Aspekte der Unternehmensnachfolge

1.   Die Auswahlentscheidung - Wer wird es?

In jedem Familienbetrieb steht irgendwann einmal ein Generationswechsel an, der mit vielen Fragen für alle Beteiligten verbunden ist. Die wichtigste ist dabei sicherlich, welches Kind einer Unternehmerfamilie den Familienbetrieb übernimmt.

▓ Wer zeigt Interesse am Betrieb und entwickelt unternehmerische Begabungen?
▓ Wer baut eine positive, vertrauensvolle Beziehung zu den Eltern, insbesondere zum Firmenchef auf?

In der Regel zeigen sich Interesse am Betrieb und unternehmerische Begabungen frühzeitig (manchmal schon im Grundschulalter). Wenn sich dann eine vertrauensvolle Beziehung mit dem Firmenchef entwickelt, ist die Nachfolgerfrage aus psychologischer Sicht eigentlich längst geklärt. Wenn der betreffende Sohn oder die betreffende Tochter dann auch noch die richtige Ausbildung durchläuft und sich die ersten Berufsjahre in einem anderen Betrieb bewährt, sind die Voraussetzungen für einen erfolgreichen Generationswechsel aus Sicht dieser Personen gegeben, und die Anstrengungen für die Unternehmensübergabe können auf die betriebswirtschaftlichen, juristischen und finanziellen Belange konzentriert werden.

Die zentralen Kategorien zwischen Senior und Junior sind Vertrauen, Zutrauen, Liebe und Achtung. In einer solchen Beziehung lassen sich alle inhaltlichen Kontroversen verhandeln und Konflikte lösen. Fehlt eine stabile Vertrauensbeziehung zwischen Junior und Senior, wird der Zeitpunkt der Übergabe ständig hinausgeschoben, oder es kommt im Laufe des Generationswechsels zu existentiellen Auseinandersetzungen, zu einer Art Machtkampf wie im Tierreich, mit einem offenen Ausgang, wer übrigbleibt. Wer kein Vertrauen hat, gibt die Macht nicht freiwillig ab. Oft ist eine Mißtrauenskultur in Unternehmerfamilien auch der tieferliegende Grund dafür, daß Junioren kein Interesse an einer Nachfolge zeigen und die Suche nach familienfremden Nachfolgern gestartet werden muß.

1.1   Charaktere und Profile

Welches sind nun die **Persönlichkeitsmerkmale** potentieller Junioren, die eine Vertrauensbeziehung begünstigen? Es sind zunächst die eher besonnenen, beherrschten und zuverlässigen Kinder, mit denen die Eltern gut reden können, die einsichtig sind, die Gefahren erkennen und umsichtig handeln. Die Eltern können ihnen schon im frühen Alter Verantwortung für jüngere Geschwister, für Eigentum und Geld übergeben und sich auf sie verlassen. Aufregender, aber weniger vertrauenswürdig erscheinen zunächst Kinder, die ihre Ideenwelt ausleben, impulsiv reagieren oder mit dem Kopf durch die Wand wollen und meist unberechenbar bleiben. Sie liefern dafür sehr viel mehr familiären Gesprächsstoff als die ruhigeren Kinder und sind häufig weitaus kreativer. Ihre verantwortliche Phase kommt meist erst in späteren Jahren, und in der Regel können sie das in einem familienfremden Kontext besser zeigen.

Scheinbar vernünftig und kooperativ sind die angepaßten und eher ängstlichen Kinder, denen die innere Stärke für autonomes Denken und Handeln fehlt. Sie scheuen echte Auseinandersetzungen und erfüllen lieber die Erwartungen der Erwachsenen, um die schützende Nähe zur Macht nicht zu verlieren. Sie entwickeln dabei leider wenig Eigenständigkeit und visionäre Kraft für Sachthemen. Sie setzen ihre Sensitivität für das Erspüren von Erwartungen und ihre Intelligenz für das Erfüllen dieser Erwartungen ein. Anerkennung zu erlangen ist ein wichtiges Motiv. So entwickeln sie rasch hohe Sozialkompetenz, die aber oberflächlich bleibt und im Konflikt nicht trägt. Wenn sie in der Verantwortung stehen, neigen sie zur „Lagerbildung", da sie keine eigene Meinung haben und sich über Mehrheiten absichern müssen. Spätestens im Konflikt wird klar, daß man sich auf sie nicht wirklich verlassen kann, da sie ihre Machtposition verteidigen, statt sich für Klärungsprozesse und notwendige Erneuerungen einzusetzen. Sie werden zu „Angstbeißern" und zeigen sich unfähig, die Konflikte im Interesse des Unternehmens souverän und professionell zu lösen. Zuviel Erwartungsdruck von Eltern auf schwächere und anerkennungsbedürftige Kinder kann eine solche Persönlichkeitsentwicklung begünstigen, die dazu beiträgt, daß diese Kinder mit der Nachfolge überfordert sind.

Persönlichkeiten, die in einer Unternehmerfamilie heranwachsen und sich frühzeitig als Nachfolger positionieren, zeichnen sich durch andere Charaktereigenschaften aus als Gründerpersönlichkeiten. Nachfolgepersönlichkeiten sind tolerant gegenüber anderen Ansichten, zielstrebig in der Ausbildung und haben ein klares Karriereziel vor Augen, das sie ohne Verkrampfung anstreben. Sie verfügen über Einfühlungsvermögen, können Gespräche gestalten, gut zuhören und vermitteln. Sie verhalten sich in Konfliktfällen eher diplomatisch und professionell. Das heißt, sie verbünden sich nicht vorschnell mit einer Seite und verurteilen die Gegenseite, sondern sie akzeptieren den Konflikt und tragen dazu bei, daß eine sachliche Lösung mit allen Beteiligten erarbeitet wird.

Die Nachfolge im Unternehmen anzutreten, ist psychologisch gesehen eine ganz andere Aufgabe, als ein Unternehmen selbständig zu gründen. Die Gründerpersönlichkeit zeichnet sich durch Mut, Entschlossenheit, Biß, Selbstbewußtsein und die Bereitschaft aus, alles auf eine Karte zu setzen. Der Partner eines Gründers wird entweder davon angesteckt, mitgerissen und beteiligt sich, oder er ordnet sich unter, paßt sich an und fügt sich dem Tempo und den Spielregeln, die der Gründer vorgibt. Gründer sind Pioniere, handlungsorientiert und entschlußfreudig. Bekämpft wird, was behindert und blockiert. Jeder Gründer hat seine eigene Handschrift zu kämpfen, der eine listig und leise, der andere mehr herausfordernd und offensiv. In der Regel aber löst der Gründer die Konflikte eher dominant und neigt zum Herrschen.

Der Nachfolger kann sich diesen Stil kaum leisten. Er bewegt sich in vermintem Gelände. Im Idealfall geht er sensibel, wachsam, verbindlich und geschmeidig vor. Durch interessiertes Zuhören erlangt er die Informationen, die er braucht, um mit viel Verhandlungsgeschick wenigstens Kompromisse zu erreichen, mit denen sich alle identifizieren können. Hauruck-Lösungen sind eher die Ausnahme. Akute Gefahr besteht durch Cliquenbildung, die der Nachfolger immer wieder auflösen muß, um handlungsfähig zu bleiben. Wenn es dem Nachfolger gelingt, dem Senior und seinen Leuten einen Gesichtsverlust zu ersparen und Kränkungen zu vermeiden, kann er das Vertrauen und Zutrauen des Seniors in seine Person am besten stabilisieren.

Bei allem was er tut, darf der Nachfolger die Loyalität gegenüber dem Senior und die Anerkennung seiner Erfolge nicht in Frage stellen. Der Senior kann sich aus dem operativen Geschäft erst dann mit gutem Gewissen zurückziehen, wenn er dem Junior die verantwortungsvolle Aufgabe der Führung voll zutraut. Dieses Zutrauen ist insbesondere dann nötig, wenn der Junior gravierende Veränderungen vornehmen und geradezu das Gegenteil von dem unternehmen muß, was der Senior und seine Mannschaft bisher praktiziert haben.

1.2   Die Qual der Wahl – mehrere Nachfolgekandidaten stehen bereit

Kann der Senior zwischen mehreren potentiell geeigneten Kindern wählen, ist die Erstellung eines Anforderungsprofils hilfreich. Daran orientiert können die Gesellschafter die potentiellen Junioren einschätzen, oder aber ein professioneller Berater beurteilt die Junioren danach, wer sich am besten für die Nachfolge eignet. Ein solches kritisches Assessment ist zwar für die Junioren nicht ganz unproblematisch, da das Fremdbild oft erheblich vom Selbstbild abweicht und eine gehörige Portion Stabilität erforderlich ist, diese Rückmeldung zu verkraften. Auf der anderen Seite ist es ein guter Test für die Belastbarkeit der Persönlichkeit, die gerade für den unternehmerischen Alltag erforderlich ist. In jedem Fall ist ein solches Auswahlverfahren besser als rein subjektive Entscheidungen oder willkürliche Festlegungen, z. B. derart, daß jeweils der Älteste (in der Regel der Sohn) mit der Nachfolge betraut wird.

1.3   Ein Problemfall: Eignung vorhanden, aber kein Interesse

Zeigt ein Junior kein Interesse an der Unternehmensnachfolge, obwohl die Eignung dafür vorhanden ist, ist anzunehmen, daß er sich bessere Karrierechancen in einem anderen Betrieb verspricht. Er schätzt die Marktposition des Familienbetriebes eher negativ ein oder will sich die drohende Auseinandersetzung mit rivalisierenden Familienmitgliedern ersparen. Viele Junioren werden auch durch das Vorbild ihrer Väter eher abgeschreckt als motiviert. Sie möchten ihre Lebenszeit und Kraft nicht in dieser, wie beim Vater erlebten, Ausschließlichkeit der Firma widmen. Ein weiterer Grund liegt für viele Nachfolger auch darin, daß sie sich durch das Ausmaß der Verantwortung, das auf der Unternehmensführung lastet, überfordert fühlen und Angst davor haben, mit ihrem anderen Stil der Unternehmensführung die Familie zu enttäuschen. Auf jeden Fall ist dem Senior davon abzuraten, Druck auf den Junior auszuüben. Er muß berücksichtigen, daß der freiwillige Entschluß die bessere Grundlage darstellt, das Unternehmen fortzuführen und der Entscheidung des Juniors vertrauen.

1.4   Der familienfremde Nachfolger - Woher kommt er?

Im besten Fall „entdeckt" der Senior seinen Nachfolger selbst. Er kann sich als Vertrauensperson aus der Mitarbeitergruppe herauskristallisieren, überdurchschnittliche Einsatzbereitschaft zeigen, Verantwortungsgefühl und strategisch überzeugende Führungsqualitäten mitbringen. Manchmal wird der Nachfolger auch in einer zufälligen Begegnung entdeckt. Es entwickelt sich ein spontanes Zutrauen und er wird vom Senior sozusagen emotional adoptiert.

Alle anderen Lösungen sind wesentlich mühsamer: Familienbetriebe suchen in der Regel einen „Nachfolger" und keinen Fremdmanager. Nur wenn Ertragskraft und Betriebsgröße es zulassen, ist ein „going public" die richtige Strategie, den Boden für ein funktionierendes Fremdmanagement zu bereiten. Die Übernahme eines kleineren Familienbetriebes von einem Senior, der den gesamten Betrieb auf sich zugeschnitten hat, ist eine hochsensible Angelegenheit und erfordert ein individuelles Vorgehen. Patentrezepte kann es hier nicht geben. Die Kammern bemühen sich, ihren Beitrag zur Lösung des Nachfolgeproblems zu leisten und organisieren Veranstaltungen zum Kennenlernen von Senioren, die einen Nachfolger suchen und Junioren, die einen Betrieb übernehmen möchten. Viele Senioren scheuen sich aber davor, sich zu „outen", um Mitarbeiter und Kunden nicht zu irritieren. Aus diesem Grunde werden solche Angebote nur begrenzt angenommen und können das Nachfolgeproblem nicht auf breiter Basis lösen. Eine „intimere" Vermittlung kann durch Personalberatungen geleistet werden, wenn sie sich auf diese Fragestellung spezialisieren. Aber auch dieses Angebot wird von den Senioren nur zögerlich genutzt und eher mißtrauisch betrachtet.

Inzwischen haben sich bereits Nachfolgerakademien gegründet, und es bleibt abzuwarten, wie dieses Angebot von den potentiellen Junioren angenommen und von den Senioren honoriert wird. Die menschlichen Probleme lassen sich nicht mit Lehrbuchwissen lösen und auch nicht durch bestes betriebswirtschaftliches Know-how kompensieren. Um als Außenstehender eine Vertrauensbeziehung zwischen einem Senior und einem Junior, die sich noch gar nicht kennen, anzubahnen, sind Fingerspitzengefühl, Erfahrung und hoher Zeiteinsatz erforderlich. Es gilt hier auch, den Nachfolger dafür zu sensibilisieren, daß es Verletzlichkeiten beim Senior geben kann. Dem Lernziel „soziale und persönliche Kompetenz" muß bei einer Qualifizierung von Nachfolgern der gleiche Stellenwert eingeräumt werden wie der fachlichen Kompetenz. Training on the job und

Coaching mit erfahrenen Persönlichkeiten sind wirkungsvolle Instrumente, um das Ziel zu erreichen.

2. Konflikte in Familienunternehmen und ihre Dynamik beim Generationswechsel

Konflikte gehören zum Leben wie das Salz zur Suppe. Sie prägen die Entwicklung der betroffenen Personen und die Prozesse im Unternehmen. Ohne Konflikte gäbe es wenig Dynamik und kaum Innovation, denn eine gelungene Innovation ist eine erfolgreiche Problemlösung.

Beim Generationswechsel können

- Personenkonflikte
- Familienkonflikte
- Generationenkonflikte
- Geschwisterkonflikte
- Geschlechterkonflikte
- Stammeskonflikte
- Religionskonflikte
- Nationalitätenkonflikte

neu belebt werden oder ausbrechen. Wenn latente Konflikte beim Generationswechsel nicht aufgedeckt und akzeptiert werden, wirken sie im Hintergrund und entziehen dem Unternehmen wertvolle Energie. Gewöhnlich sind sich die Beteiligten über das Vorhandensein der Konflikte nicht ausreichend bewußt, da die Konflikte heruntergespielt, verdrängt oder sogar verleugnet werden. Wer lange genug Konflikte verdrängt, glaubt an die Illusion völliger Harmonie und reagiert moralisch empört, wenn sich ein Familienmitglied erlaubt, diesen Zustand aufzudecken. Die Gefahr liegt darin, daß eine Problemlösung gar nicht angestrebt wird, weil Probleme heruntergespielt werden.

Anstatt die Hilfe von professionellen Beratern in Anspruch zu nehmen, die die Konfliktfelder in Familienunternehmen relativ schnell überschauen und die Dynamik in konstruktive Bahnen lenken können, wird die offene Auseinandersetzung mit den wirklichen Ursachen vermieden. Stattdessen werden steuerliche und erbrechtliche Fragen mit einer affektiven Vehemenz behandelt, als ginge es um Leben und Tod. Die in diesen Fragen hinzugezogenen Berater (Rechtsantwalt, Notar, Steuerberater u.a.) behandeln in diesen Fällen bestenfalls das vorgeschobene Sachthema, ohne die ganze Tragweite des Problems zu kennen oder anzugehen.

2.1 Konfliktarten

Personenkonflikte und Geschlechterkonflikte sind nichts Außergewöhnliches und leicht zu erkennen. Ein Senior hat eine besonders ausgeprägte Persönlichkeit, mit der sein Umfeld gelernt hat zurechtzukommen, auch wenn es nicht immer einfach ist. Aufgrund seiner herausragenden Leistungen hat sein Umfeld ihn akzeptiert. Der Generationswechsel stellt nun für den Senior eine völlig neue Aufgabe dar, und man kann von ihm am allerwenigsten erwarten, daß er sich immer souverän, verständnisvoll und geduldig verhält und zusätzlich noch die Rolle des Konfliktmanagers übernimmt. In der Regel erwartet die Familie des Seniors aber, daß er - wie sonst üblich - die Führungsrolle wahrnimmt. Wenn hieraus ein Anspruch entsteht, gerät der Senior in die Defensive und muß die offene Auseinandersetzung blockieren, da er sie aufgrund seiner eigenen Betroffenheit nicht neutral moderieren kann.

Geschlechterkonflikte äußern sich darin, daß Vorurteile, Klischees und Rollensterotypen verhindern, Junioren nach ihren vorhandenen Fähigkeiten einzuschätzen. Frauen und Männer sind verschieden, und wenn diese Verschiedenheit hierarchisch im Sinne von unterlegen und überlegen behandelt wird, fühlen sich Frauen benachteiligt. In den letzten Jahrzehnten hat - angeregt und angeführt von Frauen - ein Diskurs stattgefunden mit dem Tenor: Männer und Frauen sind verschieden und gleichwertig! Daraus aber als einzelne Frau einen Anspruch an einen einzelnen Mann abzuleiten und ihn einzuklagen, wäre töricht. Wer sich als Macho fühlt und Frauen geringschätzt, wird dies auch weiterhin tun, egal ob der gesellschaftliche Diskurs sich auf einer anderen Ebene bewegt oder nicht. Anspruchshaltungen frustrierter Menschen machen Probleme anstatt sie zu lösen, machen verbissen und intolerant. Sie verhindern, Einstellungen und Gefühle anderer Menschen wahrzunehmen und zu akzeptieren. Eine im Geschlechterkonflikt „verbissene" Frau bestätigt eher die bestehenden Vorurteile und wird nicht erreichen, daß sie abgebaut werden und sich die Türe für neue Beziehungen öffnet.

Am schwierigsten zu akzeptieren und auszuhalten sind **Stammeskonflikte und Geschwisterrivalitäten**, weil meistens Neid das vorherrschende Gefühl ist und eine Partei sich von der anderen benachteiligt und unterdrückt fühlt, dies aber nicht zugeben möchte. Rivalisierende Stämme und Geschwister sind von Mißtrauen und Mißgunst erfaßt, die mit der Zeit jedes Gefühl von Zugehörigkeit und Liebe zersetzen können. Besonders die nach außen erfolgreicheren Geschwister, die viel öffentliche Anerkennung erfahren, werden beneidet. Ihre Stärke wird zwar gebraucht, aber oft nicht ertragen. Nun findet darüber meist kein offener Austausch statt, und besonders in Familien, deren Harmoniebedürfnis besonders groß ist, müssen solche Neidgefühle und Rivalitäten verdrängt werden. Eine alte psychologische Regel besagt aber, daß das Verdrängte sich mit besonderer Vehemenz wieder Platz verschafft. Spätestens beim Generationswechsel ist es dann soweit, daß die alten Rivalitäten erneut zum Vorschein kommen und Kinder für ihre Eltern etwas ausfechten müssen, was ihnen selbst oft gar nicht bewußt ist. Es werden dann

Konflikte ausgetragen, deren Wurzeln Jahrzehnte, gelegentlich sogar mehrere Generationen zurückliegen.

Generationen- und Familienkonflikte sind beim Generationswechsel sehr viel schwieriger zu lösen, wenn sich bereits eine Mißtrauenskultur etabliert hat. Wo der Zusammenhalt nur noch auf Geld und Macht beruht, ist die Basis für eine Konfliktbewältigung denkbar schwach und die Gefahr des Machtkampfes entsprechend groß.

Sofern ein Vater-Sohn Konflikt den normalen Senior-Junior Konflikt mit unterschiedlichen Strategievorstellungen und Führungsstilen überlagert, kommt es darauf an, ob Liebe, Vertrauen und Achtung zwischen Vater und Sohn groß genug sind, den Konflikt zu akzeptieren, damit Kompromisse gefunden werden können. Das größte Hindernis für den Nachfolger ist ein Senior, der mit sich selbst nicht im Reinen und deshalb als Persönlichkeit wenig konfliktfähig ist. Der Junior läuft hier Gefahr, sich zu zerreiben.

2.2   Konfliktkultur

Die europäische Logik verhindert **Widerspruchstoleranz**. Sie wurde geprägt von der Haltung des Philosophen Descartes, nach der von zwei sich widersprechenden Aussagen mindestens eine falsch ist. Wer sich damit identifiziert, gerät permanent in die Rolle des „Richters" und bewertet alle Ereignisse nach richtig und falsch. Daß jede Medaille ihre zwei Seiten hat, wird zwar gesehen, aber nicht gelebt. Das wird in unzähligen öffentlichen Diskussionen deutlich, in denen es weniger darum geht, voneinander zu lernen, als recht zu haben. Die Widerspruchstoleranz der meisten westlich geprägten Gesellschaften ist demzufolge leider sehr niedrig und erschwert z. B. die Arbeit von Politikern im Ausgleich von Interessen erheblich. Wer nicht plakativ und provozierend eine These vertritt, wird nicht gewählt.

Die Klärung von Konflikten und die offene Verhandlung von langfristig stabilen Lösungen, wie dies bei Nachfolgeregelungen der Fall ist, erfordert jedoch eine Konfliktkultur mit einer gesunden Haltung zum Wesen und zur Wirkung des Widerspruchs.

Anders dagegen fördert die asiatische Logik die Konfliktfähigkeit. Sie hat ihre Wurzeln u. a. bei Laotse, für den die Wahrheit in der Anerkennung des vollen Widerspruchs liegt. So erklärt sich die zunehmende Beliebtheit der östlichen Philosophie und von Managementweisheiten, die auf der Grundlage der Widerspruchstoleranz entstanden sind.

Erfolgreiche Unternehmer in Deutschland verhalten sich zwar nach innen eher asiatisch, indem sie Widerspruch sehen und aushalten, nach außen aber in der Regel europäisch. Sie meinen, wenn sie den Konflikt benennen und als Realität akzeptieren, bricht das Chaos aus und sie verlieren die Kontrolle in der Auseinandersetzung darüber, welche Position nun die richtige ist. Obwohl sie sich durchaus ihrer Machtfülle bewußt sind und eine offene Auseinandersetzung nicht scheuen müßten, wird der Konflikt lieber verdeckt und klein gehalten, oder es werden alle Anstrengungen unternommen, dem Konflikt auszuweichen oder ihm durch entsprechende Entscheidungen, Alleingänge oder sonstige Handlungen die Grundlage zu entziehen. Unternehmer „herrschen" lieber anstatt zu verhandeln. Diese Einstellung erschwert das Bewältigen des Generationswechsels maßgeblich. Die Angst vor Konflikten verhindert, daß gegensätzliche Interessen verhandelt und zum Ausgleich gebracht werden können. Zum einen hat diese Angst einen durchaus realen Anteil, und zum anderen ist sie hierzulande noch erschwerend in einen spezifisch deutschen kulturellen Kontext eingebunden.

2.3 Machtkämpfe

Es kann zum Machtkampf bei der Nachfolge im Familienunternehmen kommen, wenn die Beteiligten unterschiedliche Interessen verfolgen und davon ausgehen, daß sie nicht aufeinander angewiesen sind. Es wird um die vorhandenen Ressourcen gekämpft, und jeder setzt alles daran, sich den Löwenanteil zu sichern. Der Machtkampf findet jedoch nicht im luftleeren Raum, sondern in einem gesellschaftlichen Umfeld statt, das durch Spielregeln und Gesetze reguliert wird. Von der Tatsache: „Wenn zwei sich streiten, freut sich der Dritte" profitieren dann Anwälte, die an solchen Machtkämpfen gut verdienen.

In einem Familienunternehmen sind die Konfliktpartner in der Regel mehr aufeinander angewiesen als ihnen lieb ist. Ein offen ausgetragener Machtkampf über Anwälte läuft schnell Gefahr, die Eigenkapitalbasis der Firma zu ruinieren. Deshalb sollte bei allen Beteiligten frühzeitig die Einsicht geweckt werden, daß sie gemeinsam mehr erreichen als alleine und es für alle das oberste Ziel sein sollte, einen Machtkampf zu vermeiden, der die Firma gefährdet. Der Volksmund hat uns durch Sprichwörter diese Weisheit überliefert: „Du sollst den Ast nicht absägen, auf dem du sitzt" oder: „Schlachte nicht die Kuh, deren Milch du trinken willst".

Genau vor diesem **Kampf um die Macht als existenzbedrohendem Konflikt** innerhalb der Familie haben viele Unternehmer reale Angst, wenn sie sich nicht sicher sind, ob genügend Vernunft und Akzeptanz bei den Partnern vorhanden sind. Sie spüren instinktiv und sehen bei anderen Firmen, wie leicht unbewältigte Konflikte zwischen den Familienmitgliedern auf der Bühne des Unternehmens ausgetragen werden und „schwächere" Familienmitglieder sich an den „stärkeren" rächen, indem sie mit dem Machtkampf den gemeinsamen Untergang provozieren oder zumindest das Image schädigen. Das ist die (un)heimliche Macht der Schwachen! Wenn sie im Innersten vom „Neid zerfressen" sind, nehmen sie für ihre Rache den Untergang der ganzen Gruppe oder des Unternehmens in Kauf. Verdrängter, uneingestandener Neid hat ein enorm zerstörerisches Potential und kann dazu beitragen, daß selbst die geschultesten und intelligentesten Personen sich dazu hinreißen lassen, gegen ihre eigenen Interessen zu handeln.

Hier spielt der **kulturelle Kontext** eine wesentliche Rolle. In unserer christlich geprägten Kultur steht die Nächstenliebe an oberster Stelle. Der Bibeltext lautet: „Du sollst

Deinen Nächsten lieben wie Dich selbst." Was bedeutet diese Selbstliebe? Auf einen einfachen Nenner gebracht: Mit sich selbst im Reinen zu sein! Das setzt voraus, die eigenen Grenzen und Schwächen zu akzeptieren, die Aufgaben anzunehmen, vor die jeder einzelne gestellt wird und in den auftauchenden Konflikten „durchlässig" zu bleiben. Eine solche Durchlässigkeit ist die Voraussetzung, um auf die Probleme und Schwierigkeiten der anderen Menschen gelassen und verständnisvoll reagieren zu können. So ist man konfliktfähig. Die meisten Menschen sind mehr aufeinander angewiesen und weniger autonom, als sie sich das vielleicht wünschen.

Trotz aller Verblassung christlicher Werte bleiben sie tief in uns verwurzelt, weil wir in diesem Kulturraum leben und aufgewachsen sind. Das Ideal der Nächstenliebe ist nach wie vor lebendig und erstrebenswert, menschliche Schwächen wie Neid, Haß, Gier, Eifersucht und Angst dürfen gar nicht existieren, d. h. werden verdrängt, weil dies nicht zum christlichen Ethos paßt. Solche niedrigen Regungen stehen im krassen Widerspruch zum Ideal der Nächstenliebe und zum Bild einer reifen Persönlichkeit.

Aber auch Stärke hat einen negativen Beigeschmack. Menschen, die Stärke zeigen und ihre eigenen Interessen durchsetzen, wird „charakterliche Entgleisung" unterstellt. Nach den christlichen Werten der Nächstenliebe sollte der Stärkere dem Schwächeren helfen. Hier könnte die in Deutschland auffällige gesellschaftliche Geringschätzung von Unternehmern begründet sein. Erfolgreiche Unternehmer tun etwas; sie sind „Macher". Sie können und müssen ihre Interessen durchsetzen und sich im Konflikt behaupten. Das macht sie in den Augen der Nichtunternehmer (etwa in eigenen Familienzweigen) unsympathisch. In Deutschland hat die nationalsozialistische Vergangenheit ein generelles Mißtrauen gegenüber „Tätern" hinterlassen, weil Stärke verherrlicht und Schwäche verachtet wurde. Die allgemeine Sympathie gilt heute eher den „Opfern", den Verlierern und den Schwachen. Die Gewinner werden moralisch entwertet und eventuell unter Druck gesetzt.

Deshalb geschieht es häufig, daß im Interessenkonflikt der schwächere Partner dem stärkeren moralische Vorwürfe macht (abgeleitete Ansprüche aus der christlichen Tradition), um seine Position zu stärken. Dabei kann es geschehen, daß der Schwächere Zugeständnisse des Stärkeren mißdeutet und ihm ein schlechtes Gewissen unterstellt. Aber letztlich kann der Schwächere weder dankbar-entspannt reagieren noch Vertrauen, Zuneigung und Liebe empfinden. Der Teufelskreis ist perfekt, die Spirale der Mißtrauenskultur dreht sich und hält den Stärkeren verständlicherweise von weiteren Zugeständnissen ab, nach dem Motto: Wenn ich dem den kleinen Finger reiche, reißt er mir den Arm ab. Endlose Streitereien ohne Rücksicht auf die Unternehmensinteressen können die Folge sein.

2.4 Gerechtigkeit und Moral

Beim Generationswechsel kommen Ansprüche juristischer und moralischer Natur ins Spiel. Juristischer Natur sind z. B. Pflichtteilsansprüche von Ehepartnern und Kindern. Moralische Ansprüche sind u. a. Gerechtigkeit und Gleichbehandlung aller Kinder. Meist werden moralische Ansprüche viel massiver verfolgt und führen zu Frustrationen, weil die juristische Grundlage fehlt.

Eine gerechte Lösung gibt es beim Generationswechsel im Unternehmen in der Regel nicht. Hier begegnen wir einer explosiven Mischung von **Geld**, **Macht** und **Liebe**. Deshalb ist es ratsam, sich nicht auf die moralische Ebene zu begeben, denn hier kann der Senior nur verlieren. Was aus Sicht der Kinder gerecht sein mag, kann für die Firma verheerend sein. Die meisten Senioren haben als Väter das Bedürfnis, ihre Kinder gerecht zu behandeln. Als Unternehmer sehen sie, daß dies nicht durchführbar ist. Die Gerechtigkeitsfalle schnappt zu, die Senioren sind im Konflikt und ziehen sich aus der offenen Auseinandersetzung zurück. Je nach persönlichem Stil reagieren sie mit Ausweichen oder Herrschen. Sie wären gut beraten, sich professionelle und neutrale Hilfe zu holen, da sie selbst mit der Lösung dieser Aufgabe fast immer überfordert sind.

3. Schaffung einer positiven Konflikt- und Vertrauenskultur

Die Voraussetzung für eine konstruktive Konfliktkultur besteht darin, Konflikte als Teil des Nachfolgeprozesses zu akzeptieren und auszuhalten. Mit dieser Einstellung kann man den Tatsachen ins Auge sehen und muß sie nicht verdrängen, nach dem Prinzip: Was nicht sein darf, das kann auch nicht sein. Wer einen Interessenkonflikt akzeptiert und zuläßt, erkennt das Recht seines Konfliktpartners an, egal ob er sich in überlegener oder unterlegener Position befindet. Jeder vernünftige Mensch weiß, daß sich in langfristigen Beziehungen die Positionen immer wieder abwechseln können und daß es deshalb sinnvoll ist, im Einzelfall eine Lösung anzustreben, in der beide gewinnen können. Dies erspart nicht zuletzt auch einen Gesichtsverlust. Aus dieser Einsicht, daß Kränkungen Beziehungen unnötig belasten, stammt das Sprichwort vom Klügeren, der nachgibt. Ein solches Verhalten ist der Normalfall in Gruppen und Beziehungen, die aufeinander angewiesen sind und darauf vertrauen, daß dies ihre gemeinsame Basis ist. Nach der zugrundeliegenden Logik einer Vertrauenskultur werden kurzfristige Stärken im Interesse eines langfristigen Gleichgewichts nicht ausgespielt. Der „Klügere" weiß um die Knappheit der Ressourcen und verzichtet darauf, wertvolle Energie, Zeit und Geld im

Machtkampf zu verschwenden. Vielmehr engagiert er sich für die Erreichung gemeinsamer Ziele.

Wenn es gelingt, unterschiedliche Positionen der beteiligten Personen im Nachfolgeprozeß anzusprechen, wird der Konflikt entdramatisiert. Das Ansprechen und Zugeben der eigenen Betroffenheit ist ein guter Test für die Beziehung. Besteht die Reaktion aus Vorwürfen, Schuldzuweisungen oder Unverständnis, Nichtachtung und -respekt für die Interessen und Gefühle des Partners, fehlt die Grundlage einer Konfliktkultur. In einem ersten Schritt geht es nur darum, daß der Konflikt vom jeweiligen Partner anerkannt wird, was etwas völlig anderes ist als das Eingeständnis von Schuld.

Durch Akzeptanz unterschiedlicher Interessen und Befindlichkeiten ohne störendes Schuldgefühl ist ein Austausch von Argumenten, Eindrücken und Einstellungen möglich und das gegenseitige Verständnis wird verbessert. Das setzt positive Energie frei, mit der man „zu neuen Ufern aufbrechen", neue Perspektiven entwickeln und versöhnlicheren Gefühlen Platz machen kann. Das Ergebnis werden konstruktive Lösungen sein, bei denen alle gewinnen können.

4.   Entwicklungschancen und Hindernisse für den Nachfolger

Eine psychologische Erfahrung besagt, daß Menschen das aktiv austeilen, was sie passiv erlitten haben. Fast alle Kinder möchten als Erwachsene genau das besser machen, was sie bei ihren Eltern als besonders negativ erlebt haben, um zu verhindern, was ihnen zugefügt wurde. In der Regel passiert ihnen aber genau dasselbe wieder. Deshalb ist es meist vernünftiger, sich auf Prinzipien und Muster zu verlassen, die sich über mehrere Generationen hinweg herausgebildet haben, diese zeitgemäß zu interpretieren und mit der eigenen Persönlichkeit in Einklang zu bringen. Vieles, was man selbst für eine innovative Entdeckung hält, entpuppt sich bei näherem Hinsehen als Mangel an Information.

Fürstentümer und Königshäuser können auf eine lange Tradition der Erziehung familieneigener Nachfolger zurückblicken. Dort wird – im Regelfall - der älteste Stammhalter zum Nachfolger bestimmt und in dieser Rollenerwartung erzogen. Eine historische Entsprechung gab es im Agrarzeitalter. Der jeweils älteste Sohn mußte den Hof übernehmen, die jüngeren Kinder wurden Lehrer, Pfarrer oder gingen ins Kloster.

Viele Familienunternehmer richten sich instinktiv an solchen erfolgversprechenden Vorbildern aus. Die Erfahrungen mit solchen Prinzipien sind jedoch so gemischt, daß Zweifel berechtigt sind, ob diese Muster sich auf die Nachfolgelösung für Familienbetriebe übertragen lassen. Es ist müßig, sich vorzunehmen, bei den eigenen Kindern alles „richtig" zu machen. Im wesentlichen kommt es darauf an, sie in einem liebevollen Klima aufwachsen zu lassen, das durch Vertrauen, Offenheit, Mut zur Stärke und zum Konflikt sowie dem Recht auf eine eigene Meinung geprägt wird: „Wenn mir etwas zugetraut wurde, dann traue ich später auch anderen etwas zu." Zutrauen in den Menschen, daß er mit sich selbst ins Reine kommen und die ihm gestellten Aufgaben meistern kann, ist die wirksamste Förderung. Darüber hinaus ist die beste Vorbereitung für die Nachfolge im eigenen Unternehmen eine gute Ausbildung, fachlich auf den Betrieb und die persönlichen Interessen abgestimmt und die Bewährung für mindestens drei Jahre in einem familienfremden Betrieb.

5. Der richtige Zeitpunkt für den Wechsel

In früheren Zeiten war der Tod des Seniorchefs als biologisch bedingter Zeitpunkt einer der häufigsten Anlässe für den Wechsel. Derzeit gibt es zwei gegenläufige Bewegungen, die es schwer machen, den „richtigen" Zeitpunkt zu finden. Zum einen werden Senioren viel älter als früher und zum anderen nimmt die Veränderungsgeschwindigkeit der Märkte laufend zu. Während früher nach der geglückten Übergabe eines Familienunternehmens an die nächste Generation der Betrieb vom Junior sozusagen „durchgeputzt" und für die nächste Ära runderneuert wurde, stellt sich dieser Selbsterneuerungsbedarf heute in viel kürzeren Abständen, als es der Generationenzyklus einer Familie nahelegt.

Je länger die Pioniere erfolgreich agieren, um so schwieriger wird es, die Erfolgsrezepte der Vergangenheit kritisch zu überprüfen und an den veränderten Marktbedingungen zu messen. Oft kommt das „Durchputzen" des Juniors dann viel zu spät. Er kann den Betrieb nicht mehr retten, was ihm als persönliches Versagen ausgelegt wird. Erschwerend kommt hinzu, daß viele Familienbetriebe so auf die Unternehmerpersönlichkeit zugeschnitten sind, daß der Generationswechsel eine Erschütterung im Unternehmen auslöst, und zwar um so mehr, je erfolgreicher und anerkannter der Senior im Unternehmen ist. Davor haben alle berechtigt Angst; deshalb ist der richtige Zeitpunkt auch so schwer zu finden.

Um ein objektives, äußeres Kriterium für den richtigen Zeitpunkt der Übergabe zu finden, orientierte man sich in der Vergangenheit am Ruhestandsalter der Senioren. Dieser Ansatz eignet sich gut für Nachfolgeregelungen in Großbetrieben, da er sich nach allgemeiner Regel organisieren läßt.

Northcote Parkinson, der Autor von Parkinsons Gesetz, bezeichnet die Argumente vieler Gremien zum Ruhestandsalter allerdings als widersprüchlich, kraftlos und verworren.

Das Problem liegt aus seiner Sicht weniger in der Bestimmung des Ruhestandsalters, weil ein Senior auch mit 75 noch geistig rege und voller Tatendrang sein kann. Ihn beschäftigt vielmehr, was aus dem direkten Nachfolger wird, wenn er zu lange auf die Übergabe warten muß: „Nach Jahren der Enttäuschung, des Verzichts und der Eifersucht ergibt er sich resignierend einem Leben der Mittelmäßigkeit. Sein Ehrgeiz und sein Potential gehen somit dem Unternehmen verloren." Für den Zeitpunkt des Generationswechsels bei kleineren Familienunternehmen sollte man der Betrachtungsweise von Parkinson den Vorzug geben und sich auf das **Alter der Nachfolger als Kriterium** konzentrieren.

Das beste Alter für Junioren, in die Verantwortung zu gehen, ist etwa Anfang bis Mitte dreißig. In diesem Alter haben sie bereits genügend eigene Erfahrung gemacht, sind aber für die Mitarbeiter noch „jung" genug, um Fehler machen zu dürfen. Die schwierigen Lernprozesse in der Anfangsphase gelingen eher in einer fehlertoleranten, durch Zutrauen geprägten Atmosphäre. Der Nachfolger soll aus seinen eigenen Fehlern lernen, deshalb ist es für sein Selbstwertgefühl und seine Entwicklung wichtig, daß mit Fehlern konstruktiv umgegangen wird. Die Fehlertoleranz einem jüngeren Nachfolger gegenüber ist wesentlich größer als gegenüber einem schon gestandenen Vierziger. Von einer reifen Persönlichkeit erwartet man (unbewußt) Souveränität, Kompetenz und Erfahrung. Diese Erwartung blockiert den Nachfolger und verhindert eine offene Kommunikation, auf die er angewiesen ist, um wertvolle Rückmeldungen und Informationen zu erhalten.

6.   Neue Herausforderungen für den Senior

Das hierzulande vermittelte Bild vom Ruhestand mit ausschließlicher Beschäftigung über Hobbies, wie Golfspielen und die rege Pflege von Familienkontakten mit ausgiebigen Reisen, ist für viele Pensionäre erstrebenswert. Bei einer großen Anzahl von Unternehmerpersönlichkeiten übt diese Vorstellung jedoch nur eine geringe Attraktion aus. Sie sind gewohnt, eine wichtige Rolle in der Gesellschaft einzunehmen und Entscheidungsprozesse maßgeblich zu gestalten. Ihre Meinung ist gefragt, ihr Rat wird gesucht, und im öffentlichen Leben sind sie begehrte Gesprächspartner.

Wenn sich keine erstrebenswerte Alternative zu ihrem unternehmerischen Aufgabenbereich zeigt, ist die Rücktrittsbereitschaft gesunder und vitaler Senioren eher gering.

Aus einer indischen Weisheitslehre sind **sieben Stufen eines erfüllten Lebens** bekannt. Wenn sie die sieben Stufen dieser indischen Weisheitslehre beherzigen würden, könnten sie die Phase der Übergabe ihres Unternehmens ganz anders erleben, nämlich nicht als

Rückzug in die soziale Bedeutungslosigkeit oder als Vorstufe zum Sterben, sondern als Übergang in einen neuen, erfüllten Lebensabschnitt.

Abbildung 1: Sieben Stufen eines erfüllten Lebens	
1	Kindheit
2	Jugend
3	Lehrjahre
4	Meisterjahre
5	Vollendung und Übergabe
6	Soziale Aufgabe: Verantwortung für die Gemeinschaft
7	Kontemplation und Wendung nach innen

Die Leitung eines Unternehmens läßt wenig Zeit für Privatleben und zeitaufwendige Hobbies, auf die sich erfolgreiche Unternehmer im Ruhestand zurückziehen könnten oder wollten. Leben und Arbeiten in einem sinnvollen Zusammenhang mit hohem Standard ist für die meisten Unternehmer Grundlage eines zufriedenen Lebensgefühls. Wer möchte es ihnen verdenken, daß sie dieses Lebensgefühl möglichst lange behalten wollen.

Unternehmer in ihrer sechsten Lebensstufe sind sichtbar zufriedener, gesünder und leben länger, wenn sie ihre visionäre Kraft, ihre Erfahrungen und Kontakte, ihre Netzwerke und andere Ressourcen so einbringen, daß die Gesellschaft davon unmittelbar profitiert. Es gibt es viele ungelöste Probleme, viel Mißmanagement im öffentlichen Bereich und einen riesigen Beratungsbedarf bei den unterschiedlichsten Gruppierungen, die sich eine kommerzielle Beratung gar nicht leisten können. Dazu gehören Unternehmensgründer, Jungunternehmer und Nachfolger, die von einem erfahrenen Mentor aus der Wirtschaft enorm viel profitieren könnten.

In den USA sind bürgerschaftliches Engagement, Stiftungsprojekte oder die aktive Arbeit als „Business Angel" für Existenzgründer z. B. selbstverständlich und prägen das öffentliche Leben. Dazu braucht es geeignete Organisationsstrukturen, denn wir können von Senioren in der sechsten Stufe ihres Lebens nicht mehr erwarten, daß sie Pionierarbeit leisten, die Verantwortung für operative Bereiche übernehmen und sich in ähnlicher Weise um Details kümmern, wie sie das in ihrer Unternehmerrolle tun mußten. In

Deutschland sind diese Organisationsstrukturen entweder unterentwickelt oder zu büro-
kratisch und unbeweglich - und damit für die Senioren unattraktiv.

Hier gibt es Handlungsbedarf, denn mit solchen Organisationen könnte erreicht werden,
daß - passend zur jeweiligen Seniorpersönlichkeit - Aufgabenstellungen in kulturellen,
sozialen, medizinischen, wissenschaftlichen oder Bildungsprojekten so präsentiert werden, daß der Senior sich dafür begeistern kann. Nur über ein Herzensthema, das echte
Begeisterung auslöst, kann Energie frei werden für eine neue Aufgabe in einem neuen
Lebensabschnitt, der von einer anderen Motivation getragen wird als der Versorgung einer Familie, der Sicherung von Arbeitsplätzen und der Verantwortung für einen Betrieb.
Dann werden Rücktritt und Übergabe von Macht im eigenen Unternehmen nicht ein **weg
von**, sondern ein **hin zu**.

Zum Schluß noch eine kleine Übung zur Stärkung der Widerspruchstoleranz. In einigen,
der Autorin persönlich bekannten Familienunternehmen, bleibt der Senior auch nach der
Übergabe an den Junior bis ins hohe Alter in unmittelbarer Nähe zum Junior dem Betrieb erhalten. Äußerlich sieht das so aus, daß er entweder einen kleinen Schreibtisch im
Büro des Juniors hat und regelmäßig erscheint, um bestimmte Post oder Anfragen zu be-
arbeiten, oder er hat ein separates kleines Büro mit seinen alten Möbeln direkt neben
dem Büro des Juniors. Können diese Senioren nicht abtreten? Halten sie an der Macht
fest? Mischen sie sich in die Unternehmensführung ein? Irritieren sie die Mitarbeiter und
den Junior oder stabilisieren sie durch ihre Anwesenheit den Betrieb, sind sie so etwas
wie ein Fels in der Brandung, ein Garant für die Kontinuität trotz aller Wandlungen?
Wem es gelingt, die Wahrheit in der Anerkennung des Widerspruchs zu sehen, kann das
Verbleiben des Seniors in der Firma auch anders sehen, schätzen und liebevoll tolerie-
ren. Vielleicht ist es für den einen oder anderen Senior seine persönliche Art und Weise,
sich einer sozialen Aufgabe ohne operative Verantwortung zu widmen. Und wenn der
Junior das so erleben kann, gibt es auch keine Konflikte.

Werner Freund

Prozesse und Rituale – Persönliche Faktoren im Nachfolgefall

1.   Die Herausforderung

Die eigentliche Herausforderung für eine Unternehmensübertragung innerhalb der Familie bilden psychologische Aspekte. Dies liegt in der Überschneidung der Unternehmens- mit der Familiensphäre begründet. Die zentralen Akteure sind zunächst der Senior und der Junior. Diese wiederum sind eingebunden in die Sphären ihrer Familien (Ehepartner, Geschwister, Kinder u.a.). Durch den Generationenwechsel wird es in diesem Beziehungsgeflecht zu Diskontinuitäten kommen, da sich sämtliche Rollenmuster verändern. Wenn diese unweigerlich eintretende Dynamik nicht beachtet und konstruktiv mitgestaltet wird, stehen einem erfolgreichen Gelingen des Generationenwechsels nicht kalkulierbare Risiken entgegen.

Gleichwohl ist es richtig, die eigentliche Unternehmensübertragung **primär aus betriebswirtschaftlicher Sicht vorzunehmen**. Darin bildet die erfolgreiche Sicherung des Unternehmensbestands das Oberziel. Im gesamten Prozeß der Umsetzung muß den entscheidenden psychologischen Aspekten Rechnung getragen werden. Im folgenden wird untersucht,

- wie lange der Überleitungsprozeß andauern darf
- welche Bedeutung Rituale während der Übergabe haben
- welche innerbetrieblichen Konflikte sich bei eventuell auftretenden Vertrauensfragen zwischen Senior und Junior ergeben und die Belegschaft in zwei Lager spalten können.

2.   Die Unternehmensübertragung als Prozeß

Bei der familieninternen Unternehmensübertragung lassen sich **drei Stufen** identifizieren: **Stufe 1** beginnt im Idealfall etwa **zehn Jahre** vor dem angestrebten Übertragungszeitpunkt. Zu diesem Zeitpunkt ist zu prüfen, ob eine familieninterne Nachfolge realistische Chancen besitzt. Die Weichen müssen so gestellt werden, daß folgende Aspekte Berücksichtigung finden:

- Person des Nachfolgers
- Regelung der Vermögenssituation
- Ausgleich von anderen berechtigten Interessen
- personelle, finanzielle und strategische Situation im Unternehmen,

damit die Chancen für eine optimierte Übertragung möglichst groß werden.

Stufe 2, die ca. **fünf Jahre** vor der geplanten Unternehmensübertragung beginnt, umfaßt sämtliche konkrete Maßnahmen vor dem Eintritt des Juniors in die Geschäftsführung des Unternehmens. Hierunter fallen vor allem die erfolgreiche Bewährungsprobe des Nachfolgers außerhalb des Unternehmens sowie Vorbereitungen des Seniors auf Aktivitäten, denen er nach seiner aktiven Zeit in der Geschäftsführung nachgehen möchte. Auch sollte in dieser Phase das Unternehmen personal-, finanzwirtschaftlich sowie strategisch in „Bestform" gebracht werden. Dabei werden sämtliche Vorkehrungen so getroffen, daß die Unternehmensübertragung reibungslos vonstatten gehen kann. Diese erfolgt in **Stufe 3**, die mit dem Eintritt des Juniors in die Geschäftsführung beginnt. Die ihm anvertrauten Aufgaben- und Verantwortungsbereiche nehmen schrittweise zu, bis nach etwa **zwei Jahren** der Senior aus der Geschäftsführung ausscheidet und der Junior eigenverantwortlich das Unternehmen führt.

Dieser hier dargestellte Prozeß der Unternehmensübertragung umfaßt in seinen drei Stufen einen Zeitraum von ca. zwölf Jahren. Die während dieser Zeit zu bewältigenden Aufgaben sind sowohl für den Junior als auch für den Senior zu einem großen Teil völlig neu. Der Generationenwechsel stellt also eine einzigartige Phase in der Unternehmensentwicklung dar, für die die betroffenen Akteure **keine ausreichende Erfahrung** mitbringen. Für eine Optimierung dieses Prozesses ist daher **externe Beratung und Begleitung** unumgänglich. Diese initiiert in der Regel der Senior. Neben der Einbeziehung von Expertenwissen werden mit Blick auf die anstehenden wichtigen Entscheidungen neutrale Reflexionspartner benötigt, die eine hinreichende Distanz zu den beteiligten Personen einnehmen können. Welche Beratungsansätze in der Regel gewählt werden, ist in der Literatur bekannt. Neu allerdings ist ein Aspekt, der erst seit wenigen Jahren zunehmend Beachtung findet: Ebenso wichtig wie die **Initiative des Seniors** ist diejenige des **Juniors**. Von ihm hängt die Zukunft des Unternehmens ab. Entsprechend große Beachtung sollte seiner Rolle in der gesamten Phase der Unternehmensübertragung - also in den zuvor aufgezeichneten zwölf Jahren - geschenkt werden. In dem Bewußtsein, daß der Junior in den anstehenden Verhandlungen mit dem Senior die in Wahrheit stärkere Position einnimmt, ist es für ihn wichtig, sich aktiv an den Vorbereitungen zu beteiligen. Auch hierfür ist Expertenrat und -unterstützung für das Erreichen optimaler Ergebnisse zu empfehlen.

Die Stärke der **Verhandlungsposition des Juniors** hängt zunächst von seiner Qualifikation und seinem Unternehmergeist ab. Seine Ausbildung sowie die Stationen, in denen er Führungserfahrung erwirbt, müssen sinnvoll gewählt sein. Externe Beratung kann ihn davor bewahren, kostbare Zeit mit einem überflüssig hohen Maß an theoretischer Ausbildung zu verbringen, anstatt stärkeres Gewicht auf praxisrelevante Ausbildungsinhalte sowie eine Förderung der persönlichen und sozialen Kompetenz zu legen. Eine ideale Verhandlungsposition setzt voraus, daß der Junior attraktive **berufliche Alternativen** besitzt. Diese können sowohl aus einer Führungsposition in einem anderen Unternehmen oder auch in einem selbst gegründeten Unternehmen bestehen.

Der Junior wird das eigene Familienunternehmen stets mit anderen Augen betrachten als der Senior. Dies muß von beiden klar erkannt und respektiert werden. Die strategische Ausrichtung des Unternehmens im Vorfeld des Generationenwechsels sollte bereits die Persönlichkeit des Juniors berücksichtigen. Damit dies ausreichend geschieht, muß der Junior seine Position deutlich zeigen und durchsetzen. Bei extremer Mißachtung seiner Interessen muß er nötigenfalls seine erklärte Bereitschaft zur Nachfolge wieder rückgängig machen.

Ein zweiter, häufig in seiner Tragweite unterschätzter Aspekt betrifft die **persönliche Situation des Seniors.** Sein Wunsch, die Weichen optimal für eine erfolgreiche Fortführung des Unternehmens zu stellen, wird häufig dadurch erschwert, daß er keine ausreichend attraktive alternative Lebensplanung für die Zeit nach seinem Ausscheiden aus der Geschäftsführung hat. In diesem Fall werden emotionale Konflikte häufig dazu führen, den **Zeitpunkt für die Unternehmensübertragung** immer weiter hinauszuschieben und selbst dann, wenn das Unternehmen an die junge Generation übertragen ist, weiterhin zentrale Entscheidungsbefugnisse zu behalten. Damit bleibt der Senior - wenngleich häufig geschickt getarnt - nach wie vor die entscheidende Person im Unternehmen.

3.   Rituale der Unternehmensübergabe

Die Dynamik der emotionalen Prozesse beim Senior wie beim Junior verlangt einen tragfähigen äußeren Rahmen, der einen Freiraum für intensive, fruchtbare interne Auseinandersetzung zwischen beiden schafft. Einen solchen Rahmen bilden u. a. sogenannte **Rituale,** also nach außen hin sichtbare Verhaltensweisen und Regelungen. Sie zielen zum einen auf andere Personen im Umfeld (Belegschaft, Kunden, Lieferanten etc.), zum anderen auf die Familie. Auf der Unternehmensebene respektiert der Junior den Senior als Chef, auf der familiären Ebene aber besteht Gleichberechtigung ohne Über- und Unterordnung, auch wenn eine besondere persönliche Achtung bis hin zur Dankbarkeit vorhanden ist. Für den Senior liegt die Herausforderung darin, seine Rolle als Chef schrittweise abzugeben und dem Junior auf der familiären Ebene echte Gleichberechtigung einzuräumen. Häufig ist der Junior zu diesem Zeitpunkt bereits selbst Vater. Vielen Senioren fällt dies schwer, da sie der folgenden Generation oft weniger zutrauen, als sie selbst glauben geleistet zu haben.

Voraussetzung für die Änderung der vorhandenen Einstellungen ist, daß man sich von anderen unbeobachtet auseinandersetzen kann. Nach außen hin sichtbare Rituale bieten diesen geschützten Raum. Mit etwas Geduld bietet der Generationenwechsel eine außergewöhnliche Chance zum besseren Kennen- und Verstehenlernen und so auch Impulse

für die eigene Weiterentwicklung zu gewinnen. Externe Beratung und Begleitung erleichtern den Prozeß dieser Bewußtseinsveränderungen und setzen ihn in vielen Fällen
sogar erst in Gang.

Entscheidend für den Erfolg der Unternehmensübertragung ist vor allem, inwieweit es
dem Junior gelingt, seine zunehmend überlegene Machtposition konstruktiv für alle Beteiligten einzubringen. Viele der - heute zumeist hervorragend ausgebildeten - Junioren
sind sich dieser Chancen grundsätzlich durchaus bewußt. Für die praktische Umsetzung
fehlen aber das Know-How und die Fähigkeit, Probleme mit der notwendigen Distanz zu
den persönlichen Gefühlen auf der Sachebene zu lösen.

Es hat sich bewährt, daß dem Nachfolger eigene Aufgabenbereiche zugeteilt werden, in
denen er eigenverantwortliche Entscheidungskompetenz besitzt. Das Aufgabenspektrum
erweitert sich schrittweise, bis er nach etwa zwei Jahren die volle Geschäftsführungsver-
antwortung vom Senior übernimmt. Die Einhaltung der Aufgabenverteilung in der
Übergangszeit ist strikt zu beachteten und aufkommende Meinungsverschiedenheiten
sind unter vier Augen zu klären. Innerhalb dieses groben Rahmens besteht eine Fülle
unterschiedlicher Möglichkeiten, die der Junior nutzen kann, die von ihm zukünftig zu
erwartenden Veränderungen in der Unternehmensführung bekannt zu machen. Hier muß
er entscheiden, ob für das Unternehmen und die an dem Prozeß Beteiligten ein behutsa-
mer Übergang empfehlenswert ist oder kurzfristig einschneidende Veränderungen für
die Sicherung des Unternehmenserfolgs erforderlich sind.

Das Verhalten des Nachfolgers muß mit den notwendigen Maßnahmen übereinstimmen.
Sind krasse Einschnitte erforderlich, muß er diese mittragen. Das heißt, daß er für sich
selbst teure Anschaffungen (z. B. neues Auto, moderne Büroeinrichtung etc.), die nicht
unbedingt notwendig sind, erst einmal zurückgestellt. Falsche Symbole oder Rituale
werden in jeder Phase von den Mitarbeitern und Partnern entdeckt und interpretiert. An-
gestrebte Veränderungen in der Unternehmenskultur, im persönlichen Umgang miteinander müssen Schritt für Schritt begründet und vom Junior selbst vorgelebt werden. Die
Beantwortung der Frage, welche Maßnahmen sinnvoll sind, hängt immer vom Einzelfall
ab. Sind dann Anpassungen für das Unternehmen unumgänglich, kann der Nachfolger in
den meisten Fällen davon ausgehen, daß die Mitarbeiter eine höhere Selbstverant-
wortung übernehmen und eine kooperative Ausrichtung der Unternehmenskultur aktiv
unterstützen.

Für die tatsächliche Umsetzung dieser Veränderungen empfiehlt sich ein möglichst
schneller Weg, ohne dabei allerdings den Konsens unter den Beteiligten zu gefährden.
Der Junior bewegt sich also auf einem schmalen Grat. Einzelne Fehltritte wirken sich
dann um so gravierender aus, je weniger es dem Junior nach außen hin darzustellen gelingt, daß sein Ziel an erster Stelle die Erhaltung des Unternehmens, sowohl für die Familie wie auch für die Mitarbeiter ist und daß es ihm ebenso wichtig ist, jeden einzelnen
Mitarbeiter vor unnötigen Härten zu bewahren, auch wenn dieses erst an zweiter Stelle
steht.

4.   Die Belegschaft im Zwiespalt

Für die Belegschaft liegt die entscheidende Frage darin, inwieweit der Junior das Potential besitzt, das Unternehmen in Zukunft erfolgreich führen zu können. Dabei beurteilen die Mitarbeiter auch seine persönliche und soziale Kompetenz, seine Fähigkeit, Lernprozesse im Unternehmen zu fördern, den Mitarbeitern in sinnvollem Rahmen Leistung abzuverlangen und diese anzuerkennen. Sofern der Junior diesen Ansprüchen gerecht wird, befindet er sich auch gegenüber der Belegschaft in einer stärkeren Position als der Senior, von dem alle wissen, daß er das Unternehmen bald verlassen wird und den viele mitunter als Patriarch und eventuell als schlechten Motivator erlebt haben. Gerade aber in der Übergangszeit ist auf klare Führungsstrukturen achten. Es dürfen keine ungeklärten Zuständigkeiten zwischen Senior und Junior bestehen. Eine diffuse Führungspraxis könnte dazu führen, daß sich im Unternehmen zwei Lager bilden, die sich entweder am Senior oder am Junior orientieren. Die Zuständigkeiten sind klar zu definieren, und aufkommende Fragen sind entsprechend der Zuständigkeit vom Junior an den Senior oder umgekehrt weiterzuleiten.

Innerhalb seiner Zuständigkeitsbereiche kann der Junior seine Fähigkeiten bereits beweisen. Dies kann mit neuen Ideen, der Förderung von Qualifikation und Motivation der Mitarbeiter sowie durch höhere Erträge oder bessere Leistungen einzelner Funktionsbereiche geschehen. Die Chance, daß dies gelingt, ist besonders groß, wenn der Senior oder andere kompetente Reflexionspartner zur Verfügung stehen. Dazu gehört auch der Erfahrungsaustausch mit befreundeten jungen Unternehmern. Er kann Risiken, die sich normalerweise erst aus praktischer Erfahrung heraus erkennen lassen, vermindern helfen. Je erfolgreicher der Einstieg des Juniors verläuft, um so deutlicher können die von ihm in Gang gesetzten Veränderungsprozesse ausfallen, ohne daß er den Rückhalt durch die Belegschaft verliert.

Der wichtigste Moment mit Blick auf die Belegschaft ist gekommen, wenn der Senior die Geschäftsführung vollständig an den Junior abtritt. Er muß von nun an den Junior als alleinigen Entscheidungsträger auch nach außen hin sichtbar respektieren. Gleichwohl kann er dabei dem Unternehmen weiterhin als wichtiger Berater - z. B. im Beirat - zur Verfügung stehen. Er kann auch einzelne Aufgaben übernehmen, die unabhängig von der Geschäftsführung sind, wie die Kontaktpflege zu Kammern und Verbänden oder projektbezogene Aktivitäten.

Iris Hermann
Christian Weiß

Unternehmensnachfolge in der 4. Generation

Praxisfall 1

Optische Werke G. Rodenstock, München

Die Geschichte des Unternehmens begann 1877 mit der Gründung der Einzelhandelsfirma Optisches Institut G. Rodenstock in Würzburg. Im Jahr 1882 folgte in München die Gründung der Optisch-Oculistischen Anstalt G. Rodenstock.

Heute ist Rodenstock auf den Gebieten der Feinmechanik und Optik mit Handel und Produktion auf internationalen Märkten vertreten und erzielte 1997 mit 5900 Mitarbeitern einen Umsatz von 894 Millionen DM.

Das Unternehmen wird bereits in der vierten Generation von der Familie Rodenstock geführt. Randolf Rodenstock praktizierte in den vergangenen Jahren mit Erfolg ein tiefgreifendes, intern und extern wirkendes Veränderungsmanagement, um die Position des renommierten Markenunternehmens zu festigen und auszubauen.

Interview mit Randolf Rodenstock

Komplementär und Vorsitzender der Rodenstock Konzernleitung

? *Herr Rodenstock, Sie sind jetzt seit 1983 persönlich haftender Gesellschafter im Unternehmen und haben seit 1990 die volle Führungsverantwortung von Ihrem Vater übernommen. Wann stand fest, daß Sie die Nachfolge Ihres Vaters antreten würden?*

! Daß ich Nachfolger in der Leitung des Unternehmens werden sollte, stand für meinen Vater bereits mit dem Tag meiner Geburt fest. Das war Familientradition: Der älteste Sohn erhält die Mehrheit der Anteile und die Führungsverantwortung.

? *Gab es andere Familienmitglieder, die einen Führungsanspruch gehabt oder angemeldet hätten?*

! Bei meinen Schwestern bestand kein ernsthaftes Interesse. Sie sind mittlerweile Kommanditisten, und es war nach meiner Entscheidung immer klar und akzeptiert, daß ich die Führung übernehmen würde. Es gibt in der Familie Rodenstock keine Teilung der Macht, und im Gesellschaftsvertrag ist festgeschrieben, daß auch ich über meine Leitungsnachfolge frei bestimmen kann.

? *War es für Sie auch immer klar, daß Sie diese Rolle annehmen wollten?*

! Nein, durchaus nicht. Ich hatte meine eigenen Vorstellungen im Hinblick auf Neigung und Beruf. Ich hatte als junger Mensch den Wunsch nach einem selbstbestimmten Weg und stand den bestehenden Verhältnissen in Gesellschaft und Wirtschaft skeptisch und kritisch gegenüber. Ich wußte zudem, daß Unternehmersein einen starken Einfluß auf Privat- und Familieninteressen nimmt und die Familie in gewissem Sinne immer auch „leidet".
Ich habe Physik studiert und neigte zunächst eher zu einer Beschäftigung mit Forschung und Lehre. Doch mit der Zeit stellte ich fest, daß eine wissenschaftliche Laufbahn ihre eigenen Gesetze hat und der Spielraum durch bürokratische Hürden stark eingeschränkt ist. Mir wurde klar, daß die akademische Laufbahn nicht meinen Erwartungen entsprach, und ein Leben als „Playboy-Erbe" war erst recht nicht mein Wunsch. Es entwickelte sich in mir eine andere Haltung: Die Erkenntnis, daß ich als relativ junger Mensch die Chance bekommen könnte, als Unternehmer viel Einfluß und Gestaltungsmöglichkeiten zu haben, reizte mich. Nach meinem Abschluß als Diplom-Physiker nahm ich das Studium an der Business School INSEAD in Fontainebleau auf und schloß mit dem MBA ab. Mit der Motivation, Verantwortung zu übernehmen, fiel dann meine Entscheidung für das väterliche Unternehmen.

? *Haben Sie den traditionsreichen Namen und das Erbe, das Sie damit annehmen mußten, als eine Last empfunden?*

! Nein, ich bin mit dem Namen groß geworden, und als junger Mensch habe ich mir darüber auch nicht viele Gedanken gemacht. Meine Aktivitäten und mein jugendlicher Elan ließen mir gar keine Zeit dazu. Später ist es mir schon bewußter geworden, daß bei der Macht, die man hat, und der Verantwortung, die man trägt, die Tradition eine große Rolle spielt und in gewissem Sinne auch einengt.

? *Wie wurden Sie auf Ihre Führungsaufgabe vorbereitet?*

! Mit meinem Physik-Studium und dem Master of Business Administration hatte ich eine gute Grundlage geschaffen. Zur Übernahme der Führungsaufgabe gab es keine Systematik. Es war ein Hineinwachsen in die Aufgabe, durch - wie man heute sagt – „learning by doing". Ich habe eine Art „Lückenmanagement" betrieben, Neues ausprobiert und experimentiert. Das heißt, ich habe auf Feldern agiert, die noch nicht besetzt waren und punktuell bei uns damals unbekannte Managementinstrumente eingeführt. Aber die eigentliche Führung lag noch in den Händen meines Vaters.

? *Sie haben mehrere Jahre neben Ihrem Vater gearbeitet. Wann kam der Zeitpunkt zur Übernahme des Geschäftsführungsvorsitzes durch Sie?*

! Mein Vater wollte gern im Jahr 1990 in Ruhe sein 50-jähriges Betriebsjubiläum feiern und danach die Übergabe vollziehen. Diese Planung ließ sich so nicht umsetzen, weil „Störkräfte" von außen das Unternehmen durchrüttelten: Die Übernahme der vollen Verantwortung mit dem „Sprung ins kalte Wasser" mußte bereits 1989 eingeleitet werden - ausgelöst durch sich ändernde wirtschaftliche Rahmenbedingungen.
Aus der Gesundheitsreform des damaligen Ministers Blüm resultierten enorme Umsatzeinbrüche im Markt der Augenoptik, die unsere Firma in eine Krise brachten. Für mich wurde schnell sehr klar, daß wir mit unserer bisherigen Struktur und Führung diese Krise nicht mit eigener Kraft bewältigen konnten. Dazu brauchten wir erfahrene Berater, die uns beim Veränderungsmanagement unterstützen sollten. Dies zu akzeptieren fiel meinem Vater außerordentlich schwer. Mit der Beratung durch ein renommiertes Unternehmen setzte ein tiefgreifender mentaler Wandel ein, für den ich erstmals die volle Verantwortung zu tragen hatte. Schmerzhafte Entscheidungen waren notwendig, die ich gegenüber Betriebsrat und Belegschaft persönlich zu vertreten hatte. Dabei habe ich natürlich auch Fehler gemacht.

Stand die Belegschaft in dieser Situation auf Ihrer Seite?

Glücklicherweise ja. Hier zahlte sich meine lange Präsenz im Unternehmen von damals etwa zehn Jahren aus. In dieser Zeit war das Vertrauen zu mir gewachsen, so daß Führungsmannschaft und Belegschaft voll hinter mir standen.

Kam es hier zum Konflikt mit Ihrem Vater?

Ich muß es meinem Vater hoch anrechnen: Selbst, wenn er anderer Meinung war als ich, hat er dies nie nach außen getragen. Er hätte nie zugelassen, daß ein Keil zwischen uns getrieben worden wäre. Die einzige Ausnahme war das Hereinholen der externen Berater. In diesem Fall waren wir verschiedener Meinung, aber ich habe ihn letztendlich überzeugen können.

Es ist für mich heute noch ein Geheimnis, daß er - stolz wie er war - es mich sonst nie spüren ließ, wenn er eine Sache anders angepackt oder eine Entscheidung anders getroffen hätte. Vor der Firmenöffentlichkeit hat er mir nach der Übergabe nie widersprochen.

Sicherlich war er sich der Probleme bewußt, denn er kannte das Nachfolgeproblem von beiden Seiten - er war Sohn gewesen und er war Vater. Der Übergang auf die nächste Führungsgeneration hatte ja bereits Tradition in unserem Familienunternehmen.

Sie haben selbst gesagt, daß Konflikte zwischen Senior und Junior keine Schande, sondern eine Notwendigkeit sind, sie müssen nur offen und fair ausgetragen werden. Wie haben Sie die Konflikte mit Ihrem Vater gelöst?

Wie schon erwähnt, hat es einigen Kampfes bedurft, bis er 1989 die Beratung durch externe Fachleute akzeptierte, weil dies enorme Veränderungen mit sich brachte. Aber bereits wenige Monate später - im Jahr 1990 - tauchte eine weitere Kontroverse auf. Es mußte Klarheit darüber geschaffen werden, mit welcher Rollenverteilung nach der Übergabe das Unternehmen weitergeführt werden sollte: Wenn ich das Unternehmen in die Zukunft führen wollte, mußte ich die volle Verantwortung mit allen Risiken tragen. Er hatte sich einen einfachen Rollentausch vorgestellt. Er wollte nach der Übergabe noch so präsent sein wie ich vorher. Ich mußte ihm klarmachen, daß er sich regelrecht zurückziehen müsse und z. B. nicht mehr an den Sitzungen teilnehmen konnte, die ich nun zu leiten hatte.

Für meinen Vater war diese Machtfrage unangenehm. Für mich gab es faktisch die Alternative, daß entweder er oder ich führe. Falls er die Führung für sich selbst beanspruchen würde, würde ich dies akzeptieren, aber gehen. So schmerzlich es war, eine eindeutige Regelung zu treffen, so notwendig war dies auch. Neben den Gesichtspunkten, die das Unternehmen betrafen, sah ich auch, daß die Vater-Sohn-Beziehung bei ungeklärten Verhältnissen leiden würde. Ich wollte nicht auf seinen Tod warten müssen. Das konnte ich ihm dann auch sagen. Wir trafen klare Vereinbarungen, die schriftlich niedergelegt wurden. Aber es wurde nie notwendig, diese Vereinbarungen aus der Schublade zu holen.

Die Zuständigkeit meines Vaters beschränkte sich danach auf die Zustimmung zur Bilanz und zur Jahresplanung. Das bedeutete, weniger Rechte zu haben als ein Aufsichtsrat, obwohl er noch persönlich haftender Gesellschafter war.

In Familienunternehmen spielen oft die Ehefrauen als „heimliche Entschei-dungsträger im Hintergrund" eine Rolle. Wurden in Ihrem Unternehmen die Führungsfragen auch von den Ehefrauen beeinflußt?

Meine Mutter, von der mein Vater sich getrennt hatte, und seine zweite Frau übten in dieser Hinsicht keinen Einfluß aus.

Eine Schwester meines Vaters, die auch Kommanditistin ist, hat meine Entscheidung positiv beeinflußt und mitgetragen. Ebenso meine Geschwister. Meine Frau ist für mich eine wichtige Beraterin und Gesprächspartnerin. Durch ihren Beruf als Psychotherapeutin und die Tätigkeit im Rahmen von Unter-nehmensberatungen steht sie mir mit Kompetenz und Fachwissen zur Seite, ohne sich direkt in Belange des Unternehmens einzumischen.

Lassen sich für Sie Privatleben und Unternehmensführung voneinander trennen?

Als Unternehmer kann ich zwischen diesen Bereichen kaum trennen, und die Belastungen haben enorm zugenommen. Hier muß ich schon Opfer bringen, was ich aber nicht bedaure. Außerdem engagiere ich mich über die Firma hinaus in wirtschaftlichen und gesellschaftspolitischen Belangen. Aber so soll es nicht bis an mein Lebensende sein.

Ihr eigener Grundsatz ist, daß ein Unternehmer zwischen 50 und 55 beginnen soll, über seine Nachfolge nachzudenken. Wie konkret ist dies schon für Sie?

Unternehmersein ist ein Teil meines Lebens, nicht mein ganzes Leben, nicht die ganze Welt für mich. Ich weiß, daß es für mich noch sehr viel Interessantes zu entdecken und zu tun gibt. Ich weiß auch, daß mir für Familie und Freunde der-zeit zu wenig Zeit bleibt. Darum denke ich schon darüber nach, wie ich dem Unternehmen eine andere Struktur verleihen kann, die mir mehr Freiraum gibt. Das könnte im Zusammenhang mit einer Umwandlung in eine Aktiengesell-schaft geschehen. Diese Angelegenheit möchte ich gerne bis spätestens zu meinem 60. Lebensjahr erledigt haben.

? *Erscheint es ihnen nicht zu früh, sich schon mit Ihrer eigenen Nachfolge zu befassen?*

! Es ist nie zu früh, hin und wieder einmal innezuhalten, zu reflektieren und dabei vielleicht auch über die Nachfolge nachzudenken. Konkrete Schritte haben jedoch noch Zeit - ich bin ja gerade erst 50 geworden.

Ich muß mir zu gegebener Zeit darüber klar werden, was meine Beschäftigungsplattform sein soll und was sich ändern wird, wenn ich nicht - so wie heute - aufgrund meiner Rolle als Unternehmer gefragt bin.

Um diese Fragen für mich klären zu können, brauche ich aber Freiraum, den ich heute noch nicht habe. Auf meinem Schreibtisch liegen große Stapel Arbeit. Ich muß mich auf das Unternehmen konzentrieren. Das sehe ich zur Zeit als meine vordringlichste Aufgabe an.

? *Man spricht in Beraterkreisen heute vom „Placement für den Senior", weil er mit Übergabe der Führungsverantwortung seinen Lebenssinn verliert. Haben Sie diese Befürchtung?*

! Nein, im Moment sicherlich nicht, aber die Zukunft wird es zeigen. Für meinen Vater war es wichtig - auch nach dem Führungswechsel - sein Büro zu behalten und beinahe jeden Tag in die Firma zu kommen. Er konnte sich nicht vorstellen, zu Hause zu sitzen. Ich selber möchte mich deshalb rechtzeitig auf die neue Situation vorbereiten.

? *Muß Ihr Nachfolger aus der Familie kommen?*

! Ich gebe meinen Kindern die Freiheit, sich zu entscheiden. Man muß seine Lebensplanung nicht nur unter dem Gesichtspunkt der Firma sehen oder sein ganzes Leben an der Firma festmachen. Es gibt auch Alternativen, die einen Menschen glücklich machen.

Wenn man sich jedoch für das Unternehmen entscheidet, sollte man wissen, daß diese Entscheidung bindet. Sollte eines meiner Kinder tatsächlich einmal das Unternehmen übernehmen wollen, muß es vorher seine Führungsqualitäten in einer anderen Firma nachgewiesen haben.

? *Halten Sie für den Prozeß des Übergangs auf die nächste Führungsgeneration eine externe Beratung oder ein Coaching für notwendig oder wünschenswert?*

! Ich bin generell ein großer Freund von Beratung. Das führt gelegentlich zu dem Vorwurf, ich hätte zu viele Berater. Aber ich möchte gerne selbst noch sehr viel lernen und bin neugierig. Darum halte ich Beratung für unbedingt wünschenswert und notwendig. Sie beginnt für mich aber nicht erst im Übergabeprozeß. Ich selbst habe einen Coach, mit dem ich mich in unregelmäßigen Abständen berate.

Familienunternehmer brauchen Berater. Sie haben die Tradition hinter sich und das Management vor sich. Sie haben das Kapital und die Führung. Sie müssen erfahren, welches Bild andere von ihnen haben und wie ihre Entscheidungen sich auswirken. Teamentwicklung und Feedback sind äußerst notwendig.

Wer gerade als Familienunternehmer keinen Coach hat, verhält sich im Grunde recht unverantwortlich.

Was raten Sie einem Unternehmer, dessen Nachfolge ansteht?

Zunächst müssen sich vor allem der „Machthaber" und sein präsumptiver Nachfolger sicher sein, daß sie den Führungswechsel ernsthaft wollen. Deswegen sollte sich der Senior bewußt sein, daß gerade in Familienunternehmen oft noch dynastische Vorstellungen herrschen, das heißt, es treten Strukturen und Systeme auf, die die Tendenz aufweisen, sich selbst zu erhalten. Wenn er also Signale aus der Organisation auffängt, er sei unentbehrlich, wäre er gut beraten, diese zu relativieren.

Wie bereits angesprochen, darf meines Erachtens ein Familienmitglied nur dann die Verantwortung übertragen bekommen, wenn es mindestens so qualifiziert ist wie der beste am Markt verfügbare „Nicht-Familien-Manager" und seine Qualifikation außerhalb des eigenen Unternehmens nachgewiesen hat. Sonst ist es besser, einen Familienfremden mit der Leitung zu betrauen.

Ich empfehle also niemandem, direkt nach der Ausbildung in die elterliche Firma einzutreten. Die Überlappungszeit, in der Senior und Junior dann miteinander agieren, darf nicht zu lang sein, sonst verschleißt sich der Nachfolger. Drei Jahre erscheinen mir zur Einführung normalerweise auszureichen.

Franziska Gerke-Holzhäuer

Heimliche Entscheidungsträger im Hintergrund – Die Rolle der Familienmitglieder

1.   Eine Familiengeschichte

Es ist Sonntagmorgen. Juliane Bergmann ist froh, wieder zu Hause zu sein. Das Familienfest gestern zum 85. Geburtstag ihres Schwiegervaters, des erfolgreichen Unternehmers Herbert Bergmann, ist vorbei. Wie immer hat natürlich ihre Schwägerin Gudrun den Jubilar komplett in Beschlag genommen. Dabei wissen nun wirklich alle, daß sie nur hinter der Erbschaft her ist und versucht, alle gegeneinander aufzubringen. Juliane versteht da auch ihren Mann Peter nicht, der immer noch um ein gutes Verhältnis zu seiner Schwester bemüht ist. Aber seit Gudrun ihm vor etlichen Jahren einmal aus einem finanziellen Engpaß geholfen hat, fühlt er sich ihr gegenüber verpflichtet - was sie natürlich ausnutzt.

Gerade gestern, ausgerechnet beim Familienfest, hat sie mal wieder versucht, ihren Bruder Peter dazu zu überreden, doch noch ihren eigenen Sohn Jan als Juniorchef im Betrieb unterzubringen. Schließlich sei sie ja am Unternehmen beteiligt und könne deshalb ein Wörtchen bei der Nachfolge mitreden. Allein schon der Gedanke läßt Juliane Bergmann schaudern - ausgerechnet Jan, der verzogene Lebemann! Leider fand Herbert Bergmann, der Jubilar, den Gedanken offenbar ganz gut, aber zum Glück hat wenigstens Julianes Mann Peter, der das Unternehmen seit 20 Jahren leitet, nicht gleich Ja und Amen zu seinem Vater gesagt.

Schade, daß von seiner eigenen Tochter Rita mal wieder keine Rede war. Juliane Bergmann ist wirklich stolz auf sie. Letztes Jahr hat Rita ihr Studium abgeschlossen und arbeitet seitdem sehr erfolgreich im Ausland, um Erfahrungen zu sammeln. Aber was mußte dieses begabte Kind neulich von seinem Großvater hören? „Du kannst doch gar keine Nachfolgerin werden. Schließlich heiratest du doch sowieso bald, und wer soll dann das Unternehmen führen?" Wahrscheinlich wird es sinnvoll sein, mal mit Anna, der Frau von Herbert, zu sprechen. Schließlich versteht sich Juliane blendend mit ihr und jeder weiß, daß Annas Wort bei Herbert Gesetz ist. Es wäre doch gelacht, wenn Rita nicht doch noch eines Tages ihren Vater ablösen würde! Zum Glück habe ich mit dem Betrieb gar nichts zu tun, denkt Juliane Bergmann.

Komisch, ausgerechnet jetzt fällt ihr ihre beste Freundin Susanne ein. Bei denen läuft das alles ganz anders. Und das, obwohl das Unternehmen und die Familie noch größer sind. Aber irgendwie haben die das hinbekommen, von Anfang an immer alle Probleme offen zu besprechen. So jemand wie Gudrun hätte da keine Chance. Die halten irgendwie zusammen wie Pech und Schwefel - Gerüchte und Intrigen in die Welt setzen ist bei denen nicht drin. Es ist schon wirklich bewundernswert, wie offen Susannes Mann mit seinem Ältesten über die anstehende Nachfolge sprechen kann. Vielleicht sollte ich heute abend mal ganz in Ruhe mit Peter einen Spaziergang manchen, denkt Juliane. Und außerdem wird sie Anna für morgen nachmittag zum Kaffee einladen ...

(alle Namen frei erfunden)

2.   Das Beziehungsgeflecht

Was hier zunächst wie eine schlechte Karikatur des Alltags einer Unternehmerfamilie aussieht, entpuppt sich bei näherer Betrachtung als häufig anzutreffende, gleichsam ungeliebte Realität. Wer sind die Personen, die über ihre spezifischen Rollen in sehr vielfältiger Weise die Planung und Umsetzung der Nachfolge beeinflussen können, obwohl sie keine formalen Positionen im Unternehmen bekleiden? Was gibt ihnen die Möglichkeit, Fäden zu spinnen oder Netze zu knüpfen, die der Familie und dem Unternehmen entweder sicheren Halt geben oder in denen sie sich verfangen können? Auf welchen Wegen spinnen sie ihre Netze, und welche Chancen für die Planung und Umsetzung der Nachfolgeregelung im Familienunternehmen eröffnet die bewußte Beschäftigung mit den Familienmitgliedern im Hintergrund?

Es läßt sich zunächst die Frage aufwerfen, ob die Auseinandersetzung mit den unmittelbar von der Nachfolge betroffenen Personen wie auch dem Prozeß selbst, der psychologische, betriebswirtschaftliche und juristische Aspekte berührt, nicht schon schwierig und komplex genug ist. Muß man sich darüber hinaus mit den Mitgliedern der Familie hinter den Kulissen auch noch auseinandersetzen? Ja, man muß!

Man kann sich nicht häufig genug die für Familienunternehmen charakteristische Konstellation vor Augen führen: Jedes Familienunternehmen besteht aus zwei Subsystemen - Familie und Unternehmen. In den jeweiligen Subsystemen existieren Personen, die unterschiedliche formelle und informelle Rollen, Positionen und Funktionen und hierarchische Stellungen einnehmen. Darüber hinaus hat jeder einzelne seine individuellen Einstellungen, Vorstellungen, Erwartungen, Ziele und Lebenspläne. Die Besonderheit im Familienunternehmen liegt darin, daß sich die einzelnen Systeme mehr oder weniger stark überschneiden und somit jedes Mitglied - qualitativ und quantitativ, direkt oder indirekt, bewußt oder unbewußt - sowohl das Geschehen und Erleben in seinem jeweiligen Subsystem wie im Gesamtsystem Familienunternehmen beeinflußt. Betrachtet man die Unternehmensnachfolge ganzheitlich, so ist es aus genau diesem Grund wichtig, die Entscheidungsträger, die im Hintergrund agieren, einmal in den Vordergrund zu stellen und näher zu beleuchten.

Bei der Betrachtung einer Unternehmerfamilie lassen sich grundsätzlich zwei Personenkreise unterscheiden. Der eine setzt sich aus denen zusammen, die eine definierte Rolle und Funktion innerhalb des Unternehmens und in der Familie haben. Sie sind Chefs, Geschäftsführer oder Leiter bestimmter Organisationseinheiten und gleichzeitig Ehemänner, Väter, Söhne, Schwiegersöhne, Brüder, Onkel - beziehungsweise im Falle der im Unternehmen aktiven Ehefrauen - Ehefrauen, Töchter, Schwiegertöchter, Schwestern, Mütter und Tanten.

Der andere Personenkreis besteht aus Familienmitgliedern, die entweder noch nie eine formale Rolle im Unternehmen innehatten oder - aus welchen Gründen auch immer -

nicht mehr haben. Wer sind diese Akteure, die hinter den Kulissen zum Zünglein an der Waage werden können? Es können Mutter oder Vater des amtierenden Unternehmers sein, Schwiegereltern, seine Ehefrau, seine Kinder, aber auch Schwiegersöhne und -töchter, Geschwister, Onkel und Tanten, Nichten und Neffen, Mitglieder anderer Familienstämme bis hin zum Ex-Ehepartner und Kindern aus vorangegangenen Ehen oder uneheliche Nachkommen. Prinzipiell kann jeder noch so entfernte Verwandte Entscheidungsprozesse lenken. Der Einfluß von Mitgliedern des erstgenannten Personenkreises ist offenkundig. Aufgrund ihrer Rollen, Kompetenzen und Befugnisse wirken sie direkt auf das Geschehen im Unternehmen ein. Beim zweiten Personenkreis zeigt sich diese Möglichkeit, wenn überhaupt, erst auf den zweiten Blick. Dennoch sind es gerade Personen aus diesem Kreis, die einen möglicherweise überproportionalen und unvorhersehbaren Einfluß auf das Geschehen und Erleben nicht nur in der Familie, sondern auch im Unternehmen ausüben können. Einflußnahme darf dabei keinesfalls automatisch als negativ für das Unternehmen oder die Nachfolge verstanden werden. Vielmehr können diese Familienmitglieder hinter den Kulissen sehr wohl auch hilfreich und unterstützend dazu beitragen, die Unternehmenskontinuität und die familiären Beziehungen sicherzustellen.

2.1   Mechanismen der Einflußnahme

Wie wirken die Familienmitglieder ohne formalen Einfluß auf das Geschehen im Unternehmen ein? Hierbei spielen, wie in allen Familien, **emotionale Faktoren** und Prozesse eine - wenn nicht sogar **die** - zentrale Rolle: Es geht um Liebe und Haß, Anerkennung und Mißachtung, Dankbarkeit und Schuld, um Gerechtigkeit und Ungerechtigkeit, Unterstellungen, Neid, Mißtrauen, Mißgunst, Ängste, Befürchtungen, Rivalitäten, Allianzen und Loyalität. Entscheidend für die Bewertung einer Situation oder Beziehung ist dabei immer die Wahrnehmung des Betroffenen. Sie ist durch lebenslange Erfahrungen, erworbene Werte und Einstellungen zustande gekommen, steuert sein Denken, Fühlen und Handeln. Objektiven Kriterien wird hier eine eher untergeordnete Bedeutung beigemessen. Denken und Fühlen können sich dann in sehr unterschiedlicher Form zeigen. Zum einen in öffentlichen Diskussionen, zum anderen - und das ist ebenso bedeutsam - in informellen Gesprächen im Familienkreis, bei Feierlichkeiten, Spaziergängen, Tisch- und Bettgesprächen. Der emotionale Gehalt wird dabei nicht nur verbal, sondern in stärkerem Maße nonverbal vermittelt. Gesten, die Zuwendung, Annäherung, Aufmerksamkeit, Ermutigung signalisieren, spielen eine ebenso große Rolle wie Tränen oder Verhaltensweisen, die das Gefühl von Distanz, Bedrohung, Ablehnung, Abwendung oder Liebesentzug aufkommen lassen.

Darüber hinaus kommen auch subtilere Phänomene zum Tragen. Hierzu gehören die sogenannten „alten Geschichten", Familiengeheimnisse und -mythen sowie Rituale, die mitunter seit Generationen gehütet und weitergegeben werden: unter der Hand getroffene Abmachungen bei der Besetzung wichtiger Posten im Unternehmen, lange zurückliegende, gescheiterte unternehmerische Aktivitäten, offene Rechnungen, die die unterschiedlichsten Lebensbereiche betreffen, bis hin zu außerehelichen Beziehungen, unehelichen Kindern, gescheiterten Ehen des Seniors oder auch dem Schulversagen, Sitzenbleiben oder Studienabbruch des potentiellen Nachfolgers. Gerade von der älteren Generation wird außerdem häufig - mit mehr oder weniger sanftem Druck - die Einhaltung von Familiengesetzen sowie die Aufrechterhaltung „der" Familientradition eingefordert. Diese Erwartungen und Forderungen werden nicht unbedingt offen kommuniziert, sondern auf teilweise subversiven Wegen. Diese Mechanismen lassen sich auch in „ganz normalen Familien" finden, in Unternehmerfamilien können sie jedoch nicht nur in der Familie, sondern auch im Unternehmen eine besondere Dynamik auslösen. Sie gewinnen insbesondere dann an Bedeutung, wenn Familienmitglieder - um eigene Interessen und Ziele zu verwirklichen - urplötzlich bestimmte Themen lancieren oder gar Tabuthemen offen ansprechen, die im Gegensatz zu den Zielen des Unternehmens stehen. Das kann personelle, materielle, finanzielle oder juristische Aspekte der Nachfolgeregelung betreffen. Ein Familienmitglied, das sich abgelehnt oder ungerecht behandelt fühlt und daraufhin zum richtigen Zeitpunkt gezielt „alte Geschichten" aufwärmt oder Forderungen geltend macht, kann damit plötzlich und für andere unerwartet eine selbst vermeintlich gut geplante Nachfolgeregelung zum Wanken bringen.

Betrachten wir Mitglieder der Familie, die über ihre exponierte Stellung in sehr spezifischer Weise die Nachfolge beeinflussen können. Hierzu gehört in erster Linie die **Ehefrau des amtierenden Unternehmers**. Ihr kommt in der Rolle als Lebensgefährtin, als Mutter und Erzieherin der potentiellen Nachfolger und möglicherweise als im Unternehmen mitarbeitenden Familienmitglied eine besondere Bedeutung zu.

2.2 Herkunft und Sozialisation der Ehefrau

Widmen wir uns zunächst der Ehefrau und ihrer Persönlichkeit. Ihr familiärer Hintergrund, ihre Sozialisation sowie ihre individuellen Lebenspläne sind von nachhaltiger Bedeutung. Ist sie Tochter eines „einfachen Angestellten", eines Beamten oder eines Unternehmers? Ist sie Tochter des Unternehmensgründers oder hat sie in eine traditionsreiche Unternehmerfamilie eingeheiratet? Wird sie von dieser Familie akzeptiert oder nur mehr oder weniger geduldet? Hat sie das Unternehmen mit gegründet und/oder hat sie an dessen Weiterentwicklung mitgewirkt? All diese durch persönliche Erfahrungen geprägten Faktoren beeinflussen ihre Einstellung zum Unternehmertum allgemein und zu den alltäglichen unternehmerischen Aktivitäten mit allen Vor- und Nachteilen. Ihr Erleben als Ehefrau an der Seite ihres Mannes und innerhalb des Systems Familie sowie gegebenenfalls ihr Erleben als selbst im Unternehmen engagierte Ehefrau kann entscheidende Weichen stellen. Dies bezieht sich nicht nur auf die Rolle bei der Erziehung der Kinder zu einer möglichen Nachfolge, sondern auch auf ihr Verhalten hinsichtlich der Planung und Umsetzung einer Nachfolgeregelung sowie die Gestaltung des gemeinsamen Lebensabends mit ihrem Ehemann nach dessen Ausscheiden aus dem Unternehmen. Die Ehefrau ist immer zugleich Betroffene und Handelnde - nur nicht immer offensichtlich im Vordergrund.

2.3   Berufung oder Pflicht - Die Rolle der Ehefrau

Bei der Vielzahl der Rollen, die eine Ehefrau im Laufe ihres Lebens auszufüllen hat, ist es wichtig zu beachten, welche dieser Rollen sie freiwillig wählt, welche von Eltern, Schwiegereltern oder Ehemann erwartet werden und welche sie davon tatsächlich übernimmt. Ist sie als „Familienmanagerin" aus Leidenschaft eher der ruhende Pol im Hintergrund oder wird ihr diese Rolle aufgezwungen? Engagiert sie sich darüber hinaus aus Überzeugung im Unternehmen und gelingt es ihr trotzdem, den täglichen Spagat zwischen Familie und Unternehmen zu bewältigen - oder tut sie dies, weil es von ihr erwartet wird? Vielleicht geht sie auch einer vom Unternehmen völlig unabhängigen beruflichen Tätigkeit nach und trägt so dazu bei, daß neue Impulse in die Familie und das Unternehmen gelangen? Im Falle der Berufstätigkeit der Ehefrau - in welcher Form auch immer - ist zuallererst wichtig, daß sich die Ehegatten wirklich einig sind. Die beruflich engagierte Ehefrau ist besonders gefordert, ihre Zeit und Kraft sinnvoll auf Familie und Unternehmen zu verteilen. Alle Beteiligten müssen akzeptieren, daß es Grenzen der Leistungsfähigkeit gibt. Gemeinsam sind Lösungen zu finden, die von Zufriedenheit und Erfolgserlebnissen und nicht vom permanent schlechten Gewissen und unerfüllten Erwartungen auf allen Seiten begleitet sind. Sogenannte **„doppelte Botschaften"** sind typische Beispiele für Erwartungen des Ehemanns oder anderer Familienmitglieder, die zu Frustrationen auf allen Seiten führen und letztlich nicht nur das Familienleben beeinflussen, sondern auch in das Unternehmen getragen werden:

- „Sei attraktiv, erfolgreich und interessant, aber ordne dich ein und laß mich im Mittelpunkt stehen."
- „Stelle deine Karriere und deine persönlichen Bedürfnisse nicht zurück, aber stelle dich voll der Firma und der Familie zur Verfügung."
- „Bring' das Geschäft nicht mit nach Hause und widme dich voll den Kindern, aber laß uns heute über die Firma reden."
- „Sei unabhängig, autonom und verhalte dich wie eine Geschäftsfrau, aber kümmere dich um die Familie und verhalte Dich wie eine Mutter, und erziehe die Kinder zu Persönlichkeiten, die meine Nachfolger werden können."

3. Vorbereitung und Phasen der Nachfolge

3.1 Gestaltung des Familien- und Erziehungsklimas

Die Bedeutung der Ehefrau in ihrer **Rolle als Mutter** ist unumstritten. Gerade in Unternehmerfamilien kommt den Müttern oftmals eine gewichtigere Rolle im Erziehungsprozeß der Kinder zu als den Vätern. Letztere sind aufgrund ihres zeitaufwendigen Engagements im Unternehmen physisch und leider oftmals auch psychisch selten präsent. Im Umkehrschluß wäre es jedoch falsch zu glauben, daß der qualitative Einfluß der Väter oder aber der anderer Familienmitglieder auf die Entwicklung der Kinder zu vernachlässigen ist. Je nachdem

- wie die Ehefrau und Mutter ihre Rolle definiert und lebt
- welche Einstellung sie zum Unternehmen hat
- ob sie im Unternehmen mitarbeitet oder nicht
- in welchem Geist sie den Erziehungsprozeß gestaltet
  und welche Werte sie vermittelt

nimmt sie direkt oder indirekt, bewußt oder unbewußt Einfluß auf die Einstellung, das Verhalten und die Entscheidungsprozesse ihrer Kinder. Dies betrifft alle Lebensbereiche, also auch die Nachfolge.

Oft wird davon ausgegangen, daß eine im Unternehmen mitarbeitende Mutter ihre Kinder besser auf eine spätere unternehmerische Aufgabe vorbereiten kann als eine Mutter, die „nur" Familienmanagerin ist. Diese Annahme sollte grundsätzlich in Frage gestellt werden: Eine Ehefrau, die sich freiwillig und mit Leib und Seele ausschließlich für ihre Familie und ihre Kinder einsetzt, kann dieser Erwartung und Aufgabe ebensogut gerecht werden. Voraussetzung hierfür ist jedoch einerseits, daß sie grundsätzlich am Unternehmen interessiert ist. Sie kann aktiv dessen Entwicklung verfolgen, Kontakt zu Mitarbeitern des Unternehmens pflegen und die Familie und das Unternehmen engagiert und motiviert nach innen und außen repräsentieren. Andererseits muß aber auch ihr Mann seinen Beitrag leisten. Er sollte sie in das Unternehmensgeschehen mit einbeziehen und sie als aufmerksame, verständnisvolle und zuverlässige Zuhörerin, Trösterin und Ratgeberin wahrnehmen und akzeptieren - selbst dann, wenn sie kritische Fragen stellt.

Eine Familie, in der Geborgenheit und eine gute Atmosphäre herrschen, schafft Entwicklungsmöglichkeiten und Energiepotentiale, die sich positiv auch auf das Unternehmen auswirken können. Dies ist einem hektischen Hin und Her zwischen Betrieb und Familie vorzuziehen, in dem latente Unzufriedenheit, Erwartungsdruck und Gereiztheit bestimmend sind.

Der positive Einfluß der Ehefrau und Mutter bei der Erziehung zur Nachfolge bezieht sich sicher nicht darauf, Erstgeborene, Söhne oder bestimmte Kinder ab dem Vorschulalter bewußt und gezielt in eine vorgezeichnete Richtung zu lenken. Vielmehr ist es wichtig, allen Kindern ein breites Angebot zu eröffnen, in dem jedes Kind seine Potentiale zeigen und entfalten kann. Darüber hinaus kann sie durch ihr eigenes Verhalten das Interesse ihrer Kinder für eine unternehmerische Tätigkeit und das Engagement im familieneigenen Unternehmen wecken, aufrechterhalten und vertiefen. Sie kennt die Stärken und Schwächen ihrer Kinder, kann gezielt Angebote machen und Kompetenzen und Fertigkeiten fördern. Werden jedoch nur genau die Fähigkeiten gefördert, die im Hinblick auf die Fortführung des Unternehmens relevant sind, und wird dabei außer acht gelassen, ob das Kind dies auch möchte, besteht die Gefahr, daß es in eine Richtung gedrängt wird, die gar nicht zu ihm paßt und in die es dann letztlich langfristig - trotz aller Bemühungen - auch nicht gehen wird. Aus Respekt, Pflichtgefühl oder aber aus Angst vor Sanktionen erklärt es sich zwar unter Umständen zunächst zum Antritt der Nachfolge bereit, springt dann aber plötzlich ab, weil es doch seinen eigenen Weg gehen möchte. Geschieht dies zu einem fortgeschrittenen Zeitpunkt der Nachfolgeplanung oder gar erst bei deren Umsetzung, können hieraus unabsehbare Folgen für die Unternehmenskontinuität, aber auch für die familiären Beziehungen resultieren.

Gleiches kann auch eintreten, wenn andere Kriterien den Erziehungsprozeß lenken: Drängen beispielsweise „graue Eminenzen" der älteren Generation nachhaltig direkt oder indirekt auf die Aufrechterhaltung von Familientraditionen, wie zum Beispiel die „Wahl des Erstgeborenen", „Junge vor Mädchen" oder eine Bevorzugung von Kindern bestimmter Familienstämme, so kann auch dies das Verhalten der Mutter und damit Entwicklungsprozesse der Kinder beeinflussen. Geschwister nehmen meist schon sehr früh wahr, wer der primus inter pares ist. Dies führt nicht selten dazu, daß sich bereits im Kindesalter ein wenig konstruktiver Konkurrenzkampf um Anerkennung und Liebe zwischen den Geschwistern entwickelt und dieser sich dann über die Jahre verschärft. Sagt der Primus plötzlich „Nein" zur Nachfolge, kann einer vermeintlich gut geplanten Nachfolge der Boden entzogen werden, selbst dann, wenn weitere leibliche Nachkommen vorhanden sind. Dies ist zum Beispiel der Fall, wenn kein anderes Familienmitglied der jungen Generation, quasi als Notlösung, einspringen kann oder möchte. Ein Grund dafür kann sein, daß es als Nachfolger nie zur Diskussion stand und einen anderen beruflichen Weg eingeschlagen hat, auch wenn es zunächst durchaus am Unternehmen interessiert war, ein anderer, daß es aus Stolz, nicht die zweite Wahl sein zu wollen, das Angebot ablehnt, auch wenn es verlockend ist.

Ob sich ein Kind oder mehrere Kinder grundsätzlich für die Nachfolge interessieren und auch wirklich die Nachfolge antreten, fußt zu einem großen Teil auf ihren Erfahrungen im Kindes- und Jugendalter. Hier wird über Jahre hinweg die Einstellung von Söhnen und Töchtern zu der Frage geformt, ob Unternehmer im familieneigenen Unternehmen zu sein etwas ist, für das sich hundertprozentiger Einsatz lohnt. Oder wird „Nachfolge antreten" als Erwartung wahrgenommen, egal ob man will oder nicht. Dies kann auch die offene Entscheidung gegen die Unternehmensnachfolge betreffen, weil man andere Lebenspläne, andere Fähigkeiten und Interessen hat. Unternehmerische Tätigkeit wird eventuell als nicht erstrebenswert wahrgenommen, weil sie mit Hektik, Streß, Belastung, fehlendem Familienleben, dem unerfüllten Wunsch nach echten Beziehungen und persönlicher Zuwendung verbunden zu sein scheint.

Bei der Frage, wo und wie **Erziehung und Familienleben** stattfinden oder stattgefunden haben, spielen die folgenden Aspekte eine Rolle:

- Hat das Kind seine Spielsachen quasi unter dem Schreibtisch der Mutter?
- Hat es einen eigenen Schreibtisch für die Hausaufgaben im Büro?
- Übernimmt es in den Ferien kleinere Aufgaben im Unternehmen?
- Sind die privaten Wohnräume auf dem Firmengelände zu finden?
- Gehen Mitarbeiter des Unternehmens in der Familie ein und aus?
- Ist das Unternehmen Tag für Tag das vorrangige Thema bei den Mahlzeiten und gemeinsamen Aktivitäten und Familientreffen, oder
- besteht eine mehr oder weniger strikte Trennung zwischen Unternehmen, Beruf und Privatleben?

Faktoren wie Nähe und Vertrautheit zum Unternehmen können sich sowohl positiv auf die Bereitschaft zur Übernahme der Nachfolge auswirken als auch abschrecken. Letztlich ist es die Frage, wie Nähe und Distanz in ihren unterschiedlichen Varianten von allen Betroffenen gelebt und erlebt werden. Die Meinung, daß unternehmerisches Tätigsein etwas nicht Erstrebenswertes ist, muß dabei nicht zwangsläufig damit zusammenhängen, daß die Mutter ebenfalls im Unternehmen mitarbeitet und sich durch die Doppelbelastung nicht in ausreichendem Maß ihren Kindern widmen konnte. Eine Frau und Mutter, die ihr Leben lang die aufgezwungene, ungeliebte Rolle der „Nur-Hausfrau" ausfüllen muß, weil es traditionell so von ihr erwartet wird und die darüber hinaus unzufrieden und unglücklich in ihrer Ehe ist, weil der Ehemann dem Unternehmen aus ihrer Sicht immer den Vorrang gibt, wird dies ihren Kindern auch vermitteln und deren Bereitschaft zur Nachfolge unter Umständen - bewußt oder unbewußt - negativ beeinflussen. Unter dem Strich ist nicht die Quantität der Zeit entscheidend, die Kinder mit der Mutter beziehungsweise den Eltern verbringen, sondern vielmehr deren qualitative Ausgestaltung. Psychische Anwesenheit, Anerkennung, Aufmerksamkeit, Interesse, offene Gespräche und Beziehungsangebote, Vorbilder und insbesondere eine tragfähige Beziehung zwischen den Eltern selbst und ihren Kindern sind hier wesentlich entscheidender als pure Anwesenheit.

3.2   Die Auswahl des Nachfolgers

Auch bei der Auswahl des Nachfolgers und in der Übergangsphase, in der Senior und Junior gemeinsam im Unternehmen tätig sind, kann und wird die Ehefrau, ebenso wie andere Familienmitglieder, auf informellem Wege Entscheidungen beeinflussen. Es wird häufig unterschätzt, daß die Ehefrau auch eine wichtige Rolle im Hinblick auf die Bereitschaft des Seniors spielt, sich wirklich aus dem Unternehmen zurückzuziehen und einen neuen Lebensabschnitt zu beginnen.

Betrachten wir zunächst den **Einfluß der Ehefrau bei der Auswahl des Nachfolgers**. Als Mutter hat sie über Jahre hinweg die Entwicklung ihrer Kinder beeinflußt und verfolgt. Sie hat sich ihr eigenes Bild über das aus ihrer Sicht am besten zur Nachfolge geeignete Kind geformt. Eine Beurteilung der persönlichen Qualifikation wird sie in jedem Fall vornehmen. Die Beurteilung der fachlichen Eignung wird jedoch in hohem Maße von ihrer eigenen Einbindung in das Unternehmen abhängen. Vielleicht ist sie aber auch zu dem Ergebnis gekommen, daß keines ihrer Kinder diesen Weg beschreiten sollte. Auch andere Familienmitglieder haben sich diesbezüglich ihre Meinung gebildet. Bei offiziellen und informellen Gesprächen wird nun jeder seine ganz persönlichen Ansichten kundtun und damit Entscheidungsprozesse beeinflussen. Probleme treten meist dann auf, wenn die Meinungen der Eltern, die „grauer Eminenzen" oder anderer einflußreicher Familienmitglieder voneinander abweichen. Eine besondere Situation kann entstehen, wenn

- mehrere eigene Kinder als potentielle Nachfolger zur Diskussion stehen
- Kinder aus unterschiedlichen Familienstämmen in Frage kommen oder
- Schwiegerkindern oder Kindern vorangegangener Ehen der Vorrang gegeben werden soll.

Das subjektive Erleben, daß die Entscheidung für den einen gleichzeitig eine Entscheidung gegen andere ist sowie der persönliche Anspruch nach Gleichbehandlung der Kinder und der Wunsch „gerecht" sein zu wollen, führt schnell zu zwischenmenschlichen Konflikten. Oft kommen hier „alte" Geschichten oder Forderungen ins Spiel, die nicht an Sachkriterien, sondern an Familientraditionen oder -loyalitäten orientiert sind. Rivalitäten zwischen einzelnen Familienmitgliedern, zwischen Geschwistern oder Familienstämmen werden offenkundig und münden in Ablehnung, Mißgunst und Neid und nicht selten in einem offenen Bruch innerhalb der Familien oder zwischen Familienstämmen. Es darf auch nicht vergessen werden, daß die innerfamiliären Diskussionen um den geeignetsten Nachfolger natürlich nicht spurlos an den betroffenen Personen vorbeigehen. Der **designierte** Nachfolger merkt sehr wohl, wer ihm (et)was zutraut und wer nicht. Nimmt er wahr, daß einflußreiche Familienmitglieder Zweifel daran haben, ob er seiner Aufgabe gerecht wird, kann dies im Ernstfall dazu führen, daß er sich verunsichern läßt, seine eigene Qualifikation in Frage stellt und seine Aufgabe mit einem angeknacksten Selbstbewußtsein beginnt. Außerdem besteht die Gefahr, daß er einen Großteil seiner Energie dafür verwendet, sich gegenüber den Skeptikern innerhalb der Familie zu behaupten, anstatt sich mit ganzer Kraft dem Unternehmen zu widmen. Auch die Mitarbeiter des Unternehmens haben meist sehr sensible Antennen für derartige Entwicklungen und reagieren oft ebenfalls mit Verunsicherung oder Ablehnung. Steht die Familie hingegen geschlossen hinter dem ausgewählten Junior oder der Juniorin und signalisiert einhellig Vertrauen und Optimismus, kann sich der oder die Betroffene voll und ganz den neuen Aufgaben stellen. Die Tatsache, daß der Junior oder die Juniorin von den Mitarbeitern des Unternehmens und dem unternehmerischen Umfeld am Senior gemessen werden, ist für einen Großteil der jungen Generation schon Bürde genug.

Die Ehefrau und Mutter versucht bei der Auswahl des Nachfolgers oftmals eine vermittelnde Position einzunehmen oder wird dazu gedrängt, sich des Problems anzunehmen. In dieser Situation objektiv zu sein ist eine sehr schwierige Aufgabe. Gefühle spielen eine große Rolle, nicht nur die eigenen, sondern auch die der anderen. Wünsche, Hoffnungen und Erwartungen von allen Seiten stehen im Raum. Aus diesem Grund sollte sie frühzeitig die ihr zur Verfügung stehenden Möglichkeiten nutzen. Sie kann lange bevor die Nachfolge konkret ansteht, in Gesprächen mit Mann, Kindern und anderen Betroffenen das Problembewußtsein für den oft diffizilen Prozeß der Auswahl des Nachfolgers wecken. Das heißt nicht, Probleme herbeizureden, sondern die Beteiligten zu motivieren, realistisch in die Zukunft zu blicken, sensibel für kritische Konstellationen oder Situationen zu sein und offen und ehrlich mit sich und den anderen umzugehen. Vorausgesetzt, es besteht die grundsätzliche Gesprächsbereitschaft, kann sie den Rahmen schaffen, in dem ein fairer und verständigungsorientierter Dialog möglich ist. Gemeinsam wird man nach Lösungen suchen, die von allen akzeptiert und gelebt werden können. Je tragfähiger die Beziehungen zwischen den Ehepartnern, den Kindern und innerhalb der Familie sind, desto eher wird es der Ehefrau und Mutter gelingen, an der erfolgreichen Umsetzung der Nachfolge mitzuwirken. Sind die Widerstände innerhalb der Familie zu groß oder fühlt sie sich in dieser Rolle überfordert, so sollte sie nicht gegen Windmühlen kämpfen oder zuschauen wie die Nachfolge in eine Sackgasse gerät. Sie sollte das Vertrauen, das sie als Lebenspartnerin, Mutter sowie akzeptiertes Familienmitglied genießt, nutzen und ihren Einfluß gezielt dafür einsetzen, die Betroffenen zu ermuntern, sich außenstehenden Vertrauenspersonen, neutralen Dritten oder professionellen Konfliktmoderatoren anzuvertrauen.

3.3   Beziehungen in der Übergangsphase

Auch in der Übergangsphase, in der Senior und Junior(in) gemeinsam im Unternehmen tätig sind, wird die Ehefrau und Mutter mit Situationen konfrontiert, in denen sie gefordert und manchmal auch überfordert ist. Bekanntlich kommt es in dieser Phase zu den meisten Spannungen und Konflikten zwischen Senior und Junior. Sie sind aus psychologischer Sicht gut nachvollziehbar und haben nichts mit „Familienschande" oder „Inkompetenz" zu tun. Welche Rolle spielt die Ehefrau und Mutter in dieser Zeit? Offen oder verdeckt laden Senior und/oder Junior ihren Frust, Ärger und Enttäuschung über den jeweils anderen bei ihr ab. Entweder wird von ihr erwartet, daß sie nichts sagt oder aber daß sie klar Stellung bezieht. Tut sie das dann auch, gerät sie sehr schnell zwischen die Fronten. Indem sie sich der Meinung des einen oder anderen anschließt, entscheidet sie sich zwischen Ehemann und Kind. Derjenige, gegen dessen Meinung sie sich entschieden hat, reagiert daraufhin zumeist mit Unverständnis und dem Gefühl, abgelehnt oder mißverstanden zu werden. Melden sich auch noch andere Familienmitglieder mit guten Ratschlägen zu Wort oder fühlen sich darin bestätigt, daß der auserwählte Junior eben doch nicht der Geeignete war, entarten Konflikte schnell zu schwer handhabbaren

Problemen. Auch Mitarbeiter im Unternehmen können unter Umständen konfliktfördernd auf derartige Situationen reagieren.

Obwohl es für die erfolgreiche Bewältigung der Übergangsphase keine Patentrezepte gibt, kann die Ehefrau doch durch vorausschauendes Denken und Handeln positive Impulse geben. Entscheidend sind wiederum das **Vertrauen** und die **Qualität der Beziehungen** sowohl zwischen den Ehepartnern als auch zwischen den Generationen. Von ebenso großer Wichtigkeit ist die bewußte Reflexion der Tatsache, daß mit der Umsetzung der Nachfolge für alle Betroffenen ein **neuer Lebensabschnitt** beginnt. Um die Anzahl und das Ausmaß der Konflikte in der Übergangsphase so gering wie möglich zu halten, kann die Ehefrau ihren Mann, ihren Sohn oder ihre Tochter bereits im Vorfeld der Übergangsphase dafür sensibilisieren, mögliche Konfliktfelder eruieren und frühzeitig Strategien zu deren Vorbeugung und Bewältigung initiieren. Dies wird um so eher gelingen, je selbstverständlicher lange vor der Übergabe Offenheit und eine lösungsorientierte Streitkultur innerhalb der Familie gepflegt wurden.

Die **Ehefrau kennt** darüber hinaus als Lebenspartnerin und Mutter **typische Verhaltensmuster** ihres Mannes und ihrer Kinder sowie die Besonderheiten in deren Kommunikations- und Interaktionsmustern. Dieses Wissen kann sehr nützlich sein, um weitere potentielle Problemfelder zu identifizieren, die die direkt Betroffenen mitunter nicht erkennen. Selbst bei der besten Vorbereitung wird es in der Übergangsphase zu unvorhergesehenen Problemen kommen. Ist dies der Fall, sollte die Ehefrau versuchen, gemeinsam mit allen Beteiligten eine konstruktive Lösung zu finden. Ein vertrauensvolles Gespräch auf einem Spaziergang, bei gemeinsamen Aktivitäten außerhalb des Unternehmens oder bei einem gemeinsamen Abendessen kann hier sehr hilfreich sein. Nimmt sie jedoch wahr, daß sich die Gräben zwischen den Generationen vertiefen und persönliche Verletzungen zu unüberlegten und für das Unternehmen schädlichen, emotional begründeten Verhaltensweisen führen, kann sie die Einschaltung neutraler Dritter empfehlen.

3.4   Ausscheiden des Seniors

Die Umsetzung der Nachfolge mündet zwangsläufig im Ausscheiden des Seniors aus dem Unternehmen. Dies bedeutet für die meisten Unternehmer gleichzeitig den Übergang vom Berufsleben in den Ruhestand. Dieser Übergang zählt zu den kritischsten Lebensereignissen in den Biographien vieler Menschen. Dies gilt insbesondere für diejenigen, für die der Beruf das vorrangig sinnstiftende Element in ihrem bisherigen Leben war. Hierzu zählen in der Regel Unternehmer.

Nicht nur jeder Unternehmer, sondern auch dessen Ehefrau, der Nachfolger oder die Nachfolgerin sowie andere Familienmitglieder müssen sich darüber im klaren sein, daß das **Ausscheiden aus dem Unternehmen** mehr ist als die Aufgabe der unternehmerischen Tätigkeit. Ausscheiden aus dem Unternehmen heißt: Übernahme einer neuen

Rolle mit anderen Verhaltenserwartungen, qualitative und quantitative Veränderungen im sozialen und familiären Bereich, Umstrukturierung des bisherigen Tagesablaufs und Verlagerung des persönlichen Engagements und Interesses vom Unternehmen auf eine Welt, die durch freie Zeit oder neue Aufgaben gekennzeichnet ist. Wichtig ist hier nicht nur das Erleben und Verhalten des Ehemanns, sondern auch das der Ehefrau. Ihr Verhalten sowie ihre Einstellung zum (Un-)Ruhestand ihres Mannes können wesentlichen Einfluß darauf nehmen, inwieweit dieser bereit ist, sich mit den anstehenden Veränderungen auseinanderzusetzen und seinen Ruhestand nicht als etwas Bedrohliches zu begreifen, sondern als einen qualitativ neuen Lebensabschnitt mit neuen Aufgaben, Chancen und Möglichkeiten.

Wird der Senior auch nach seinem Ausscheiden aus dem Unternehmen als wichtiges und zentrales Familienmitglied wahrgenommen, dem Aufmerksamkeit und Anerkennung geschenkt werden, oder wird der Junior plötzlich auch zum Familienoberhaupt, frei nach dem Motto: „Der König ist tot, es lebe der König"?

Die Ehefrau und andere Familienmitglieder sollten den Senior darin unterstützen, seine Wahrnehmung frühzeitig auf neue adäquate Aufgabenfelder zu richten, in denen er künftig seine bewährten Kompetenzen und Ressourcen nutzen kann. Das soll nicht heißen, ihm konkrete Vorschläge zu unterbreiten und fertige Ideen zu präsentieren oder ihn im schlimmsten Fall zu bevormunden, sondern an alte Passionen zu erinnern oder das Entwickeln eigener Visionen anzuregen.

Will die Ehefrau diesen Prozeß positiv unterstützen, muß sie sich vor Augen führen, daß sich nicht nur das Leben ihres Mannes gravierend verändert, sondern auch ihr eigenes Leben betroffen ist:

- Verändert sich meine Rolle in der Beziehung zu meinem Mann
  und innerhalb der Familie, und wenn ja, wie?
- Welche neuen oder anderen Erwartungen werden an mich gerichtet,
  welche neuen Aufgaben kommen auf mich zu?
- Wie sieht unsere Paarbeziehung wirklich aus?
- Welche Erwartungen habe ich an meinen Mann und an unseren
  neuen gemeinsamen Lebensabschnitt?
- Welche Gesprächsthemen haben wir außer dem Unternehmen?
- Aus welchem Kreis setzen sich unsere privaten Kontakte zusammen,
  wessen Freunde sind das?
- Verändert sich vielleicht auch meine gesellschaftliche Stellung dadurch,
  daß mein Mann nicht mehr Chef unseres Unternehmens ist?

Die **Ehefrau, die die Absicht hat**, sich nach dem Ausscheiden ihres Mannes weiterhin **beruflich im Unternehmen zu engagieren**, sollte es nicht versäumen, diese spezielle Situation zu reflektieren. Mögliche Konflikte können sich dadurch ergeben, daß der ausgeschiedene Senior den Weg für den Junior nicht wirklich freimacht, solange seine Frau direkt ins Unternehmensgeschehen integriert ist. Außerdem sollte sich die Ehefrau überlegen, wie sich ihre Rolle und ihre Erwartungen im Hinblick auf den Nachfolger oder die Nachfolgerin verändern.

- Wie kann sie damit umgehen, daß der Junior nicht mehr „nur" ihr Sohn oder die Juniorin nicht mehr „nur" ihre Tochter ist, sondern ihr gegenüber nun auch weisungsbefugt?
- Welche Veränderungen bringt es, wenn auch noch Schwiegertochter oder Schwiegersohn Verantwortung übernehmen?
- Gelingt es ihr und den anderen Familienmitgliedern, Geschäftliches von Privatem zu trennen oder bestimmen Eifersüchteleien und Rivalitäten Partnerschaft und Geschehen in Familie und Unternehmen?

In dieser Phase der Nachfolge sollten sich alle bewußt machen, daß sich mit dem Vollzug der Nachfolge in der Regel auch das hierarchische Gefüge innerhalb der Familie verändert und damit zugleich die Beziehungen sowie das eigene Verhalten gegenüber den anderen Familienmitgliedern. Dies gilt nicht nur für den Junior sondern auch gegenüber dem Senior. Es wäre von großem Schaden, wenn unüberbrückbare Konflikte zu einer Ehekrise führten und dadurch die Unternehmenskontinuität gefährdet wäre.

4.   Führungswechsel – Bestandteil einer offenen Kommunikation

Die vorangegangene Darstellung spiegelt nur einen Ausschnitt der Vielzahl von Situationen, Konstellationen und Möglichkeiten wider, über die Familienmitglieder aus dem Hintergrund heraus nachfolgerelevante Entscheidungsprozesse beeinflussen können oder hierbei sogar Regie führen. Leider werden zu oft aufkeimende Konflikte und zwischenmenschliche Probleme innerhalb der Familie sowie Inszenierungen hinter den Kulissen verdrängt und negiert, um eine vermeintliche Harmonie innerhalb der Familie und nach außen hin aufrechtzuerhalten. Auch der plötzliche Ausfall des Unternehmers durch Krankheit oder Tod kann ungeahnte Folgen nach sich ziehen, wenn die Nachfolgeregelung zu diesem Zeitpunkt noch unausgegoren oder nur in Teilbereichen geklärt ist. So ist es zum Beispiel denkbar, daß die im Unternehmen mitarbeitende Mutter oder Mitglieder anderer Familienstämme plötzlich ihren Anspruch auf die Nachfolge geltend machen wollen und der Junior, der sich bereits seit Jahren auf diese Rolle vorbereitet hat, für ihn völlig unerwartet auf der Strecke zu bleiben droht. Desgleichen ist es möglich, daß Familienmitglieder die Gelegenheit nutzen wollen, um sich auszahlen zu lassen oder andere eigene Interessen umzusetzen. Dies führt nicht selten dazu, daß aus Nachfolgeregelungen regelrechte Tragödien oder manchmal auch - zumindest für Außenstehende -

unfreiwillige Komödien werden, in deren Verlauf Familien zerbrechen und Unternehmen ruiniert werden. In Familienunternehmen geht es eben nicht „nur" um die Regelung juristischer, steuerlicher und betrieblicher Faktoren. Es geht um Menschen, um individuelle Lebenspläne und Gefühle. Es geht sowohl um Menschen, die offensichtlich von der Nachfolge betroffen sind, Senior und Junior beziehungsweise Juniorin, als auch um diejenigen, die aufgrund irgendeiner verwandtschaftlichen, emotionalen, finanziellen oder materiellen Beziehung von der Nachfolge direkt oder indirekt betroffen sind. Und nicht zuletzt geht es um die berufliche Existenz der Mitarbeiter im Unternehmen.

Je frühzeitiger, kontinuierlicher und umfassender das Thema Nachfolge Bestandteil der Kommunikation zwischen den Betroffenen ist, desto eher wird es auch möglich sein, sich über die Nachfolge generell, den Nachfolger, die praktische Umsetzung des Führungswechsels und die Zeit nach dem Tag X auszutauschen. Selbst die vielfach angstbesetzten und tabuisierten Themen „Ausscheiden aus dem Unternehmen" und „Ruhestand" werden dann für den Senior und die Familie zum logischen Teil einer ganzheitlichen und verantwortungsbewußten Nachfolgeplanung.

Dr. Birgit Felden

Umgang mit Tabuthemen

1.   Die Ausgangssituation

Es könnte alles so einfach sein: Ein Unternehmen steht solide im Markt, und endlich kann der Unternehmer sein Lebenswerk an den qualifizierten Nachfolger übergeben und sich an den Früchten seines bisherigen Wirkens erfreuen.

Die Realität sieht jedoch leider anders aus. Ein reibungsloser Übergang von einer Unternehmergeneration auf die nächste ist die Ausnahme, in vielen Fällen gelingt eine Nachfolge mehr schlecht als recht. Auf Familienunternehmen trifft dies in besonderem Maße zu, weil hier verstärkt familiäre (Vor-)belastungen eine Rolle spielen. Insbesondere in Familienunternehmen kommt es oftmals erst gar nicht zu einer offenen, vorurteilsfreien Diskussion der Nachfolgethemen. Der folgende Beitrag arbeitet die Tabuthemen im Prozeß der Nachfolgeregelung und daraus abzuleitende Konfliktpotentiale sowie Lösungsansätze für eine gelungene Nachfolge exemplarisch auf. Sicher ist jede Unternehmensnachfolge und ihre Regelung individuell und einzigartig. Dieser Beitrag kann keine Patentrezepte liefern, aber die Kenntnis über typische Tabuthemen bei der Nachfolgeregelung vermitteln.

Tabuthemen entstehen nicht nur in Familienunternehmen. Sie sind ein Grundpfeiler menschlichen Verhaltens, wenn nicht rationales Kalkül, sondern emotionale Befangenheit die Kommunikation über ein für die jeweilige Person wichtiges Thema verhindert. Tabuthemen können sich auf Tätigkeiten, Gegebenheiten, Zustände, Abläufe und sonstige Informationen beziehen.

Tabuisierung meint daher nicht taktisches Verhalten, wenn z. B. in einer Verhandlung wichtige Aspekte bewußt verschwiegen werden. Gemeint ist vielmehr eine emotionale Blockade der Kommunikation. Der Blockierende verspricht sich davon individuelle Vorteile, z. B. sich nicht mit einem belastenden Thema beschäftigen zu müssen oder unangenehme Aussprachen zu vermeiden. Verschweigen wird zum – scheinbar - leichteren Lösungsweg. Damit schränken Tabus die Handlungsfreiräume aller Beteiligten vor, während und nach einer Nachfolgeregelung ein.

Zunächst stehen **rationale** Prozesse im Vordergrund:

- ▓ Übergabe der Führungsverantwortung auf den Junior, eine **Managementfrage**.
- ▓ Erstellung eines Testamentes oder die Vorbereitung von Verkaufsverträgen, eine **rechtliche Frage**.
- ▓ Und last but not least ist eine Lösung zu finden, bei der die **steuerliche** Belastung möglichst gering ist.

Daneben beeinflussen emotionale Aspekte eine Nachfolgeregelung in erheblichem Maße. Ihre Bedeutung wächst, je enger die Beziehung der beteiligten Personen ist, insbesondere bei einer direkten Verzahnung von Familie und Unternehmen in Familienunternehmen. Wie immer diese Verzahnung im Einzelfall aussieht, sie zeichnet in jedem Fall gleichermaßen den Charakter des Unternehmens und den der Familie. Die Geschehnisse im Unternehmen prägen den Alltag der Eigentümerfamilie ebenso wie deren private Situation auf das Unternehmen ausstrahlt.

Die daraus entstehenden spezifischen Chancen und Risiken auf rationaler und emotionaler Ebene zeigen sich bei einem Wechsel in der Führungsriege besonders ausgeprägt. Chancen bietet der Wechsel zum Beispiel, wenn eine Unternehmerpersönlichkeit neue Ideen und die Bereitschaft zum unternehmerischen Handeln einbringt. Risiken entstehen, wenn in der instabilen Zeit des Wechsels unterschwellige Defizite des Unternehmens aufbrechen. Emotionale Risiken entstehen, wenn Wünsche und Bedürfnisse des Übernehmers (und seiner Familie), des Übergebers (und seiner Familie) oder des Unternehmens in Konflikt geraten. Werden diese nicht ausgesprochen, weil sie zum Beispiel einem familiären Harmoniebedürfnis zum Opfer fallen oder der Unternehmenserfolg wichtiger ist als das einzelne Familienmitglied bzw. weil das familiäre Rollengefüge auf das Unternehmen übertragen wird, entstehen Tabuthemen, die den Prozeß der Nachfolge empfindlich beeinträchtigen.

Welche **Lösungsansätze** gibt es für den Umgang mit Tabuthemen? Wichtig ist zunächst, daß Tabus von den Beteiligten als solche wahrgenommen werden. Zu klären ist dann, ob sie den Weg zu einer erfolgreichen Nachfolgeregelung stören und damit aufzudecken sind. Werden Tabuthemen von den Beteiligten allerdings bewußt als solche akzeptiert, kann auch eine katalysierende Wirkung eintreten und die Nachfolgeregelung beschleunigen.

Darüber hinaus muß berücksichtigt werden, daß Tabuthemen einen sehr individuellen Charakter haben: was für den einen bereits tabu ist, stellt für andere ein offenes Gesprächsthema dar. Im folgenden sollen daher anhand von Fällen, die sich in unserer Beratungspraxis ergeben haben, typische Tabuthemen aufgegriffen werden.

2.   Tabuthemen bei der Vorbereitung der Übergabe

Bei der Vorbereitung der Nachfolge wird vielfach übersehen, daß zwei unterschiedliche Bereiche zu gestalten sind. Zum einen die Übergabe des Eigentums am Unternehmen und zum anderen die Führungsverantwortung. Zwar ist in vielen Fällen im Mittelstand aufgrund der weitverbreiteten Rechtsform des Einzelunternehmens das Eigentum mit der Unternehmensführung verknüpft, bei der Unternehmensübergabe sind die Bereiche jedoch unabhängig von der Rechtsform getrennt zu betrachten.

Eine frühzeitige und konsequente Vorbereitung beider Bereiche, von den ersten Gedanken des Übergebers bis zur schriftlichen Fixierung eines konsensfähigen Nachfolgekon-
zeptes, ist die Basis für eine erfolgreiche Übergabe. Motor für diesen Erfolg ist der
Wunsch aller Beteiligten nach einer Lösung sowie die Bereitschaft, emotionale Widerstände offen zu diskutieren. Die notwendige Offenheit bei der Vorbereitung der Übergabe kann nicht erzielt werden, wenn Themengebiete zwischen den Betroffenen tabuisiert
sind. Sie beeinflussen die zügige Regelung und Tragfähigkeit der Unternehmensnachfolge.

2.1   Die emotionale Belastung des Übergebers

Für viele Unternehmer ist die Unternehmensnachfolge mit dem Ende des aktiven Ge-
schäftslebens verknüpft. Die Lebenserwartung der Menschen hat sich erhöht, das Ren-
teneintrittsalter wird hingegen immer niedriger, und der sogenannte Dritte Lebensabschnitt verlängert sich zunehmend. An Unternehmern scheint diese Entwicklung
vorbeizugehen, sie verstehen die Übergabe nicht als Beginn einer neuen Phase des Lebens, sondern mitunter als den vorletzten Schritt zum Friedhof. War er bisher (an seinem
Wohnort) als Unternehmer bekannt und hatte maßgeblichen Einfluß auch darüber hinaus, soll er jetzt die Rolle des Rentners übernehmen. Diese Vorstellung erfüllt ihn mit
Unbehagen. Seine Gefühle gegenüber dem Nachfolger sind ambivalent. Er hofft, daß der
Junior das Unternehmen erfolgreich weiterführt und befürchtet gleichermaßen mit einem
gewissen Mißtrauen, daß er es ruiniert. Als Unternehmer hatte er die Befehlsgewalt, jetzt
führt ein anderer die Regie.

Diese geheimen Ängste sind bei vielen Unternehmern vorhanden, sie werden jedoch
nicht kommuniziert und so zum Tabuthema, wenn die Vorbereitung der Übergabe ansteht. Die nicht zu unterschätzenden Auswirkungen können sich für das Unternehmen in
einer schädlichen Hinauszögerung der Übergabe niederschlagen.

Welchen Interessen der Senior nachgehen möchte, sollte er sich daher frühzeitig überlegen. Dabei steht nicht die reine Freizeitbeschäftigung im Vordergrund, sondern die Frage nach echter Herausforderung, die dem Leben einen neuen Inhalt geben kann. Wer
beispielsweise niemals in seinem Leben Golf gespielt hat, wird dies auch nach der Übergabe als müßigen Zeitvertreib ansehen. Wer aber in jungen Jahren eine Passion gefunden
hat, für die neben der unternehmerischen Tätigkeit immer zu wenig Zeit war, wird sich
auf den Zeitgewinn nach der Übergabe freuen, um sich diesen Tätigkeiten ausgiebiger
widmen zu können.

Fazit:
- Eine Tabuisierung der emotionalen Belastung des Seniors verzögert die Übergabe.
- Eine strategische Vorbereitung auf den dritten Lebensabschnitt ist unabdingbar.
- Der Unternehmer muß seinen neuen Lebensinhalt aktiv definieren.

2.2 Der Zeitpunkt der Übergabe

Jeder Unternehmer muß für sich selbst entscheiden, wann der Zeitpunkt gekommen ist, die Führung zu übergeben. Doch diese Entscheidung darf nicht nur beabsichtigt sein, sie muß getroffen und kommuniziert werden. Man hört es immer wieder: „Ich habe die Firma aufgebaut, ich diskutiere nicht mit meinen Kindern, wann ich aufhöre. Noch habe ich ja wohl das Sagen."

Unternehmer verkennen mit dieser Aussage den **Zeitbedarf für die Regelung** einer Nachfolge, vor allem für die emotionale Ablösung vom Unternehmen. Mindestens drei bis fünf Jahre Vorlaufzeit sind einzuplanen, in manchen Fällen über zehn Jahre.

Es ist nicht mit Sicherheit davon auszugehen, daß das Unternehmen in der Familie fortgeführt wird. Der Stellenwert der Familientraditionen hat sich verändert, Unternehmerkinder planen und gestalten stärker ihren beruflichen Werdegang nach eigenen Vorstellungen, und der Einstieg in das elterliche Unternehmen ist häufig nur eine der Karrieremöglichkeiten. Je weiter die Aussichten auf die mögliche Übernahme in der Zukunft liegen und je schlechter der Zeitpunkt dafür einzuschätzen ist, umso mehr erschwert dies die Entscheidung des hoffnungsvollen Nachwuchses für die Firma. Über ein Drittel der Unternehmer überträgt erst nach Beendigung des 65. Lebensjahres das Unternehmen. Es verwundert nicht, daß dadurch unzählige Betriebe pro Jahr geschlossen werden, weil der Junior mangels Perspektive die Führungsverantwortung nicht übernommen hat oder das Unternehmen verläßt.

Die feste und verbindliche Absprache von Übergabeterminen ist daher unabdingbar für die notwendige Klarheit des Übergabefahrplanes, so schwer es auch im Einzelfall scheint, das Thema aufzunehmen. Nur so werden Engagement und die Bereitschaft zur Rücksichtnahme bei der jüngeren Generation zu erreichen sein. Auch dem Senior hilft dieser Fahrplan, seinen Weg für die Zeit nach der Übergabe zu finden.

Fazit:
- Die Nachfolgeregelung nimmt mindestens drei bis fünf Jahre, eher mehr Zeit in Anspruch.
- Der Nachfolger erwartet eine klare Aussage über die (zeitlichen) Perspektiven bis zur vollen Übernahme der Verantwortung.
- Auch dem Senior hilft ein fester Fahrplan bei der Lösung vom Unternehmen.

2.3 Bereitschaft der nachfolgenden Generation

Unternehmerkinder müssen mit der Karriereplanung nicht nur über ihren zukünftigen Beruf entscheiden. Ihr Entschluß wird immer eine Entscheidung für oder gegen das Familienunternehmen darstellen und im weiteren Sinne eine Entscheidung für oder gegen die Wünsche und Traditionen der Familie. Die Lebensplanung wird dadurch erschwert, weil alle beruflichen Weichenstellungen vor dem Hintergrund der Koexistenz von Unternehmen und Familie getroffen werden. Wenn dabei über die persönlichen Vorlieben und Neigungen der Nachfolger nicht diskutiert wird, ist das Motiv für die Übernahme vielfach Pflichterfüllung statt unternehmerischer Ehrgeiz.

Hinzu kommt ein weiterer Aspekt: Familienunternehmer haben sich ihr Unternehmen im Laufe der Tätigkeit wie einen Maßanzug auf den Leib geschnitten. Er paßt genau, aber nur ihnen. Den Idealkandidaten für die Nachfolge – das Spiegelbild des alten Unternehmers - gibt es daher nicht. Dies muß der Senior sich realistischerweise eingestehen. Das Scheitern einer Nachfolge ist vorprogrammiert, wenn der Junior nur dem Senior nacheifert, um ihm so gerecht zu werden. „Wer nur in die Fußstapfen seines Vorgängers tritt, hinterläßt keine eigenen Spuren!"

Ein weiteres Tabuthema in diesem Zusammenhang ist der **Neid der zurückstehenden Familienmitglieder**: Da äußert eventuell die Schwester nicht, daß sie die unternehmerische Tätigkeit als **ihre** Lebensaufgabe sieht, weil ihr Bruder von Kind an als Kronprinz für das Unternehmen favorisiert wurde. Wird dieses Thema nicht angesprochen, führt es spätestens nach dem Tode der Eltern zu familiären Brüchen. Werden die Geschwister kapitalmäßig am Unternehmen beteiligt, sind Friktionen für das Unternehmen nicht zu vermeiden. Der Streit bricht dann in den Gesellschafterversammlungen aus.

Auf seiten der übergebenden Generation ist eine Diskussion über die Person des Nachfolgers zumeist nicht vorgesehen. Traditionelle Erstgeborenenrechte stehen im Vordergrund ohne Überprüfung der Qualifikation oder die ausschließliche Begrenzung auf familieninterne Lösungen. Über andere Varianten wird nicht gesprochen.

Neutrale Beurteilung kann hier helfen, die Anforderungen des Betriebes mit dem Leistungsvermögen der potentiellen Nachfolger abzugleichen. Alle Bewerber um die Führungsrolle – interne wie externe – sollten in einem fairen Prozeß die gleiche Chance erhalten. Dabei ist zu trennen zwischen den familieninternen Vorstellungen und der unternehmerischen Qualifikation: Familienmitglieder müssen bei der Übertragung von Managementverantwortung dem Fremdvergleich standhalten. Hierfür sind objektive Kriterien zu entwickeln, um die Kontinuität im Unternehmen trotz der Verzahnung von Personalplanung und familieninterner Planung zu gewährleisten. Ist das nicht möglich, so ist die Führungsverantwortung zum Wohle des Unternehmens extern zu besetzen. Sind mehrere Nachfolger qualifiziert, kann gegebenenfalls eine Realteilung des Unternehmens eine mögliche Lösung sein. Die daraus abgeleitete Entscheidung und ihre Begründungen müssen offen diskutiert werden.

Ein weiteres Tabuthema ergibt sich im Falle, daß der vom Senior auserkorene **Nachfolger aus der Familie nicht den Anforderungen genügen** kann. Der Wunsch, das Unternehmen auf die nächste Generation zu übertragen und so Kontinuität zu demonstrieren, verstellt hier mitunter den Blick für die Realität. Haben alle Geschwister dankend abgelehnt oder sind gar nicht vorhanden, wird der Druck auf das verbliebene Kind, das noch zur Nachfolge bereit ist, merklich größer. Die unternehmerische Qualifikation dieses Nachfolgers ist dann ein Tabuthema von besonderer Tragweite.

Drei Perspektiven dieses Tabuthemas sind zu berücksichtigen, die sich teilweise sogar überlagern können (siehe Abbildung 1).

Abbildung 1: Mangelnde Qualifikation des Nachfolgers - die Sichtweisen

	Der Senior...	Der Junior...	Die Führungskräfte...
Situation	...weiß insgeheim um die Schwächen des auserkorenen Nachfolgers, behält jedoch die Entscheidung bei.	...weiß um seine Schwächen, kann dies dem Senior aber nicht vermitteln.	...und einzelne Mitarbeiter wissen um die Schwächen des Juniors, können dies aber weder dem Senior noch dem Junior offen vermitteln.
Typische Einstellungen	• Wird schon gut gehen mit der Zeit • Mein Sohn wird sich im Laufe der Zeit noch das Nötige aneignen • Ich habe meine Nachfolge immer angeboten, und er möchte sie jetzt auch antreten. Da kann ich doch jetzt keinen Rückzieher machen	• Mein Vater sieht nur, was er sehen will. • Ich will ihn nicht enttäuschen, obwohl ich insgeheim weiß, daß ich nicht der geeignete Nachfolger bin. • Wenn ich jetzt meine mangelnde Eignung deutlich zu erkennen gebe, verunsichere ich nur die Familie und die Mitarbeiter, und meine Chancen für die Nachfolge sinken. • Erstmal einsteigen, im Notfall helfen mir ja die erfahrenen Führungskräfte aus.	• Dieses Thema kann ich als Angestellter nicht ohne Risiko diskutieren. • Der Senior muß ja wissen, was er tut. • Vielleicht werden die Freiräume und Verantwortungsbereiche der Führungskräfte unter einem „schwächeren" Nachfolger ja größer.

Unternehmen entwickeln in diesem Nachfolgefall oft mit der Zeit unbewußte Mechanismen, um die mangelnde Eignung des Nachfolgers im Markt und vor der Masse der Mitarbeiter zu kaschieren:

- Die eigentliche unternehmerische Aufgabe wird auf verschiedene Bereichsverantwortliche aufgeteilt.
- Dem Nachfolger werden alle wesentlichen Konzepte, Entscheidungen oder Auftritte durch entsprechende Stabstellen, Assistenten oder Berater zugereicht. Diese können mit einem besonderen Wohlwollen für ihre „Deckungsleistung" rechnen.
- Organe, wie Aufsichtsrat, Beirat oder Gesellschafterversammlung übernehmen mehr Aufgaben der unternehmerischen Gesamtlenkung.

Kommt das Unternehmen allerdings in turbulentes Fahrwasser (Konzentrationsprozesse im Markt, Konjunkturabschwünge, Technologiesprünge etc.) oder ist eine akute Unternehmenskrise zu bewältigen, kann sich diese vermeintlich tragfähige Nachfolgelösung nicht mehr als solche erweisen.

Auch wenn das Tabu über Jahre – vielleicht auch Jahrzehnte – hinweg nicht gebrochen wird, wird das Leistungspotential des Unternehmens negativ beeinflußt:

- Identifikation und Motivation der Mitarbeiter leiden, wenn hinter vorgehaltener Hand über die Führungsschwäche des Nachfolgers diskutiert wird.
- Die Abkehr von alten Strategien und Prozessen – die noch unter der vorherigen starken Führung des Seniors entstanden sind – wird erschwert.
- Das Wachstumspotential des Unternehmens wird nicht voll ausgeschöpft, die Stellung im Markt wird tendenziell schwächer.
- Interne Rivalitäten und Bereichsegoismen nehmen durch die fehlende Führungsautorität zu.

Auch in diesen Fällen ist die einzige wirkliche Lösung die frühzeitige und offene Diskussion in der Phase der Nachfolgeplanung.

Fazit:
- Unternehmerkinder entscheiden mit ihrer Berufswahl auch über ihre Distanz zur Familientradition.
- Bei der Auswahl eines Nachfolgers sind alle denkbaren Kandidaten einzubeziehen.
- Die Entscheidung für den oder die Nachfolger sollte anhand objektiver Kriterien rational begründet werden können.

2.4   Plötzlicher Todesfall und Vermögensübertragung

Fallbeispiel: Der plötzliche Tod einer Unternehmerin

Nach einem Herzinfarkt entschloß sich die Inhaberin einer mittelgroßen Druckerei, nunmehr ihre Nachfolge testamentarisch zu regeln. Doch zur Unterzeichnung des vorbereiteten Testamentes kam es nicht mehr, die Unternehmerin verstarb. Über die Fortführung des Unternehmens bzw. die Regelung ihrer Nachfolge als auch über die zu erwartenden Vermögensverteilungen wurde nie gesprochen. Bereits am offenen Grabe der

Mutter entstanden die ersten Streitigkeiten. Zwei der vier Kinder wollten die Nachfolge im Unternehmen antreten, die anderen beiden strebten – mangels anderer Vermögensgegenstände - einen Verkauf an. Monatelang stritten die Parteien über die Vorgehensweise, unternehmerische Entscheidungen wurden nicht getroffen. Nachdem eine Einigung nicht erzielt werden konnte, wurde das Unternehmen weit unter seinem Wert an einen Konkurrenten veräußert. Der Ehemann der Unternehmerin war glücklicherweise finanziell abgesichert, so daß ihm eine finanzielle Abhängigkeit erspart blieb.

So wie die Frage nach dem Zeitpunkt der Übergabe von Führungsverantwortung bleiben auch die beabsichtigten Vermögensverfügungen oftmals ein Geheimnis des Seniors (und seines Ehepartners). Welches Kind spricht über den Tod seiner Eltern, fragt gar nach der Verteilung des Erbes?

Wenn auch die Auswirkungen nicht immer so gravierend sind, wie im genannten Fallbeispiel, birgt es Gefahren für das Unternehmen, wenn zu Lebzeiten nicht zumindest ein Konsens über die zukünftige Sicherung des unternehmerischen Vermögens erzielt wird. Die Frage nach der beabsichtigten Vermögensverteilung seitens potentieller Begünstigter darf also nicht voreilig als Habgier interpretiert werden. Nachfolger (und auch die Familie) sollten die Chance erhalten, sich auf ein unternehmerisches Erbe einzustellen. Auch die Interessen der übergebenden Generation können so abgesichert werden, um langfristig und liquiditätsschonend weiterarbeiten zu können.

Wenn möglich sollte daher eine **Trennung der Zuwendung des Betriebsvermögens** an den Nachfolger und die davon getrennte Berücksichtigung anderer Berechtigter durch **unternehmensexternes Vermögen** erfolgen. Ist dies nicht möglich oder nicht gewollt, bieten sich Modelle wie die Familienholding oder die Stiftung an, die eine Trennung von Eigentum und Management weitgehend realisieren.

Der plötzliche Tod des Unternehmers kann auch Lücken im Management verursachen, die im schlimmsten Fall eine geordnete Weiterführung der Firma unmöglich machen. Die frühzeitige Gründung eines Beirats und die Bestimmung einer kompetenten Vertrauensperson, die kurzfristig die Geschäftsführung kommissarisch übernehmen kann, sind hier mögliche Lösungsansätze. Diese Vertrauensperson könnte etwa ein befreundeter Unternehmerkollege und Freund des Seniors sein, der auch einen Sitz (oder den Vorsitz) im Beirat hat.

Fazit:
- Tod und Erbe sind die schädlichsten Tabuthemen bei der Unternehmensnachfolge.
- Ungeregelte Erbsituationen können auch eine optimale Führungsübergabe noch ruinieren.
- Langfristige Planung der Vermögensübergabe zu Lebzeiten ermöglicht Steuerersparnisse und Sicherung der Altersvorsorge.

2.5   Schwächen des Unternehmens – hohe finanzielle Belastungen

Fallbeispiel: Finanzielle Ansprüche des ausgeschiedenen Unternehmers

Ein Unternehmer forderte von seinem Nachfolger ein lebenslanges Beraterhonorar von rund 20 TDM im Monat, das seinem monatlichen Gehalt vor der Übergabe entsprach. Das mittelständische Sanitärhandelsunternehmen, eine GmbH, erwirtschaftete jedoch bereits seit einigen Jahren nur noch ein ausgeglichenes Ergebnis. Die Bezüge eines Unternehmers konnte das Unternehmen zwar verkraften, ein zweites Salär auf Geschäftsführerniveau war jedoch nicht finanzierbar.

Beim Generationswechsel in Familienunternehmen bleibt ein Bereich zumeist unausgesprochen: die wirtschaftliche Tragfähigkeit des zu übergebenden Unternehmens. Nach dem Prinzip, daß „man einem geschenkten Gaul nicht ins Maul schaut", wird diese Frage nicht thematisiert. Der betriebswirtschaftliche Wert eines Unternehmens spielt jedoch nicht nur beim Verkauf eine wichtige Rolle. Auch bei der (vorweggenommenen) Erbfolge stützen sich die Erfolgschancen des Nachfolgers und seine berufliche Zukunft auf die Kontinuität der Erfolgsfaktoren.

Die Frage nach der Tragfähigkeit des Unternehmens ist in direkter Weise mit der Frage nach dem Erfolg des Seniors verbunden, daher besteht die Gefahr, daß sie in Familienunternehmen tabuisiert wird. Wieviele Unternehmer subventionieren ihr Geschäft und tragen Jahr für Jahr Verluste, ohne dieses offenzulegen. Man hat sich an einen Lebensstil gewöhnt, der einer Unternehmerfamilie (vermeintlich) entspricht und verzichtet nicht darauf, auch wenn es dem Unternehmen schlecht geht. Diesen Lebensstil möchte der Unternehmer natürlich auch nach seinem Austritt weiterpflegen.

Für Außenstehende ist durch diese Verhaltensweisen ein Einblick in die Risikolage des Unternehmens erschwert. Die Stabilitätsfaktoren können jedoch aus dem Jahresabschluß herausgearbeitet werden - wie Umsatzrückgänge oder Ertragseinbrüche, oder sie sind zumindest betriebswirtschaftlich bestimmbar: Nicht vergütete Unternehmerlöhne und unentgeltlich zur Verfügung gestellte Betriebsgelände sind Beispiele dafür.

Diese Aspekte können bei der Planung der Nachfolge nicht berücksichtigt werden, wenn sie unter den Beteiligten nicht offen angesprochen werden. Spätestens nach der Übergabe werden Defizite und Schwächen des Unternehmens ohnehin sukzessive aufgedeckt. Enttäuschung und Frustration des Nachfolgers bleiben dann nicht aus. Ein fähiger Nachfolger wird die Herausforderung zur Verbesserung der Unternehmensposition meist nur annehmen, wenn die wirtschaftliche Situation offengelegt wird. In Familienunternehmen führt das zu der Notwendigkeit für den Nachfolger, das Unternehmen neu zu beurteilen: Nicht die Schilderung der Eltern, nicht die verklärte Sichtweise aus der Kinderzeit ist dann ausschlaggebend für die Beurteilung, sondern die eigene Diagnose aufgrund – hoffentlich bereits vorhandenen - betriebswirtschaftlichen Sachverstandes.

Fazit:

- Die Fortsetzungsfähigkeit des Unternehmens und der damit verbundene bisherige unternehmerische Erfolg ist ein Tabuthema bei der Nachfolgeregelung.
- Spätestens nach der Übergabe werden die Karten aufgedeckt, was zur Enttäuschung beim Nachfolger führen kann.
- Die wirtschaftliche Situation des Unternehmens ist daher vor jeder Übergabe zu klären.

3. Tabuthemen während der Umsetzung des Nachfolgekonzeptes

Auch wenn ein konsensfähiges Konzept für die Nachfolge erarbeitet wurde, kann eine erfolgreiche Übergabe durch Tabuthemen verzögert oder im schlimmsten Fall verhindert werden. Das liegt zum einen am Unterschied zwischen Planen und Machen. Es ist etwas anderes, die Nachfolgeregelung auf dem Papier zu durchdenken als sie in der Realität zu durchleben. Zum anderen können Themen, die bei der Planung noch „erfolgreich" tabuisiert wurden, nunmehr herausbrechen und die Umsetzung gefährden. Die Konsequenz könnte sein, daß der Senior ins Back-seat-driving verfällt, d. h. sich nicht wirklich zurückzieht, sondern aus dem Hintergrund weiter mitsteuert und der Junior das Unternehmen voller Frust verläßt.

3.1 Machtverzicht des Seniors

Mit dem Gedanken, als Unternehmer ersetzbar zu sein, muß man sich erst anfreunden, auch dann, wenn der Wechsel mit Erleichterung erwartet wird. Ebenso möchte der Senior allzu oft noch beratend zur Seite stehen, selbst wenn er die Abgabe der Verantwortung prinzipiell akzeptiert hat. Er wird jedoch schnell merken, daß wichtige Ereignisse an ihm vorbeigehen und er nicht auf dem bisher gewohnten Informationsstand bleiben kann.

Hinzu kommt die Persönlichkeitsstruktur des Unternehmers, die eine weitere Führungskraft neben sich nur schwer duldet. Der Stolz auf den Erfolg der eigenen Kinder schlägt dann schnell um in Konkurrenzdenken. Die Identifikation mit dem eigenen Unternehmen bis hin zur Monopolisierung der Führungsstruktur macht darüber hinaus jede Veränderung des Nachfolgers zum Politikum, wird als Kritik an der bisherigen Führung verstanden oder aber als Fehler des Nachfolgers, der den Erfolg des Unternehmens schmälert.

Zu Konflikten führt es unweigerlich, wenn der Senior durch den Betrieb geht und vermeintliche Fehler in alter Manier selbst behebt oder sich einmischt, ohne sich zunächst beim neuen Management zu informieren. Das muß zu Verärgerung mit dem Nachfolger führen, der vielleicht nur mühsam Akzeptanz bei den alten Mitarbeitern gefunden hat. Zentrale Frage für viele Junioren ist dann: Halte ich noch die anvisierten Jahre durch, bis Vater oder Mutter tatsächlich gehen? Über die Angst des Seniors vor Machtverlust wird hingegen nicht gesprochen!

Dieses Tabuthema kann der Übergeber nur ausräumen, wenn er sich seine Empfindlichkeit eingesteht. Er muß sich klarmachen, daß ein Verlust der Macht im Unternehmen einen Gewinn an Freiheit bedeutet, den es aktiv zu nutzen gilt. Fehlt diese Einsicht beim Senior und ist diese weder durch den Nachfolger, Mitglieder des Managements oder externe Vertraute zu erwirken, ist eine Eskalation des Konflikts oft unvermeidlich.

Die Stufen der bewußten oder unbewußten Einflußnahme des ausgeschiedenen Seniors sollten definiert und für die Zukunft verbindlich geregelt werden. Geklärt werden muß, welche Rechte der ausgeschiedene Senior in den einzelnen Unternehmensbereichen in Zukunft haben soll:

- Zustimmungsrechte
- Gestaltungs- und Umsetzungsrechte
- Vorschlagsrechte
- Diskussions- und Teilnahmerechte
- Informationsrechte
- Keine verbindlichen Rechtsansprüche auf Information und Mitgestaltung.

Mitunter sind nur die (ernstgemeinte) Drohung des Nachfolgers, die Führung des Unternehmens wieder aufzugeben, und die schriftliche Formulierung der zugestandenen Beteiligungsrechte als unmißverständliches Ultimatum von Erfolg gekrönt.

Fazit:
- Nachfolger müssen selbständig und unabhängig Entscheidungen treffen können.
- Konträre Führungsentscheidungen im Generationswechsel sind unbedingt zu vermeiden.
- Das Verhältnis zwischen Junior und Senior sollte von Toleranz geprägt sein.
- Auch wenn die Abgabe der Verantwortung prinzipiell akzeptiert wurde, möchte der Senior allzu oft noch beratend zur Seite stehen. Eine Aufteilung von Aufgaben und Befugnissen und deren schriftliche Fixierung ist in der Übergabephase unabdingbar.

3.2 Nachlassende Leistungsfähigkeit im Alter – Herauszögerung der Übergabe

„Mit 50 Jahren merkt man selbst sein Alter, mit 60 Jahren merken es auch die anderen. Mit 70 Jahren merken es nur noch die anderen!" Schwächen des Seniors werden also spätestens dann prekär, wenn die Nachfolge ansteht, wenn Alter oder fehlende Gesundheit Ihren Tribut fordern. Wenn schon die Familie, Mitarbeiter oder Kunden bemerken, daß sich der Unternehmer verändert, daß unternehmerisches Risiko nunmehr Bedrohung statt Herausforderung bedeutet, daß Reagieren vor Agieren steht, wird die Übergabe mühsam. Gerade dafür sind jedoch visionäre Kraft und Zuversicht gefragt, um etwas Neues, Einmaliges zu gestalten: Die Nachfolge!

Hinzu kommt, daß der Führungsstil in Familienunternehmen vielfach von patriarchalem oder autoritärem Verhalten geprägt ist, bei dem das Eingestehen von Fehlern mit einer Einbuße von Glaubwürdigkeit einhergeht. Verstärkt wird dieses Verhalten durch die innerfamiliäre Rollenverteilung. Der Übergeber hat als Elternteil ebenfalls eine Vorbildfunktion, welche die Kommunikation über eigenes Fehlverhalten nicht impliziert.

Die Fähigkeit aufzuhören, wenn es am schönsten ist, kennzeichnet daher den erfolgreichen Unternehmer. Er sollte die Nachfolge wie eine Investition planen und mit dem Genuß abtreten, ein solides Unternehmen zu hinterlassen. Es ist keine Schande zu delegieren oder abzugeben, sondern unternehmerische Weitsicht und Weisheit. Auch hier hilft nur ein offener Dialog, um einen Konsens zu finden oder aber ohnehin unvermeidbaren Streit frühzeitig zu beginnen.

Fazit:
- Kritisches Hinterfragen der eigenen Stärken und Schwächen ist Aufgabe des Übergebers.
- Die Nachfolge sollte im vollen Besitz geistiger und körperlicher Kräfte angegangen werden.

3.3 Die finanziellen Ansprüche der Beteiligten

Neben den Tabus Tod und Erbe steht die finanzielle Ausgestaltung der Bezüge. Dies gilt vor allem für die Bezüge von Senior und Junior. Während der Senior sein bisheriges (hohes) Gehalt beziehen möchte, wird dem Junior vielfach nur eine Aufwandsentschädigung zugestanden. Die Begründungen sind vielfältig. Aber es gibt auch Nachfolger, deren hohe Entlohnung nicht durch ihre Leistung, sondern durch den familiären Status bestimmt wird. Beides ist nicht angemessen. Es kann Nachfolger und Mitarbeiter demotivieren.

Die Bezüge des Nachfolgers müssen sich vor allem an der Leistung orientieren. Der unternehmerische Erfolg ist daher nicht nur durch die gewinnabhängige Tantieme am Jahresende zu vergüten, sondern auch durch variable Anteile der Monatsbezüge, die sich am meßbaren Erfolg der Führungsleistung orientieren. Der Bezug zu Umsatz und Qualität der Leistung anstelle der Vergütung von Arbeitszeit ist dabei das Ziel.

Finanzielle Tabus spielen jedoch nicht erst bei der Gehaltsfrage eine Rolle, sondern auch bei der Bewertung des Unternehmens, vor allem, wenn ein Kaufpreis ermittelt werden soll. Hinterläßt der Unternehmer einen florierenden Betrieb, sind die Anteile daran, die der Nachfolger durch seine bisherige Tätigkeit im Unternehmen beigetragen hat, im Kaufpreis zu berücksichtigen. Was für das Prinzip der ehelichen Zugewinngemeinschaft gilt, sollte auch bei unternehmerischen Partnerschaften angewendet werden.

Schwierigkeiten ergeben sich auch, wenn das Unternehmen einen weiten Teil des Familieneinkommens darstellt und die Altersversorgung des Seniorunternehmers sowie die Wünsche weichender Erben aus dem Unternehmen erwirtschaftet werden müssen. Ein finanzielles Ausbluten des Unternehmens, z. B. durch Auszahlungen an Geschwister, ist dabei unbedingt zu vermeiden. Die Fülle rechtlicher Gestaltungsmöglichkeiten, angefangen bei der Staffelung von Zahlungen bis zur gewinnabhängigen Auszahlung, sollte für jeden Einzelfall eine adäquate Lösung bieten.

Fazit:
- Einkünfte des Übergebers und des Übernehmers müssen sich am jeweiligen Erfolgsbeitrag für das Unternehmen orientieren.
- Beiträge des Nachfolgers zum wirtschaftlichen Erfolg des Unternehmens müssen bei der Wertfindung berücksichtigt werden.
- Finanzielle Ansprüche seitens der Familie müssen sich an der Tragfähigkeit des Unternehmens ausrichten.

4.   Professionalität bei der Lösung der Konflikte

Aus betriebswirtschaftlicher Sicht ist die Nachfolgeregelung ein Investment, welches ertragsmäßig, finanziell und bis zur Amortisation geplant werden muß. Inwieweit dies gelingt, hängt jedoch von der professionellen Einstellung der beteiligten Personen ab.

Tabuthemen blockieren diese Professionalität und zählen daher zu den zentralen Ursachen für das mögliche Scheitern der Übergabe.

Das behutsame – aber doch konsequente – Aufbrechen von Tabuthemen stellt wohl eine der schwierigsten Herausforderungen in der Nachfolgeplanung überhaupt dar. Die direkt

Betroffenen sind oft nicht in der Lage, diese Tabuthemen zu erkennen und sachlich zu diskutieren. Gerade deshalb sind sie ja tabuisiert.

Die erfolgreiche Bewältigung und Aufarbeitung von diffizilen Tabuthemen kann besonders Personen mit folgender Qualifikation gelingen:

- Persönliche Autorität bei den beteiligten Konfliktparteien.
- Sensibilität und Einfühlungsvermögen, im Idealfall psychologische Kenntnisse.
- Keine einseitige Parteilichkeit in der Diskussion, im Idealfall eindeutige Neutralität als Externer.

Gelingt es den beteiligen Parteien nicht, von sich aus die anstehenden Themen sachlich und offen zu diskutieren, bleibt in der Regel noch die Einschaltung externen Sachverstandes.

Die Ehefrau, nicht direkt in die Nachfolge involvierte Familienmitglieder und gute Freunde der Familie können bei Eignung und Interesse die Funktion des Moderators und Diskussionsleiters übernehmen. Ist dies auch nicht möglich, lohnt die Unterstützung durch psychologisch geschulte externe Fachleute. Von Bedeutung ist hier die richtige Einbindung in das vorhandene Beratungsteam im Nachfolgeprozeß.

Die mit der psycho-sozialen Aufarbeitung von Tabuthemen befaßten Moderatoren können ihrerseits aber kaum fachlichen Rat in Bereichen wie Rechtsformgestaltung, Finanzierung oder Unternehmensorganisation geben. Andererseits sind die in diesen Fachbereichen tätigen Berater des Seniors (Notar, Rechtsanwalt, Wirtschaftsprüfer, Hausbanker, Unternehmensberater) mit dieser psychologischen Sonderaufgabe oft überfordert und verhindern somit – bewußt oder unbewußt – die gründliche und dauerhafte Bearbeitung aller Konfliktpotentiale. Statt an den Ursachen zu arbeiten, dominiert das Behandeln von Symptomen. Alte Tabuthemen schwelen dann ungehindert weiter und werden im schlimmsten Fall in der nächsten Nachfolgegeneration in ähnlicher Form wieder hervorkommen.

Ulrich Burger
Iris Hermann

Familiennachfolge ohne Probleme

Praxisfall 2

NORDHAUS Gebr. Brochhaus GmbH & Co. KG, Kürten

Die Firma wurde 1924 gegründet und ist auf dem Sektor des Hausbaus (Fertighäuser) tätig.

Mit 40 Mitarbeitern wird ein Umsatz von etwa 20 Millionen DM pro Jahr erzielt.

Das Unternehmen, das in der zweiten Generation von drei Brüdern geführt wird, bereitet sich darauf vor, auch in der dritten Generation die Führung durch die Familie kontinuierlich fortzusetzen.

Interview mit Theo, Günther und Paul Dieter Brochhaus

Geschäftsführende Gesellschafter der NORDHAUS Gebr. Brochhaus GmbH & Co. KG

? *Sie sind alle als Söhne des Unternehmensgründers, Hermann Brochhaus, in das Unternehmen eingetreten. Wie haben Sie Ihre Aufgaben untereinander aufgeteilt?*

! Theo Brochhaus hat 1959 als Zimmermann angefangen und ist heute für die Haustechnik (Produktion, Montage) verantwortlich; Günther Brochhaus ist 1964 nach abgeschlossener Ausbildung als Schreiner und technischer Holzkaufmann ins Unternehmen eingetreten. Er leitet heute den Einkauf, den kaufmännischen Bereich und die Steuerung des Kundendienstes. Paul-Dieter Brochhaus kam 1971 als gelernter Bankkaufmann dazu und ist jetzt für den Vertrieb zuständig.

? *War es für Sie immer selbstverständlich, diesen Berufsweg zu wählen? War dies der Wunsch Ihres Vaters?*

! Nicht unbedingt. Ursprünglich sollte nur Günther als Nachfolger antreten, um das damalige Unternehmen als Schreinerei, Zimmerei und Sägewerk fortzuführen. Theo und Paul-Dieter wollten eigene berufliche Wege gehen.

? *Wodurch wurde der Wechsel in der Unternehmensleitung eingeleitet?*

! Theo und Günther waren schon einige Jahre als Arbeiter bzw. Angestellte im Unternehmen beschäftigt. Ende der sechziger, Anfang der siebziger Jahre weiteten wir unsere Geschäftstätigkeit erheblich aus. Durch den Boom in der Fertighausbranche wurde dann auch der Eintritt von Paul-Dieter ausgelöst. Der Wechsel in der Unternehmensleitung vollzog sich Schritt für Schritt mit weiteren Umsatzausweitungen und die verantwortliche Übernahme der einzelnen Unternehmensbereiche. Weiterhin sind natürlich auch Altersgründe des Seniors zu nennen.

? *Wie haben Sie sich auf Ihre Führungsaufgaben vorbereitet, und wann fiel die Entscheidung für den Zeitpunkt der Übergabe der Verantwortung?*

! Grundsätzlich haben wir uns durch unsere fachliche Ausbildung vorbereitet. Im Unternehmen folgte dann durch die praxisnahe Einarbeitung und schrittweise Übernahme von Verantwortungsbereichen ein fließender Übergang zur Geschäftsführung des gesamten Unternehmens. Obwohl unser Vater noch bis ins hohe Alter von 87 Jahren aktiv in der Firma mitwirkte, haben wir schon lange vorher die Verantwortung übernommen.

? *Hatten Sie jemals Probleme in der Rollen- bzw. Machtverteilung?*

! Nein. Schon als Kinder verstanden wir uns gut und fühlten uns füreinander verantwortlich. Dies ist wohl unter anderem auf die strenge Erziehung unserer Eltern zurückzuführen. Später im Betrieb kamen dann – vielleicht auch durch die Trennung der Verantwortungsbereiche – keinerlei Probleme zwischen uns dreien auf.

? *Gab es beim Übergang Konflikte mit Ihrem Vater?*

! Nein, weil er trotz seines Alters verständnisvoll war und uns viel Freiraum ließ.

? *Es steht der Wechsel in die nächste Führungsgeneration an. Seit wann beschäftigen Sie sich mit dieser Frage?*

! Vor ungefähr fünf Jahren ist die Nachfolgefrage in unser Bewußtsein gerückt. Dieses Thema haben wir bei Gelegenheit auch schon mit unseren Rechts- und Steuerberatern besprochen und verschiedene Konzepte erörtert. Um eine konkrete Strategie festzulegen, ist es aber noch zu früh.

? *Wollen Sie Ihre Tätigkeit als gleichberechtigte Geschäftsführer noch eine ganze Zeit lang weiterführen?*

! Da bleibt uns wohl nichts anderes übrig. Wir stellen allerdings fest, daß im Lauf der Jahre die Fähigkeit zur Innovation nachläßt und auch eine gewisse „Betriebsblindheit" einsetzt. Es war z. B. der potentielle Nachfolger, der uns mit den Möglichkeiten der EDV vertraut machte.

? *Wie sieht Ihre weitere Lebensplanung aus?*

! Es gibt zweifellos Motive, über die eigene Lebensplanung für den letzten Abschnitt im Berufsleben genauer nachzudenken. Über die Zeit „danach" haben wir zwar noch keine genauen Vorstellungen entwickelt, aber uns wird das Loslassen sicherlich leichter fallen als unserem Vater. Dennoch ist es wichtig, diesen letzten Lebensabschnitt gründlich vorzubereiten, um nicht in ein Loch zu fallen.

? *Wird Ihr Nachfolger auch aus der Familie kommen?*

! Zunächst haben wir die Frage nach einem geeigneten Nachfolger aus dem eigenen Familienkreis bewußt offen gelassen. Inzwischen zeichnet sich aber die Möglichkeit der Übernahme durch den älteren Sohn von Theo Brochhaus, Christoph Brochhaus, ab. Er arbeitet nach seinem Studium der Wirtschaftsinformatik in einem EDV-Unternehmen und hat als freier Mitarbeiter unsere EDV organisiert. Dabei konnte er sich in unserem Unternehmen schon in viele Bereiche hineinarbeiten, und wir glauben, daß er der Aufgabe gewachsen sein wird.

Es sind noch andere Kinder da, bei denen aber zum einen die fachlichen oder persönlichen Voraussetzungen und zum anderen das Interesse fehlen.

? *Haben Sie bei Ihren Kindern gezielt auf eine Nachfolge im Unternehmen hingearbeitet?*

! Wir haben unseren Kindern bei der Wahl ihrer Ausbildungs- und Berufswege freie Hand gelassen. Keines unserer Kinder sollte durch die Berücksichtigung der Nachfolgefrage eingeengt werden.

? *Welche Voraussetzungen sehen Sie für die Übernahme der Verantwortung in Ihrer Firma als notwendig an?*

! Wir halten es für unerläßlich, daß unser Nachfolger Schritt für Schritt im Betrieb Verantwortung übernimmt und mit seinen Aufgaben wächst. Es ist wichtig, daß er das Vertrauen und die Anerkennung der Belegschaft besitzt, damit er erfolgreich sein kann.

Wir betrachten ein Praktikum bei einem anderen Fertighaus-Hersteller als hilfreiche Erfahrung für ihn als unseren Nachfolger. Hier kann er seinen Horizont erweitern und für die späteren Führungsaufgaben wichtige Dinge lernen.

? *Gibt es aus Ihrer Sicht eine „gerechte" Regelung der Erbfolge?*

! Wenn der Nachfolger aus der Familie kommt, wird es eine absolut gerechte Erbfolge wohl kaum geben. Es ist eine Regelung zu finden, die dem Nachfolger die alleinige Entscheidungsgewalt sichert. Das bedeutet konkret eine Anteilsmehrheit, die durch Vererbung und Kauf gesichert werden kann. Da aber eine Familie die anderen beiden Familien nicht komplett auszahlen kann, sollten die übrigen Familienmitglieder Anteile behalten bzw. auch an ihre Kinder weitervererben dürfen.

? *Was raten Sie Ihrem potentiellen Nachfolger?*

! Die Entscheidung zur Übernahme der Führungsnachfolge sollte – auch im Einvernehmen mit der eigenen Familie - sehr reiflich überlegt werden. Neben den fachlichen Voraussetzungen sollte er sich soweit wie möglich ein klares Bild darüber verschaffen, wie seine zukünftige Aufgabe aussehen wird und welche Auswirkungen das Unternehmersein auf das Privatleben hat.

Interview mit Christoph Brochhaus

Vorgesehener Nachfolger in der Geschäftsführung der
NORDHAUS Gebr. Brochhaus GmbH & Co. KG

? *Wann haben Sie sich mit der Frage beschäftigt, in die Führung der Firma einzutreten, die jetzt von Ihrem Vater und seinen beiden Brüdern geleitet wird?*

! Nach dem Abitur war ich mir über meinen weiteren Werdegang zunächst unschlüssig. So kam die Bundeswehrzeit als Zwangspause gerade recht, um die Vision, die Firma NORDHAUS später einmal übernehmen zu können, heranreifen zu lassen. Die Vision kristallisierte sich im dann folgenden Studium der Wirtschaftsinformatik immer mehr als interessante Perspektive heraus, auf die ich mich aber nicht festlegen wollte.

? *Welche Alternativen boten sich denn für Sie an?*

! Ich begann schon während des Studiums als EDV-Berater für verschiedene Firmen zu arbeiten und baute dies als selbständige Tätigkeit (Einzelunternehmer) immer mehr aus. Gegenwärtig arbeite ich für eine EDV-Dienstleistungsfirma, bei der ich auch fest angestellt bin, im Bereich Software-Anpassung. Nebenher betreue ich bei der Firma NORDHAUS als freier Mitarbeiter die EDV.
Für mich ist es sehr wichtig, daß ich mit meinem EDV-Beruf ein zweites Standbein habe und so nicht allein auf die Übernahme des Betriebes als einzige berufliche Perspektive angewiesen bin. Ich möchte auch vor dem richtigen Einstieg zunächst einmal selbst etwas im Beruf geleistet haben, dies ist für das eigene Selbstvertrauen überaus bedeutend. Ich möchte nicht mit dem Etikett „von Beruf Sohn" versehen werden.

? *Welche Bedingungen sehen Sie für die Übernahme als notwendig an, und welche Voraussetzungen sollten Sie persönlich dafür erfüllen?*

! Aus meiner Sicht haben die fachlichen Voraussetzungen – in meinem Fall die technischen Fachkenntnisse – eine geringere Bedeutung als die persönlichen Voraussetzungen, das heißt, Führungsfähigkeit, Leistungs- und Verantwortungsbereitschaft. Wenn mein Vater und seine beiden jüngeren Brüder ausscheiden, werden die drei Bereiche Verwaltung, Vertrieb und Fertigung ohnehin neu besetzt werden müssen. Damit wird eine neue Führungsstruktur mit neuen Entscheidungsprozessen entstehen, so daß sich für mich hauptsächlich die Frage stellt: „Kann ich wirklich ein guter Unternehmer sein?"

?

Wie und wann soll die Übergabe der Führungsverantwortung stattfinden?

!

Ich bin froh, daß ich nicht den Sprung ins kalte Wasser machen muß und noch eine Zeit lang mit den drei Brüdern gemeinsam arbeiten kann. In dieser Übergangszeit hoffe ich, aus den langjährigen Erfahrungen und Praxiskenntnissen der Vorgängergeneration zu lernen und sie mit meinem im Studium erworbenen theoretischen Grundlagenwissen verbinden zu können.
Es ist beabsichtigt, daß ich nach einem Rotationsplan zunächst alle Bereiche im Unternehmen intensiv kennenlerne und dann Schritt für Schritt auch Führungsverantwortung mit übernehme.
Da ich während meiner EDV-Tätigkeit ausschließlich in branchenfremden Unternehmen gearbeitet habe, würde ich gerne vor der endgültigen Übernahme ein Praktikum bei einem anderen Fertighaus-Hersteller absolvieren.

?

Wie beurteilen Sie die Einrichtung eines Beirats?

!

Wenn die Übertragung der Geschäftsführung und Verantwortung vollzogen ist, halte ich die Einrichtung eines Beirates für sehr wichtig. So könnte die Vorgängergeneration noch beratend zur Seite stehen. Sie erhält damit selbst auch eine neue Aufgabe im Unternehmen und kann den Nachfolger vor Fehlentscheidungen bewahren. Hierbei muß jedoch sichergestellt sein, daß Kompetenz und Weisungsbefugnis des Nachfolgers in keinster Weise untergraben werden dürfen.

?

Haben Sie für Ihre späteren Aufgaben schon konkrete Ziele und Vorstellungen?

!

Ich möchte zum Beispiel unsere Personalarbeit verbessern, verbunden mit der Einführung eines Vorschlagswesens und der erfolgsorientierten Entlohnung sowie eine aussagekräftigere Kostenrechnung aufbauen.

?

Was raten Sie aus Ihrer heutigen Sicht einem Nachfolger im Familienunternehmen?

!

Der Nachfolger sollte unbedingt vor Übernahme der Aufgabe in einem anderen Unternehmen bereits erfolgreich tätig gewesen sein. Dies stärkt das eigene Selbstvertrauen und hilft sicherlich, manchen Fehler zu vermeiden.

Vierter Teil

Unternehmensansichten –
Stolpersteine und Chancen

Michael Paschen

Vorbereitung der Nachfolge –
Ohne Coaching geht es nicht

1. Ausgangssituation

1.1 Warum ist ein Coach zu empfehlen?

Wenn der Prozeß der Nachfolgeregelung durch den gegenwärtigen Inhaber gestaltend mitbeeinflußt wird, so scheint es zunächst, daß der **Inhaber selbst den idealen Coach und Mentor für seinen Nachfolger darstellt**. Dies ist allerdings in der Praxis nur sehr selten der Fall. Eine emotionslose und systematische Beurteilung der Entwicklungsbereiche der nachfolgenden Generation ist – insbesondere, wenn der Nachfolger der Unternehmerfamilie entstammt – eher unwahrscheinlich. Stattdessen dominieren die in den anderen Kapiteln dieses Buches beschriebenen, oft schwer zu steuernden Dynamiken des Übergangs.

Auf dem Nachfolger lasten in dieser Situation sehr heikle Herausforderungen: Einerseits muß er zu einer realistischen Einschätzung seines eigenen Entwicklungsbedarfs gelangen, andererseits muß er gegenüber dem bisherigen Inhaber signalisieren, den Anforderungen in jedem Falle gewachsen zu sein, was nicht selten zu einem Herunterspielen der eigenen Entwicklungsnotwendigkeiten führt. Die möglicherweise bestehende Überforderung der familiären Nachfolger, die (aufgrund eines befürchteten Gesichtsverlustes in der Familie) oftmals nicht zugegeben wird, ist ein Grund für das Scheitern vieler Unternehmensübergänge auf die nächste Generation. Aber auch das typische „Nicht-Loslassen-Können" durch den bisherigen Inhaber birgt Risiken für Reibungsverluste. Ein externer Coach und Berater kann vor dem Hintergrund dieser Ausgangssituation die notwendige Distanz und den professionellen Blick fördern und gleichzeitig den gesamten Prozeß der Potentialeinschätzung und der darauf aufbauenden Förder- und Beratungsmaßnahmen versachlichen. Bevor konkrete Vorschläge bezüglich der Vorgehensweise und Instrumente eines solchen Coachings gemacht werden, sollen einige allgemeine Überlegungen zu den Dynamiken des Übergangsprozesses vorangestellt werden, die in einem Rahmenmodell zusammengefaßt sind (Abbildung 1). Ein solches Modell wird selbstverständlich nicht jedem Einzelfall gerecht, sondern skizziert eher plakativ die **typischen Konfliktfelder**, die beim Übergang auf einen familiären Nachfolger entstehen können.

1.2 Wer ist der richtige Coach?

Ideal wäre es, wenn der gesamte Übergabeprozeß von einem externen Coach und Moderator begleitet würde. Ein Berater, der sowohl das Vertrauen des bisherigen Inhabers genießt als auch von dem zu coachenden Nachfolger als loyaler Ansprechpartner anerkannt wird, hat zweifellos die besten Voraussetzungen, einen erfolgreichen Übergang mitzugestalten.

Phasen des Überganges

Ausgangssituation

Der derzeitige Inhaber (Gründer)

- "Ich habe das alles aufgebaut"
- "Ich weiß, wie man erfolgreich sein kann"
- "Nur harte Arbeit und eine straffe Hand führen zum Erfolg"
- "Die Menschen heute sind viel zu anspruchsvoll, ohne bereit zu sein, wirklich hart zu arbeiten"
- "Ich mache das doch alles nur, damit es meinen Kindern einmal besser geht als mir"
- "Meine Kinder wissen den Wert des Geldes überhaupt nicht zu schätzen"
- ...

Phase der Verleugnung

- "Ich bin doch kerngesund"
- "Warum soll ich denn aufhören, ich kann es doch nachweislich am besten"
- "Ohne mich wird hier alles verkommen"
- "Ich lebe ewig"
- ...

Phase der Einsicht

- "Ich muß vielleicht doch ein bißchen auf meine Gesundheit achten"
- "Was wird mit meiner Firma, wenn mir unvorhergesehenerweise etwas zustoßen sollte"
- "Mein Lebenswerk muß irgendwie weitergehen"
- "Vielleicht sollte ich mal probeweise ein paar Dinge abgeben"
- ...

Phase der Übergabe

- "Ein solches Problem löst man so, und nur so"
- "Ich kenne das Geschäft jetzt 35 Jahre, da kannst du mir schon glauben"
- "So etwas mußt du jetzt selbst wissen, Du willst doch Unternehmer sein"
- "Ich hätte das völlig anders gemacht"
- ...

Phase der Loslösung

- "Völlig überzeugt bin ich zwar nicht, aber es erscheint mir nicht völlig aussichtslos"
- "Irgendwie doch schön, daß ich jetzt etwas Zeit habe, mich um meine Tätigkeit im Stadtrat zu kümmern"
- "Ein Auge muß ich schon noch draufhalten, aber eigentlich geht alles einen ganz guten Weg"
- ...

Die potentiellen familiären Nachfolger (Kinder)

- "Das Leben besteht doch nicht nur aus Arbeit"
- "Wenn man schon viel Geld hat, sollte man es auch genießen können"
- "Niemals übernehme ich die Firma meines Vaters, ich interessiere mich vielmehr für Kunst, Soziologie, kreatives Design..."
- "Mein Vater würde mir doch nur ständig reinreden"
- "Ich interessiere mich einfach nicht für Zementproduktion"
- "Mein Vater versteht nicht, daß ich andere Lebensziele habe als er"
- ...

Phase des Widerstandes

- "Ich möchte ein anderes Leben führen als mein Vater"
- "Ich habe meine Talente in anderen Bereichen"
- "Ich möchte mich selbst verwirklichen"
- "Viel Geld verdienen, ist mir nicht so wichtig (es ist ohnehin genug da)"
- ...

Phase der Überwindung

- "Mein Vater wäre sicherlich sehr glücklich, wenn er wüßte, daß sein Lebenswerk fortgeführt wird"
- "Tief in mir bin ich ja doch ein Unternehmerkind"
- "Ich muß ja nicht alles so machen wie mein Vater"
- "Keine Geldsorgen zu haben ist doch irgendwie beruhigend"
- ...

Phase der Übernahme

- "Einerseits redet er mir in alles rein, andererseits fordert er mich auf, eigene Entscheidungen zu treffen"
- "Letztlich hat er doch alle Fäden in der Hand"
- "Ich fühle mich wie ein Sportwagen mit angezogener Handbremse"
- ...

Phase des eigenen Erfolgs

- "Irgendwie habe ich immer gewußt, daß ich das auch kann"
- "Mein Vater hat doch viele gute Ideen gehabt"
- "Ich glaube, mein Vater ist ganz zufrieden mit mir"
- ...

Abbildung 1: Rahmenmodell des Übergangsprozesses

In der Praxis wird diese Aufgabe oftmals von dem **Steuerberater** oder **Anwalt** der Familie übernommen. Das kann funktionieren, birgt aber auch Gefahren, denn diese Berufsgruppen sind für die professionelle Lösung von zwischenmenschlichen Konflikten und in der praktischen Personalentwicklung nicht ausgebildet. Außerdem ist es für einen "echten" Externen (und nicht langjährigen Weggefährten) leichter, eine wirklich neutrale und von persönlichen Verpflichtungen unabhängige Grundhaltung einzunehmen. Allerdings muß realistischerweise festgestellt werden, daß die oben beschriebenen **Phasen von Verleugnung und Widerstand** selten von einem professionellen Coach begleitet werden. Insofern sind die Gesprächspartner in diesen Phasen tatsächlich eher Familienangehörige oder sonstige Vertraute. Die konkrete Hinzuziehung externer Beratung geschieht meist erst, wenn der Prozeß der Übergabe schon eingeleitet ist.

Gerade in langjährig gewachsenen mittelständischen Familienunternehmen herrscht manchmal **keine allzu hohe Meinung über Berater** vor. Diese werden oft mit praxisfernen Konzepten, dem typischen Klischee des arroganten, aber ahnungslosen Besserwissers und mit sinnentleerten Folienpräsentationen in Verbindung gebracht. In solchen Fällen ist es natürlich nicht so einfach, Akzeptanz für die Hinzuziehung eines externen Experten zu gewinnen, vor allem, wenn der bisherige Inhaber gern stolz darauf zurückblickt, zeitlebens ohne Berater erfolgreich gewesen zu sein. Unserer Erfahrung nach steigt aber gerade in der nachwachsenden Generation die Offenheit für die Nutzung externen Know-hows stark an.

Der gesamte Prozeß der familiären Nachfolge gestaltet sich für alle Beteiligten zweifelsohne schwierig. Die letztlich **größte Herausforderung** für den Nachfolger liegt darin, sich gegenüber dem allein durch die Tatsache seines Erfolges dominierenden Firmeninhaber zu positionieren und dabei notwendige Veränderungsprozesse einzuleiten, ohne die bisherigen Erfolgsfaktoren zu zerstören. Dies alles geschieht in einem Spannungsfeld generationsbedingt unterschiedlicher **Wertestrukturen** und **Lebenserfahrungen**: Protestantischer Arbeitsethos, ausgeprägtes Pflichtbewußtsein und eine oft präsente Erinnerung an Zeiten des Mangels und der Armut auf der einen, Bedürfnis nach Individualität, Abgrenzung, **Selbstverwirklichung** und nach Genuß des vorgefundenen Wohlstands auf der anderen Seite. Ein Coach muß diesen Prozeß mit viel Fingerspitzengefühl, Geschick und Partnerschaftlichkeit begleiten.

Für einen guten und intensiven Coaching-Prozeß ist es wichtig, daß Coach und Unternehmen gut zueinander passen. Nicht jeder gute Berater und Trainer findet von seinem Typ her in teilweise hoch pragmatisch agierenden mittelständischen Industrieunternehmen **Akzeptanz**. Insofern sollte – neben all den anderen Anforderungen an einen Coach – auch darauf geachtet werden, daß die wichtigsten am Prozeß beteiligten Personen den Coach auch mögen. Darüber hinaus sollte der Coach **Erfahrungen in den Bereichen Einzel-Training, Moderation und Führung** mitbringen. Ideal ist natürlich ein Berater, der bereits mehrere Übergaben in vergleichbaren Problemstellungen erfolgreich begleitet hat. In nicht wenigen Fällen wird der Coach von seiner Ausbildung her Diplom-

Psychologe sein, was gerade bei schwierigen Konstellationen sicherlich sehr förderlich ist.

1.3   Ist Coaching bezahlbar?

Die Investitionen für die Begleitung des Nachfolgers durch einen Coach sind abhängig von der gewünschten Intensität des Prozesses. In einigen Fällen genügen einige Tage Einzel-Training und Begleitung on-the-Job, dann wäre der Kostenrahmen auf die Honorare der anfallenden Tage begrenzt. Gute Berater und ausgewiesene Experten in diesem Bereich berechnen Tagessätze von ca. DM 4500,-- bis DM 6500,--. Wenn der Coach – wie weiter unten beschrieben – viel intensiver an der Begleitung des Prozesses beteiligt ist und stärker auch in konzeptionelle Aufgaben integriert wird, sind die Investitionen sicherlich höher, wobei eine Abschätzung auf der Basis von Tagessätzen immer eine gute Richtschnur darstellt. Allerdings sollte bei der Betrachtung der Kosten eines nicht vergessen werden: Im Vergleich zu dem, was in diesem Prozeß letztendlich auf dem Spiel steht, und sei es nur an ungenutzten Chancen für neue Erfolge, sind die Kosten für diesen Coaching-Prozeß zweifellos ein sinnvolles Investment.

2.   Potentialermittlung zur Vorbereitung der Nachfolge

Grundsätzlich ist bei den Überlegungen zur Potentialermittlung zwischen einem **Nachfolger aus der Familie** oder einer **Nachfolge durch ein angestelltes Management** zu unterscheiden. Wenn der Kandidat aus dem Kreise der Familie im Prinzip schon feststeht, dient eine systematische Potentialermittlung vor allem dem Zweck, Unterstützungs- und Entwicklungsbedarf für ihn zu identifizieren, um darauf sinnvolle Coaching- und Beratungsaktivitäten aufbauen zu können. In diesem Fall wird die Potentialanalyse stark entwicklungsorientiert stattfinden. Konkret heißt das, daß sie dem späteren Coach und Berater Hinweise gibt, welche Themenfelder, persönlichen Ziele, individuellen Entwicklungsbereiche und gegebenenfalls auch Konfliktfelder zum Gegenstand des Coachingprozesses werden. Wenn das Unternehmen hingegen auf ein angestelltes Management übergeht, sind zwei Ziele bei der Potentialfeststellung denkbar: Einerseits kann die Analyse bei internen und externen Bewerbern Gegenstand des Auswahlprozesses sein. Andererseits ist aber auch bei einem angestellten Management denkbar, daß dem neuen Geschäftsführer ein Coach an die Seite gestellt wird, der seine Maßnahmen auf Basis einer vorherigen Potentialanalyse gestaltet. In diesem Fall ähnelt die inhaltliche Ausgestaltung stark der Beratung eines familiären Nachfolgers.

Je nach Zielsetzung variieren die Instrumente und Vorgehensweisen bei der Ermittlung der Potentiale. Letztlich liegt dem Vorgehen jedoch eine einheitliche Systematik zugrunde, die im folgenden vorgestellt wird, wobei der Fokus klar auf die Vorbereitung eines familiären Nachfolgers gerichtet ist.

2.1 Anforderungsanalyse und Beschreibung der geschäftlichen und persönlichen Herausforderungen

Um ein sinnvolles Raster für die Themenfelder zu erhalten, die im Coachingprozeß zu trainieren sind, muß zunächst eine genaue Erhebung stattfinden, in welchen Bereichen die zentralen zukünftigen Anforderungen und Herausforderungen für den Nachfolger liegen werden. Hierbei sollten sehr offen auch die persönliche Situation und das Umfeld analysiert werden. Insofern geht es auf der einen Seite um die **klassischen Management-Kompetenzen**, wie z. B. Führung, Überzeugungskraft, Entscheidungsverhalten etc.; diese sind für einen Nachfolger von hoher Wichtigkeit. Auf der anderen Seite liegen – insbesondere bei einer Familiennachfolge – ebenso entscheidende Erfolgs- und Mißerfolgsfaktoren in der **persönlichen Positionierung** des Nachfolgers gegenüber der Familie, dem Management und den Mitarbeitern. Darüber hinaus besteht bei vielen Nachfolgern das Bedürfnis, sich durch eigene unternehmerische Akzente vom bisherigen Inhaber abzugrenzen. Die Vielzahl der in diesem Bereich gescheiterten Engagements ist ein eindeutiges Indiz dafür, wie oft vermutlich eher persönliche Profilierungs- und Abgrenzungsaspekte der Nachfolger vor sachlichen, unternehmerischen Kosten/Nutzen-Abwägungen dominiert haben. Aus diesen Gründen erscheint es sinnvoll, sich im Rahmen der Anforderungsanalyse auf diese drei Aspekte zu konzentrieren:

- Wie soll die zukünftige strategische Positionierung und Kultur des Unternehmens aussehen?
- Welche Herausforderungen kommen auf den Nachfolger in der persönlichen Plazierung im Unternehmensumfeld zu?
- Welche fachlichen und überfachlichen Kompetenzen werden zur Führung des Unternehmens benötigt?

Als ein Raster zur Beschreibung der persönlichen Anforderungen dient die **Kompetenz-Pyramide**, die in Abbildung 2 dargestellt ist. Sie stellt ein relativ breites und allgemeines Modell der zentralen Management-Anforderungen dar und kann dazu genutzt werden, Schwerpunkte der Anforderungen an den Nachfolger herauszuarbeiten.

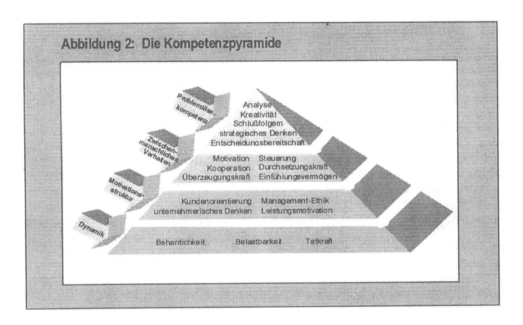

Abbildung 2: Die Kompetenzpyramide

Die Fragen nach der strategischen Ausrichtung und der persönlichen Positionierung des Nachfolgers im Unternehmensumfeld sind weniger gut durch ein Raster zu strukturieren. Hier muß sich ein Coach durch sehr sensibel geführte Gespräche mit dem bisherigen Inhaber, dem Nachfolger und vielleicht einigen vertrauten Führungskräften einen tiefen und differenzierten Eindruck verschaffen können. Der Coach muß versuchen, hier einen sehr offenen Austausch mit seinen Gesprächspartnern zu finden. Nur, wenn ihm die potentiellen Konfliktfelder bekannt sind, kann er gemeinsam mit dem Nachfolger sinnvolle Strategien entwickeln. Themenfelder in diesem Bereich sind beispielsweise der Umgang mit den anderen familiären Anteilseignern (z. B. Geschwistern), die das Abtreten des bisherigen Firmeninhabers als Möglichkeit ansehen, stärkeren unternehmerischen Einfluß geltend zu machen. Dieses Konfliktfeld wird unter Umständen eine zentrale Herausforderung an den Nachfolger darstellen, und darum sollte die Erarbeitung von Lösungsstrategien Bestandteil des Coachings sein.

Auf der Grundlage der Beantwortung der drei obigen Fragen wird dann letztlich die Einschätzung des Nachfolgers möglich. **Die Wichtigkeit dieses ersten Schrittes der Anforderungsanalyse kann kaum hoch genug eingeschätzt werden.** Letztlich muß ein Coachingprozeß ein systematischer Entwicklungsprozeß sein, der sich an klaren Zielen ausrichtet und an diesen messen lassen muß. Ohne eine klare Anforderungsanalyse läuft der Coachingprozeß Gefahr, eher punktuell als strategisch und zielorientiert gestaltet zu werden.

2.2   Durchführung der Potentialfeststellung

Es gibt unterschiedliche Möglichkeiten der systematischen Vorgehensweise. Grundsätzlich dürfte eine Management-Potentialanalyse am tragfähigsten sein, in der **mehrere
Methoden** der Potentialeinschätzung miteinander kombiniert werden. So können beispielsweise Anforderungen der späteren Tätigkeit konkret in **Rollenspielen** und **Fallstu-
dien** simuliert werden. Dies können Strategiefallstudien oder Präsentationen sein, aber
auch Führungs- oder Verkaufsgespräche. Der Coach agiert in diesen Gesprächen als
Rollenspieler und kann dadurch sehr differenzierte Eindrücke von den sozialen Kompetenzen des Kandidaten gewinnen. Als Raster zur Beurteilung dient die bereits oben er-
wähnte Kompetenz-Pyramide. So können sehr konkret die relevanten Entwicklungsbereiche herausgearbeitet werden. Wenn ein sehr diskreter Coachingprozeß vereinbart ist,
wird diese Methode der Potentialfestellung die einzige sinnvoll zu nutzende Methode
bleiben. Wenn allerdings die Unternehmenskultur und persönliche Positionierung des
Nachfolgers es zulassen, daß der Coachingprozeß im Unternehmen bekannt wird, so ist
es zusätzlich möglich, als Coach den entsprechenden **Realsituationen** (Mitarbeitergespräche, Projektbesprechungen, Vertriebsgespräche) beizuwohnen und daraus die Beurteilung der Entwicklungsfelder für den Nachfolger abzuleiten.

2.3   Zielplanung für den Coachingprozeß

Aufbauend auf den Ergebnissen der Potentialanalyse können nun die konkreten Ziele des
Coachings festgelegt werden. Hierbei findet letztlich ein Abgleich der zu Beginn identi-
fizierten Herausforderungen mit den tatsächlichen Kompetenzen und dem Entwicklungs-
stand statt. Es empfiehlt sich, die **Ziele des Coachings** und vor allem auch die **Erwartungen des Nachfolgers** an seinen Coach sehr eindeutig zu formulieren, um später
Erfolgskriterien zur Beurteilung der Maßnahme in der Hand zu haben. Solche Ziele
könnten beispielsweise sein:

- Klärung bei der Definition der eigenen Rolle als Unternehmer
- Schaffung eindeutig definierter eigener Handlungsspielräume in der Zusammenarbeit
  mit anderen Familienangehörigen
- Anpassung der Führungskultur des Unternehmens
- Sicherstellung zielorientierter und fairer Verhandlungen zu den Modalitäten des
  Übergangs
- Aufbau strategischer Kompetenz beim Nachfolger
- Förderung des reibungslosen Übergangs des regionalen Netzwerkes auf den Nach-
  folger (kompetente Repräsentanz in den entsprechenden gesellschaftlichen
  Verbänden etc.).

Beispielhafte Erwartungen des Nachfolgers an den Coach könnten sein:

- Positionierung des Coaches als Moderator bei bestimmten im Kreis der Unternehmerfamilie zu lösenden Problemen
- Hohe zeitliche Präsenz und Ansprechbarkeit in schwierigen Phasen des Übergangs
- Qualitätsüberprüfung der im Führungsteam formulierten strategischen Überlegungen durch den Coach
- Bereitschaft des Coaches, auch persönliche Konfliktfelder (Spannungsfeld Familie ↔ Arbeit, Gesundheit, Lebensplanung etc.) mit einzubeziehen.

2.4 Grenzen des Coachings

Natürlich ist selbst durch eine intensive Begleitung durch Coaching und Training nicht sicherzustellen, daß der Teilnehmer sich die erforderlichen Kompetenzen auch wirklich aneignet. Manchmal muß man auch der Tatsache ins Auge sehen, **daß Menschen nicht unbegrenzt förder- und entwickelbar sind**. Der Coach kann die Ausgestaltung und Reifung fördern, er kann Potentiale kanalisieren und ausbauen, aber er sollte keinen uneingeschränken Machbarkeitsoptimismus verbreiten, wenn sich abzeichnet, daß der potentielle Nachfolger den Aufgaben in der Führung eines Unternehmens auch bei intensiver Qualifizierung überhaupt nicht gewachsen sein wird. Es ist allen Beteiligten wenig gedient, wenn der zukünftige Nachfolger sich mit der Unternehmensübernahme in einem auszehrenden Zustand permanenter Überforderung befindet. Die einfachste Ausgangssituation ist dann gegeben, wenn der Nachfolger selbst realisiert, mit der alleinverantwortlichen Unternehmensführung überfordert zu sein (dies ist übrigens in der Praxis kein seltener Fall).

Die Lösung liegt in den meisten Fällen darin, ein angestelltes Management zu etablieren, das die wesentlichen unternehmerischen Steuerungsfunktionen wahrnimmt und der Nachfolger sich stärker auf repräsentative Aufgaben konzentriert. Häufig wird der Nachfolger außerdem auch das Controlling der wichtigsten Kennziffern begleiten (da diese natürlich sein eigenes Einkommen ausmachen), sich aber aus den wesentlichen unternehmerischen Entscheidungen heraushalten. Um das angestellte Management zielsicher steuern zu können, empfiehlt sich unter diesen Umständen die Einrichtung eines Beirates oder vielleicht sogar die Umwandlung in eine Aktiengesellschaft – auf diese Weise wird das effektive Controlling des Managements sichergestellt.

Wenn der Nachfolger seine eigene Überforderung nicht einsieht, ist die Situation schwieriger. Meist sind das diejenigen Fälle, in denen die Übernahme tatsächlich scheitert und jahrzehntelang erfolgreiche Unternehmen plötzlich zum Sanierungsfall werden. Letztlich ist die Lösung in diesen Fällen abhängig davon, inwieweit der Gründer oder die anderen Anteilseigner noch andere Lösungen durchsetzen können und in der Lage sind, den Nachfolger wieder zu entmachten. Zweifellos ist dies die schwierigste und unerfreulichste Situation in einer Unternehmensübergabe.

3. Das Selbstverständnis des Coaches im Nachfolgeprozeß

Letztlich ist der Coach in seiner Mitarbeit bei der Unternehmensnachfolge einem übergeordneten Ziel verpflichtet: Er muß die potentiellen Konfliktfelder beim Übergang reduzieren und den Kompetenzaufbau des Nachfolgers fördern. Die relative Unabhängigkeit von anderen mikropolitischen Interessen und die persönliche Distanz zum Geschehen geben ihm eine gute Ausgangsvoraussetzung, um bei allen Beteiligten Akzeptanz zu finden und damit eine echte Moderatorfunktion einnehmen zu können. Gerade diese **persönliche „Nicht-Betroffenheit"** bei der Formulierung von Vorschlägen und Lösungsstrategien lassen ihn die professionelle Neutralität bewahren, die in diesem Prozeß notwendig ist (was den langjährigen Weggefährten der Familie, wie Anwälten oder Steuerberatern, oft schwerer fällt).

Der Coach muß seinem **Selbstverständnis nach vier verschiedene Rollen** ausfüllen (siehe Abbildung 3).

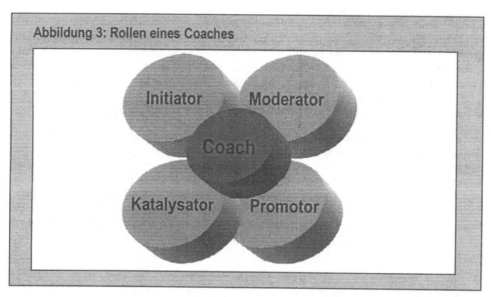

Abbildung 3: Rollen eines Coaches

Diese vier Rollen sind für den Coach mit den folgenden Herausforderungen verbunden:

3.1 Initiator

Der Coach muß Veränderungen initiieren können, und dies in zweierlei Hinsicht. Zum einen muß er **Impulsgeber** dafür sein, beim bisherigen Inhaber den Prozeß der Ablösung und Verantwortungsübertragung auf den Nachfolger zu fördern. Zum anderen muß er ein realistisches Selbstbild des Nachfolgers sicherstellen und ihm einen unverstellten Blick auf den eigenen Entwicklungsbedarf ermöglichen. Dies heißt, daß der Coach durchaus „seinen Finger in die Wunden legen" und auch die Bearbeitung unangenehmer Themen und Konfliktfelder initiieren muß. Diese Initiative muß vom Coach kommen, denn erfahrungsgemäß bilden sich in familiären Strukturen mit einem sehr dominanten Familienmitglied eine Reihe von „Todschweigmechanismen" oder Tabuthemen aus („Das sollten Sie vor meinem Vater auf keinen Fall in dieser Weise ansprechen" oder aber auch: „Können Sie ihm das nicht besser sagen, wenn ich das anspreche, wird er sofort wütend"). Insofern steht der Coach vor der schwierigen Anforderung, die Auseinandersetzung zu fördern, ohne dabei als undiplomatisch oder parteiisch empfunden zu werden.

3.2 Moderator

Nicht immer kommt nur ein familiärer Nachfolger in Frage. Gelegentlich gibt es mehrere Nachkommen, die an der Unternehmensführung Interesse haben. Hin und wieder führt dies dazu, daß das Unternehmen beispielsweise an ein Geschwisterpaar übergeben wird, was nicht selten familiäre Konflikte heraufbeschwört. Falls der Coach (beispielsweise durch Management-Potential-Analysen) an der letztlichen Auswahl des Nachfolgers beteiligt ist, wird es ihm schwerer fallen, eine Moderator-Funktion zu übernehmen. Wenn aber der Nachfolger feststeht und es dennoch Konflikte im Familienkreis zum Kurs des Unternehmens und zum weiteren Vorgehen gibt, so kann der Coach anbieten, als unabhängiger Moderator an den Gesprächen teilzunehmen. Oftmals wird es so gelingen, stark emotionale Diskussionen im Familienkreis zu versachlichen.

3.3 Katalysator

In dieser Rolle spiegelt sich vor allen Dingen der **Entwicklungsauftrag des Coaches** wider. Er muß durch Feedbackprozesse sowie durch intensives Training und Beratung die Potentiale des Nachfolgers fördern und ausbauen. Hierbei muß er zum einen die Management-Kompetenzen des Nachfolgers trainieren (z. B. Überzeugungskraft, unternehmerisches Denken, Führungsfähigkeiten etc.). Zum anderen ist die Phase des Hineinwachsens in die Rolle des Unternehmers für einen familiären Nachfolger oftmals eine zweite Phase des Erwachsenwerdens und der Ablösung von seiner Familie. Die eigene Profilentwicklung gegenüber dem bisherigen Inhaber ist nicht selten **ein schmerzlicher und intensiver Prozeß der Persönlichkeitsentwicklung**. Vielfach haben sich Kinder erfolgreicher Unternehmer in ihrer Jugend und teilweise auch im Studium bewußt andere Felder der Profilierung gesucht, als diejenigen, in denen ein direktes Messen mit dem erfolgreichen Vater möglich ist und in denen ein Mißerfolg wahrscheinlich wäre. Insofern ergeben sich oftmals ganz andere Begabungs- und Interessenschwerpunkte als diejenigen, die unmittelbar auf die Unternehmensnachfolge abzielen. Hier gibt es das Beispiel eines Familienunternehmens, in dem der Sohn des Unternehmensgründers das Studium der Forstwirtschaft wählte, weil er der Ansicht war, daß es mit dieser Ausbildung sehr unwahrscheinlich sei, vom Vater zur Übernahme des Betriebes gedrängt zu werden – wozu es aber letztlich doch kam. Ganz besonders in solchen Fällen ist die Fähigkeit des Coaches gefordert, Katalysator zu sein: Er muß mit der Zeit beim Nachfolger ein zielführendes Selbstverständnis als Unternehmer fördern, ohne diesem dabei das Gefühl zu geben, die eigene Identität vor dem Hintergrund des (möglicherweise mittlerweile sogar leicht verklärten) Bildes des Firmengründers zu verlieren.

3.4 Promotor

Die Positionierung gegenüber der Familie ist oftmals eine zentrale Herausforderung für den Nachfolger, genauso wie gegenüber dem Management und der Mitarbeiterschaft des Betriebes. Viele angestellte Führungskräfte werden ihm schon deshalb die Kompetenz absprechen, weil er allein aufgrund seines familiären Hintergrundes in die Position gekommen zu sein scheint, wobei es unerheblich ist, ob dieser Vorwurf berechtigt oder unberechtigt erhoben wird. Dieser Eindruck ist natürlich weniger stark, wenn der potentielle Nachfolger berufliche Erfolge in anderen Unternehmen vorweisen kann. Auch in der Mitarbeiterschaft wird es unausgesprochen viele Vorbehalte geben, ob „die Schuhe des Vaters nicht zwei Nummern zu groß sind". Ohne dabei selbst zu stark in Erscheinung zu treten, muß **der Coach dem Nachfolger helfen**, sich im Unternehmen durch rasche Erfolge und gute Selbstdarstellung zu positionieren und breite Akzeptanz zu finden.

4.   Coaching-Instrumente

Viele konkrete Vorgehensweisen beim Coaching eines Nachfolgers ähneln stark denjenigen Instrumenten, die auch bei anderen Coaching- oder Trainingsprozessen zu den zentralen Instrumenten eines Beraters gehören. Abbildung 4 enthält eine Zusammenfassung der wichtigsten Techniken und Funktionen eines Coaches.

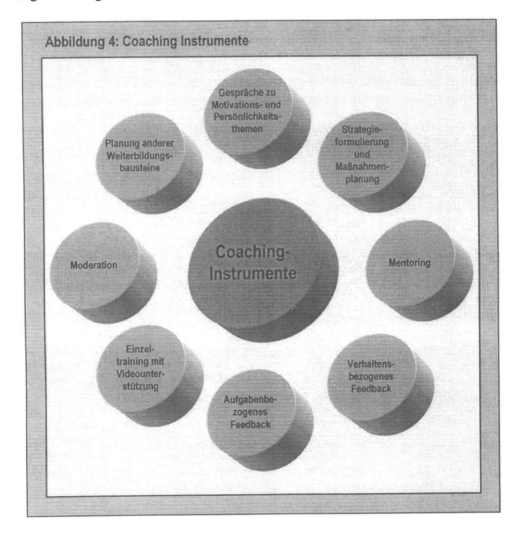

Abbildung 4: Coaching Instrumente

Im folgenden wird eine **kurze Beschreibung der Instrumente** gegeben, die implizit auch die Anforderungen an den Coach beinhalten:

Gespräche zu Motivations- und Persönlichkeitsthemen
Viele Themenfelder des Coachings umfassen solche Aspekte, die mit der eigenen beruflichen Motivation, der Lebensplanung, den Lebenszielen und der Persönlichkeit einhergehen. Es existieren eine Reihe von Selbstbeschreibungsinstrumenten und psychologischen **Persönlichkeitsfragebögen**, mit denen dieser Prozeß unterstützt werden kann (z. B. Das Bochumer Inventar zur berufsbezogenen Persönlichkeitsbeschreibung, Hossiep, Rüdiger & Paschen, Michael, Göttingen, 1998).

Strategieformulierung und Maßnahmenplanung
Gerade zu Beginn der Coaching-Maßnahmen wird der Berater noch sehr intensiv bei der konkreten Vorbereitung und Planung wichtiger Situationen beteiligt sein (z. B. die erste Besprechung mit den Führungskräften, die ersten Mitarbeitergespräche, wichtige Kundenpräsentationen etc.). Der Coach sollte hier sehr konkret und idealerweise schriftlich für jede Situation Ziele und gemeinsam abgestimmte Vorgehensweisen festhalten. Anhand dieser Aufzeichnungen kann über den gesamten Coachingprozeß der Lernfortschritt sehr gut nachvollzogen werden.

Mentoring
(Weitergabe von Erfahrungen aus anderen Familienunternehmen, Impulsen, Benchmarks)
Natürlich reicht es nicht aus, wenn der Coach Kompetenzen in den Bereichen Training, Feedback und Gesprächsführung mitbringt. Er sollte darüber hinaus auch über Erfahrungen in der Beratung von Familienunternehmen verfügen und mit den speziellen Dynamiken des Übergangs vertraut sein. Das heißt, daß er auch im Sinne eines Mentors konkrete Erfahrungen und Strategien vergleichbarer Unternehmen kennen muß und seinen Erfahrungs- und Wissensschatz unmittelbar weitergibt. Dieser Aspekt ist eine wichtige Grundlage für die Akzeptanz des Coaches.

Verhaltensbezogenes Feedback
Ein zentrales Coaching- und Entwicklungsinstrument ist das verhaltensbezogene Feedback. Der Coach wird mit dem Nachfolger gemeinsam berufliche (oder auch familiäre) Situationen aufsuchen und ihn dabei differenziert beobachten. In den Fällen, in denen das Coaching in Situationen stattfindet, in denen die anderen Gesprächsteilnehmer Unternehmensangehörige oder Familienmitglieder sind, wird man den Coach in der Regel auch als solchen vorstellen. Wenn gemeinsam mit dem Coach ein Kunde aufgesucht wird oder eine öffentliche Repräsentationsaufgabe ansteht, so empfiehlt es sich häufig, den Coach eher als Begleiter aus dem Unternehmen vorzustellen. Der Coach wird im Anschluß daran seine Beobachtungen gemeinsam mit dem Nachfolger auswerten, Verbesserungsmöglichkeiten formulieren und Ansatzpunkte für weitere Entwicklungsmaßnahmen suchen.

■ **Aufgabenbezogenes Feedback**
Die zum obigen Punkt beschriebene Vorgehensweise gilt im Prinzip in gleicher Art auch für aufgabenbezogenes Feedback. Der entscheidende Unterschied ist jedoch, daß der Coach hier konkret die Qualität bestimmter Arbeitsergebnisse beurteilt und Verbesserungshinweise gibt (z. B. die Entwicklung eines Strategiepapieres).

■ **Einzeltraining mit Videounterstützung**
In vielen Fällen ist es im Rahmen eines Coaching-Prozesses auch sinnvoll, bestimmte Vorgehensweisen und Verhaltensstrategien nicht nur zu besprechen, sondern auszuprobieren und zu üben (z. B. eine kritische Präsentation, ein Verhandlungsgespräch oder ein schwieriges Mitarbeitergespräch). Durch intensives, videogestütztes Einzeltraining kann in diesen Bereichen ein rascher und nachhaltiger Kompetenzzuwachs erzielt werden.

■ **Moderation**
Die Funktion des Coaches als Moderator bei unternehmensinternen oder familiären Konfliktgesprächen wurde oben schon dargestellt. Die Anforderungen an den Coach sind in diesem Bereich äußerst hoch, und der Coach sollte in jedem Fall Erfahrung in der Moderation schwieriger Konfliktsituationen mitbringen. Nur so kann er die wichtigen Reflexionsprozesse einleiten, ohne dabei an Akzeptanz zu verlieren.

■ **Planung anderer Weiterbildungsbausteine**
Häufig empfehlen sich für den Nachfolger neben dem Coaching noch andere Entwicklungsmaßnahmen. Der Coach stimmt hier gemeinsam mit dem Nachfolger einen Entwicklungsplan ab. Der individuelle Entwicklungsplan könnte beispielsweise vorsehen, daß der Nachfolger sich selbständig oder angeleitet in bestimmten fachlichen Fragen qualifiziert. Manchmal ist auch eine Hospitation in befreundeten Unternehmen möglich, um verschiedene Funktionsbereiche und Tätigkeitsfelder praktisch kennenzulernen. Auch im eigenen Unternehmen ist eine zeitlich begrenzte Mitarbeit in den verschiedenen Fachabteilungen denkbar, um die Prozesse und Probleme vor Ort kennenzulernen. Letztlich können auch eine Reihe von wichtigen Verhaltenstrainings (z. B. Führung, Vertrieb, Moderation, Präsentation etc.) oder Fachtrainings Gegenstand des Entwicklungsplanes sein, aber auch selbständiges Literaturstudium oder die Teilnahme an Kongressen.

Für den Nachfolger kann ein hochwertiges Coaching durch einen erfahrenen Berater einen reibungslosen Übergang sichern, viele Impulse zur Persönlichkeitsentwicklung und -reifung bieten und somit den weiteren Unternehmenserfolg fördern.

Dr. Jens Ziegler*

Der Nachfolger begründet eine neue Unternehmenskultur

*) unter Mitarbeit von Stephan Schubert

1. Bedeutung der Unternehmenskultur im Nachfolgeprozeß

Der Generationswechsel im Familienunternehmen wird in der Regel mit Blick auf die davon unmittelbar betroffene Unternehmerfamilie beschrieben. Rechtliche und steuerliche Fragestellungen werden dabei häufiger thematisiert als die menschlichen und psychologischen Aspekte des Nachfolgeprozesses. Weitgehend unbeachtet bleiben die Wirkungen des Generationswechsels auf das Unternehmen selbst. Die bewußten und unbewußten Änderungen der Unternehmenskultur im Nachfolgeprozeß sollen hier skizziert werden.

Kein Unternehmen ist eine bloße Zusammenfassung von Kapital und Arbeit („Humankapital"). Jedes Unternehmen ist vielmehr ein soziales Gebilde, das eine eigene Kultur hat, die ihm Kraft und Erfolg oder Schwäche und Mißerfolg verleiht. Diese Unternehmenskultur wird ganz wesentlich von den Führungspersonen geprägt, allen voran dem Unternehmer selbst. Es liegt daher nahe, daß der Stabwechsel im Familienunternehmen einen nicht unerheblichen Einfluß auf die Unternehmenskultur hat.

Doch was ist eigentlich Unternehmenskultur? Seit amerikanische Forscher in den siebziger Jahren dem wirtschaftlichen Erfolg japanischer Unternehmen auf den Grund gingen und das Thema eine beispiellose Aufmerksamkeit in der betriebswirtschaftlichen Literatur gefunden hat, sind unzählige Definitionen versucht worden. Heute stammt die weitverbreitetste Definition der Unternehmenskultur von dem amerikanischen Wissenschaftler Edgar Schein, der schlicht schreibt: **„Unternehmenskultur ist die Art und Weise, wie wir die Dinge hier im Unternehmen machen."** So simpel diese Erklärung ist, macht sie doch klar, daß alle Handlungen in einem Unternehmen von der Unternehmenskultur beeinflußt werden. Sie macht aber auch deutlich, daß es nicht *die* Unternehmenskultur gibt, sondern jedes Unternehmen ein eigener kleiner Kulturkreis ist.

Es ist das Ziel dieses Buches, bei Unternehmern und ihren Nachfolgern das Problembewußtsein für die vielfältigen Aspekte des Generationswechsels zu schärfen. Im folgenden werden daher einige für die Entwicklung der Unternehmenskultur markante Situationen im Nachfolgeprozeß aufgezeigt. Senioren und mehr noch Junioren sollen damit Anregungen zur erfolgreichen Bewältigung des Führungswechsels erhalten. Die Verfasser stützen sich dabei u. a. auf Erkenntnisse, die sie 1997/98 im Rahmen einer für den Wuppertaler Kreis e.V. erstellten Untersuchung des Unternehmerinstituts e.V. der Arbeitsgemeinschaft Selbständiger Unternehmer e.V. (ASU) gewonnen haben. In dieser Studie wurden Nachfolge-Unternehmer, die das Unternehmen im Rahmen eines Generationswechsels von einem älteren Familienmitglied übernommen haben, und ihre Mitarbeiter befragt. In allen Fällen war der Nachfolgeprozeß vollständig abgeschlossen.

2. Tradition versus Innovation – Unternehmenskultur im Wandel

Bei einem Wechsel in der Führungsspitze sind Veränderungen in der Unternehmenskultur unvermeidbar. Häufig sind sie erwünscht. Wie sehr aber der Junior als neuer Chef dem Unternehmen seinen eigenen Stempel aufdrückt, hängt nicht unwesentlich vom Handlungsbedarf ab, dem er sich im übernommenen Unternehmen gegenübersieht. Der Generationswechsel muß nicht zwangsläufig zu einem Bruch mit Traditionen, zu einer völlig neuen Unternehmenskultur führen. Er sollte es auch nicht, denn derart einschneidende Veränderungen bringen eine erhebliche Umstellungsbelastung der Mitarbeiter mit sich, die das Unternehmen als Ganzes verkraften muß. Je zukunftsfähiger der Senior vor seinem Ausscheiden das Unternehmen noch ausrichtet, desto weniger Handlungsbedarf wird der Junior sehen. Für den Senior steigen damit die Chancen für ein Weiterleben seiner Wertvorstellungen, seiner Kultur.

Die Entscheidung zwischen Tradition und Innovation wird dem jungen Unternehmer leichter fallen, wenn er ausreichend Gelegenheit bekommt, die vorgefundenen Prinzipien des Unternehmens kennenzulernen und auf die Vereinbarkeit mit seinen persönlichen Vorstellungen hin zu überprüfen. Hilfreich für eine positiv verstandene Kulturkontinuität im Unternehmen ist daher eine in allen Bereichen intensive, nicht nur rein fachliche Zusammenarbeit von Senior und Junior während der Einarbeitungs- und Übergabephase. Je mehr Verantwortung der Junior noch in Begleitung des Seniors übernimmt, desto besser wird er die Elemente der bestehenden Unternehmenskultur auf ihre Brauchbarkeit für seine eigenen unternehmerischen Ziele hin bewerten können.

Ob bei einem Generationswechsel die Unternehmenskultur bewahrt, modifiziert oder vollständig verändert wird, ist sicher in erster Linie eine Entscheidung des Nachfolgers. Doch wie sich diese Entscheidung auswirkt, hängt ganz unmittelbar von der Belegschaft und insbesondere ihrer Alterszusammensetzung ab. So kann jede noch so gewünschte Beibehaltung einer erfolgreichen Unternehmenskultur am gleichzeitigen Ausscheiden einer sie tragenden Mitarbeitergeneration scheitern, wie andererseits jede Innovation am Widerstand altgedienter Mitarbeiter ihre Grenze finden kann. Zu einer verantwortungsvollen Vorbereitung der Unternehmensnachfolge gehört es daher auch, daß der Senior beizeiten versucht, eine ausgewogene Mitarbeiterstruktur zu schaffen, die es seinem Nachfolger überhaupt ermöglicht, seine Entscheidungen umzusetzen. Dabei ist jedoch ein Punkt zu beachten: Dem designierten Nachfolger sollte schon ein **Mitspracherecht bei der Auswahl neuer Mitarbeiter** eingeräumt werden, denn er ist derjenige, der in Zukunft mit ihnen zusammenarbeiten muß.

Der junge Unternehmer hat die Wahl zwischen Tradition und Innovation aber nicht nur im Hinblick auf kulturprägende Führungsprinzipien im engeren Sinne zu treffen. Es sind daneben die vielen kleinen, oft unscheinbaren Dinge zu beachten, die das Vertrauensverhältnis zur Unternehmensleitung, zur Unternehmerfamilie begründen. Fußballmann-

schaft oder Kulturzirkel, Sozial- oder Umweltverständnis - diese „weichen" Erfolgsfaktoren haben häufig einen großen Stellenwert in der Motivation der Mitarbeiter. Sie sollten nicht ohne Not modernen Kostenüberlegungen, vermeintlichem Zeitgeist oder dem
schlichten Desinteresse des Nachfolgers zum Opfer fallen.

3. Der Nachfolger gibt neue Maßstäbe vor

Viele Familienunternehmen, die in den vergangenen Jahren den Generationswechsel zu
meistern hatten, mußten zugleich große strukturelle Veränderungen auf ihren Märkten
verkraften. Die gleichzeitige personelle wie wettbewerbliche Neuorientierung des gesamten Unternehmens führte häufig zu einer besonderen Belastung der Mitarbeiter, denn
der Nachfolger war nicht selten gezwungen, innerhalb kurzer Zeit gravierende Änderungen einzuführen, die schmerzhafte Einschnitte in Privilegien und Organisationsstrukturen nach sich zogen. Oft sank das Betriebsklima auf einen Tiefststand. Doch viele Unternehmer, die gemeinsam mit ihrer Belegschaft die Talsohle erfolgreich durchschritten
haben, berichten heute über folgende Erfahrungen:

Dem neu eintretenden Junior wird seitens der Belegschaft fast immer ein Spielraum für
Änderungen zugebilligt. Erkennen auch die Mitarbeiter die kritische Lage des Unternehmens und wird dem Senior für diese Situation vielleicht die Verantwortung zugeschoben, so kann der Junior ohne weiteres damit rechnen, daß die Belegschaft von ihm
große Veränderungen erwartet. Werden dann gravierende Einschnitte vorgenommen und
neue Maßstäbe gesetzt, sind einige zentrale Aspekte zu berücksichtigen, um die Akzeptanz der Maßnahmen und damit ihren Erfolg sicherzustellen.

Oberstes Gebot für die Durchsetzung neuer Wege ist es, die Notwendigkeit der Veränderungen allen betroffenen Mitarbeitern klar und deutlich zu vermitteln. Ist man sich der
Tatsache bewußt, daß die Belegschaft durchaus zu zeitlich begrenzten Opfern bereit ist
und Veränderungen durch eine neue Führungspersönlichkeit akzeptiert werden, sollte es
nicht an Mut zu offener Kommunikation fehlen. Mindestens ebenso wichtig ist es, den
Zeitrahmen der mit den Umstellungen verbundenen Belastungen überschaubar zu halten.
Das Vertrauen der Belegschaft in die Zweckmäßigkeit der Änderungsmaßnahmen nimmt
umso weniger Schaden, je eher das Licht am Ende des Tunnels erkennbar wird. Nichts
ist schädlicher für das Vertrauensverhältnis zwischen Belegschaft und jungem Unternehmer als eine Strategie der scheibchenweisen Einschnitte in bestehende Strukturen
und Abläufe. Eine solche „Salami-Taktik" wird schnell entlarvt und als Entscheidungsschwäche interpretiert. Natürlich läßt sich nicht alles sofort umsetzen, und es muß auch
nicht alles sofort umgesetzt werden. Erfolgreich neue Maßstäbe setzen heißt, zwischen

Erforderlichem und Notwendigem abzuwägen, die Mitarbeiter mitzunehmen und nicht auf der Strecke zu lassen.

Fazit: Jeder Junior sollte ein klares Einstiegskonzept haben. Die Probleme, die durch die Umsetzung neuer Ideen oder die Einführung eines neuen Führungsstils auftreten, dürfen nicht unterschätzt werden. Angst und Unsicherheit bei den Mitarbeitern entstehen durch Unwissen, nicht durch Wissen.

4. Neue Führungsmodelle ersetzen gewohnte Entscheidungsprozesse

Die Unternehmenskultur wird maßgeblich von der Führungskultur bestimmt. Da sich der bevorzugte Führungsstil junger Unternehmer – jedenfalls nach deren Selbsteinschätzung – deutlich von dem ihrer Vorgänger unterscheidet, verändert der Nachfolger regelmäßig die bestehende Unternehmenskultur. Diese Einschätzung spiegelt sich auch im Urteil vieler Mitarbeiter wider. Fast alle Senior-Unternehmer erhalten das Attribut patriarchalisch, während die Junioren als kooperativ oder gar demokratisch bezeichnet werden. Diese auf den ersten Blick nicht überraschende Beschreibung hat eine durchaus plausible Erklärung.

Standen für die heutigen Senioren in ihrer Jugend solche Tugenden wie Pflichterfüllung, Dienstbereitschaft und Gehorsam im Vordergrund, wurden diese Werte später durch Freiheit, Selbstentfaltung und Eigenverantwortung ersetzt. Es liegt nahe, daß die mit solchen Wertvorstellungen groß gewordene Juniorengeneration ein anderes Führungsverständnis entwickelt hat.

Darüber hinaus ist zu berücksichtigen, daß ein Junior, der neu in das Unternehmen eintritt, gegenüber dem Senior zwangsläufig Wissensdefizite hat. Kann dieser auf seine lange Berufserfahrung zurückblicken, hat er über fast alle relevanten Einzelheiten im Betrieb vielleicht irgendwann einmal selbst entschieden, so fehlt dem Junior diese Detailkenntnis. Er ist deshalb unweigerlich auf die Meinungen und Erfahrungen seiner Mitarbeiter angewiesen, muß also einen kooperativen Stil pflegen, will er das vorhandene Know-how nutzen und nicht an die Wand gespielt werden.

Zu den größten Herausforderungen eines jungen Unternehmers gehört die betriebliche Umsetzung der eigenen Führungsphilosophie. Die Kunst besteht darin, Mitarbeiter, die lange unter der Regie des Seniors gearbeitet haben, an das neue Führungsmodell zu gewöhnen. Werden beispielsweise vom Junior neue Strukturen geschaffen, die auf Teamgeist, Eigenverantwortung und leistungsbezogene Entlohnung setzen, so nehmen keineswegs alle Mitarbeiter die neu gewonnene Selbständigkeit dankend auf. Viele werden zu Bedenkenträgern und scheuen sich, Entscheidungen zu treffen, ohne daß ein Vorgesetzter sie abgesegnet hat. Freiheit bedeutet eben auch Übernahme von Verantwortung. Wenn leitende Mitarbeiter einem teamorientierten Führungsmodell kritisch gegenüberstehen, hat dies oft einen anderen Grund. Hier wird die Einschränkung von eigener Macht befürchtet, wenn ehemals weisungsgebundene Mitarbeiter zukünftig in Entscheidungsprozesse einbezogen werden und selbständig agieren sollen.

Wie man als Nachfolger ein neues Führungsmodell erfolgreich implementieren kann, wurde im Rahmen der bereits oben zitierten Untersuchung für den Wuppertaler Kreis e.V. bei einem jungen Unternehmer deutlich:

Nachdem der Senior das Unternehmen verlassen hatte, verblieb eine Führungsmannschaft, die zum überwiegenden Teil aus Mitarbeitern bestand, die über fast 20 Jahre reine Befehlsempfänger waren. Der Junior begann einen dreistufigen Prozeß mit dem Ziel, einerseits das Know-how zu sichern, das in den Köpfen dieser Mitarbeiter steckte, andererseits aber unabhängig von seiner Person funktionierende Strukturen zu schaffen.

In einem ersten Schritt stellte er eine Soll-Organisation auf, in der Aufbau des Unternehmens und Personalbedarf festgelegt wurden.

Dann begann eine Phase der intensiven Beschäftigung mit den Mitarbeitern. Er führte lange Gespräche mit jedem einzelnen und forderte sie auf, etwa nach Kundenbesuchen, eigene Vorschläge zu erarbeiten. Seine Beobachtungen mündeten in einen Workshop an einem langen Wochenende, der von einem Psychologen moderiert wurde. Er versuchte, die Mitarbeiter für die neue Aufgabe zu sensibilisieren und erstellte eine aufgabenunabhängige Stärken-Schwächen-Analyse für jeden Mitarbeiter mit Führungsverantwortung. Im letzten Schritt wurde für jeden Mitarbeiter eine Aufgabe in der Soll-Struktur gesucht, die seinem persönlichen Profil und seinen Erfahrungen entsprach. Dabei wurden auch außergewöhnliche Wege eingeschlagen. Für den ehemaligen Vertriebsleiter wurde beispielsweise eine Stabstelle geschaffen, die für das Coaching und die Ausbildung der jungen Vertriebsleute verantwortlich war. Für den ehemaligen Marketingleiter wurde ein Karriereplan in der neu geschaffenen Werbeabteilung mit eigenem Rentenplan erstellt. Keiner der Mitarbeiter stand sich finanziell schlechter.

Begleitet wurde der gesamte Prozeß durch intensive Kommunikation und Offenheit gegenüber jeder einzelnen Person. So konnte die überwiegende Mehrheit der Mitarbeiter für das Konzept gewonnen werden. Leider war es nicht möglich, alle zufriedenzustellen. Der ehemalige Vertriebsleiter konnte seine Entmachtung nicht verwinden und verließ das Unternehmen. Da jeder wußte, daß ihm eine Chance gegeben worden war, führten solche vereinzelten Reaktionen aber nicht zu allgemeiner Unruhe.

5. Unbewußte Signale haben große Wirkung

Die Einführung neuer Führungsprinzipien beeinflußt zwar die Unternehmenskultur, doch ist damit keineswegs etwas über deren qualitative Veränderung gesagt. So kann unter dem strengen Regiment eines Seniors durchaus eine von der Belegschaft positiv empfundene Kultur geblüht haben, die unter der Ägide des Nachfolgers trotz neuer Freiräume und Entscheidungskompetenzen niedergeht. Die Ursachen dafür können in dem persönlichen Eindruck liegen, den der junge Unternehmer bei seinen Mitarbeitern hinterläßt. Zwar werden die Junioren häufig als deutlich zugänglicher und „weniger abgehoben" betrachtet als die Senioren. Doch haben sie nicht selten Schwierigkeiten, den persönlichen Kontakt zur Belegschaft herzustellen. Hierfür dürften zwei Gründe ausschlaggebend sein. Zum einen hatte der Senior oft noch die Möglichkeit, alle Mitarbeiter selbst auszuwählen und einzustellen, während sich der Junior mit einer vorgefundenen Mannschaft arrangieren muß. Zum anderen sind viele Junioren schon seit Kindheit und Jugendzeit im elterlichen Betrieb bekannt und halten deshalb – oft unbewußt – nach ihrem beruflichen Eintritt in das Unternehmen und auch später nach Übernahme der Verantwortung Distanz zu den Mitarbeitern, um ihre Akzeptanz als „Respektperson" nicht zu gefährden. So verständlich dieses Verhalten sein mag, es läuft Gefahr, daß sich die Mitarbeiter als bloße Arbeitsressource und nicht als Persönlichkeiten wahrgenommen fühlen. Es ist dann kein Wunder, wenn z. B. innerbetriebliche Veranstaltungen und Feiern, deren Resonanz ein guter Indikator für den Zustand der Unternehmenskultur sind, auf geringes Interesse stoßen.

Kommunikation findet auch ohne Worte statt. Es ist erstaunlich anzusehen, welche Effekte unbewußte Zeichen des Chefs auf die Mitarbeiter haben können. Dies bezieht sich gerade auf den privaten Bereich des Unternehmers. In der Befragung des ASU-Unternehmerinstituts äußerte sich eine Mitarbeiterin zum Juniorchef mit folgenden Worten:

Studiert hat er in Frankfurt und auch dort geheiratet. Als er das Unternehmen hier übernommen hat, behielt er seinen Wohnsitz bei. Er fährt jeden Tag von Frankfurt eine Stunde hierher und wieder zurück. Ich glaube, er sieht das hier eher als Job und wäre auch bereit, das Lebenswerk seines Vaters zu verkaufen.

Wenn der Unternehmer nicht am Ort seines Betriebs wohnt, wird dies von den Mitarbeitern regelmäßig negativ beurteilt. Die **Wahl des Wohnsitzes** wird als deutliches Zeichen für die Identifikation mit dem Unternehmen und seinem kommunalen Umfeld verstanden: „Wenn sich der Chef schon nicht mehr mit dem Laden identifiziert, warum sollen wir es dann tun?" Gerade im ländlichen Bereich wird die fehlende Bereitschaft des Nachfolgers, wenigstens in der Nähe des Unternehmens zu wohnen statt in der nächsten Großstadt zu leben, schnell als elitäres Verhalten eingestuft. Es ist dann für den Nachfolger nicht leicht, eine persönliche Beziehung zu den meist ortsansässigen Mitarbeitern aufzubauen. Unmittelbar nachteilige Wirkungen werden sich daraus für den

betrieblichen Alltag sicherlich nicht ergeben, doch jedes Führungsmodell, das auf Identifikation mit dem Unternehmen und gemeinschaftlichem Engagement der Belegschaft
aufbaut, wird mit dem Makel der Unglaubwürdigkeit des Nachfolgers selbst behaftet
sein.

6.   Überwindung der Barrieren und glaubwürdiger Führungstil

Jeder Unternehmensnachfolger begründet − mehr oder weniger - eine neue Unternehmenskultur. Ob diese sich positiv auf die Zukunft des Familienunternehmens auswirkt,
hängt von vielen Faktoren ab. Die betrieblichen und wettbewerblichen Erfordernisse
müssen behutsam mit den Gewohnheiten und Erfahrungen der Mitarbeiter in Einklang
gebracht werden. Maßgebend für den Erfolg sind die Persönlichkeit und das Geschick
des jungen Unternehmers. Änderungen an der strategischen Ausrichtung des Unternehmens oder der Art und Weise „wie wir die Dinge hier im Unternehmen machen", sollten
nur vorgenommen werden, wenn es wirklich erforderlich ist. Nichts ist unglaubwürdiger
als ein Führungsstil, der nicht gelebt wird, Versprechen, die nicht gehalten werden oder
Unternehmensleitlinien, die nur auf dem Papier stehen.

Jörg Albers
Christian Weiß

Übernahme der Geschäftsführung durch den Schwiegersohn

Praxisfall 3

Unternehmensgruppe Gebr. Merten GmbH & Co. KG und Pulsotronic Merten GmbH & Co. KG, Wiehl

Das Elektrotechnikunternehmen Gebr. Merten wurde 1906 in Gummersbach von drei Brüdern gegründet. Mit dem Kauf des Unternehmens Pulsotronic Mitte der sechziger Jahre kamen Entwicklung und Herstellung von Elektronikprodukten hinzu. Derzeit wird in Deutschland mit 850 Mitarbeitern ein Jahresumsatz von 225 Millionen DM erzielt.

Die Nachfolgefrage konnte traditionsgemäß innerhalb der Familie gelöst werden. Der Vorsitz der Geschäftsführung liegt nach erfolgreicher Übergabe im Jahr 1997 in der vierten Generation bei einem Mitglied der Familie.

Interview mit Guntram Kind

Ehemaliger Geschäftsführungsvorsitzender und Technischer Geschäftsführer der Gebr. Merten und Pulsotronic Merten

[?] *Herr Kind, hatten Sie sich für Ihre Nachfolgeregelung ein zeitliches Ziel gesetzt?*

[!] Es war immer mein fester Vorsatz, spätestens mit 65 Jahren den Vorsitz der Geschäftsführung an einen Jüngeren abzugeben. Als technischer Geschäftsführer war ich durch einen regulären Dienstvertrag im Unternehmen angestellt. Der Vertrag ermöglichte mir, frühestens mit 60 Jahren in den Ruhestand zu gehen. Daran gekoppelt war der Rücktritt vom Geschäftsführungsvorsitz.

[?] *Zu welchem Zeitpunkt haben Sie sich entschlossen, Ihren Nachfolger zu suchen?*

[!] Die Gesellschafter und ich haben sich erstmalig konkret mit meiner Nachfolge im Jahre 1987 auseinandergesetzt.

[?] *Mußte Ihr Nachfolger aus der Familie kommen?*

[!] Innerhalb der Gesellschafterversammlung waren sich alle einig, daß ein Nachfolger zunächst in den eigenen Reihen gesucht werden sollte. Es ist Tradition in unserem Haus, daß der Vorsitz der Geschäftsführung durch ein Familienmitglied besetzt wird, vorausgesetzt es weist gleichwertige oder sogar bessere Qualifikationen wie ein externer Bewerber auf. Nachdem sich kein direkter Nachfolger finden ließ, bestand im Gesellschafterkreis Konsens, meinen Schwiegersohn Udo Neumann zu meinem Nachfolger aufzubauen und ihm die Verantwortung für das Unternehmen zu übertragen. Zunächst sollte er sich jedoch extern bewähren.

[?] *Warum fiel die Wahl auf Ihren Schwiegersohn?*

[!] Im Familienzweig August Merten zeigte niemand Interesse an einem Einstieg in das Familienunternehmen. Die möglichen Kandidaten hatten sich zwischenzeitlich eigene Existenzen aufgebaut.
Da meine beiden Töchter lieber eine Familie gründen und mein Sohn sich beruflich anders orientieren wollte, fiel die Wahl auf meinen Schwiegersohn, der zum damaligen Zeitpunkt kurz vor dem Abschluß seines wirtschaftswissenschaftlichen Studiums zum Diplom-Kaufmann stand. Nach seinem Studium arbeitete er sich in seiner ersten Position in einer fremden Firma in kurzer Zeit vom Trainee zum Exportleiter hoch. Im Jahr 1990 hielt ich die Zeit für gekommen, ihn in die Firma zu holen und auf die Übernahme der Firmenleitung vorzubereiten.

[?] *Haben Sie beim Eintritt Ihres Schwiegersohns einen detaillierten, schriftlichen Nachfolgeplan festgelegt?*

[!] In einem mittelständischen Unternehmen mit seinen kurzen Entscheidungswegen sind die Voraussetzungen der Nachfolge sehr variabel. Deshalb habe ich es nie ernsthaft in Erwägung gezogen, die einzelnen Schritte des Übergabeprozesses schriftlich zu regeln.

[?] *Wie haben Sie die Position des Technischen Geschäftsführers besetzt?*

[!] Bereits 3 Jahre vor meinem endgültigen Ausscheiden begann ich mit der Suche eines Technischen Geschäftsführers. Da mein Schwiegersohn aufgrund seiner marketing- und vertriebsorientierten Ausbildung dafür nicht in Frage kam, habe ich 1993 einen Personalberater mit der Direktsuche eines externen Managers beauftragt. 1994 wurde ein Technischer Geschäftsführer eingestellt, und dieser übernahm bis 1996 sukzessive mehr und mehr Aufgaben von mir. Heute ist er alleinverantwortlich für den technischen Bereich sowohl bei Gebr. Merten wie bei Pulsotronic Merten.

[?] *Hat ein externer Berater den Nachfolgeprozeß begleitet?*

[!] Aus meiner Sicht war es nicht notwendig, einen Berater heranzuziehen, um meinen Schwiegersohn optimal auf den Geschäftsführungsvorsitz vorzubereiten.

[?] *Wie wurde Ihr Nachfolger auf die Übernahme der Geschäftsführung vorbereitet ?*

[!] Als ideale Einstiegsaufgabe bot sich die Leitung des Bereichs „Verkauf Innendienst" als Schnittstellenfunktion zwischen Produktion und Vertrieb bei Gebr. Merten an. Hier konnte er sich schnell einen Überblick über die Zusammenhänge im Unternehmen verschaffen.
Eine erste Herausforderung stellte sich bereits 1994. Unser Fertigwarenlager platzte seit Jahren aus allen Nähten. Der Gesellschafterkreis hatte sich gegen den Bau eines neuen Lagers und für ein Outsourcing der gesamten Vertriebslogistik entschieden. Udo Neumann wurde mit dieser Aufgabe betraut und war für die Umsetzung dieses Projektes verantwortlich. Heute übernimmt ein in unmittelbarer Nähe benachbartes Unternehmen die Abwicklung des Transports bzw. die Lagerung der Produkte.
Die nächste Stufe der Vorbereitung auf die Firmenleitung ergab sich Ende 1994, als die Gesellschafterversammlung nach nur dreimonatigem Entscheidungsprozeß den Aufbau einer Fabrikations- und Vertriebsanlage in Indonesien beschloß. Bei dieser neuen Aufgabe konnte er seine Unternehmerqualitäten unter Beweis stellen. Er hat das Projekt erfolgreich durchgeführt; die Produktion läuft seit 1996.

Ende 1996 wurde Udo Neumann auch Vertriebsgeschäftsführer bei Pulsotronic. Das kleinere der beiden Schwesterunternehmen schrieb schon seit Jahren Verluste. Die Position mußte kurzfristig neu besetzt werden. Mein Schwiegersohn stand zur Verfügung und brachte die notwendigen Voraussetzungen mit. Dies rundete seine Qualifizierung zur Übernahme der gesamten Geschäftsführung ab, weil er damit die Produkte und Kunden von Pulsotronic intensiv kennenlernen konnte. Er hat in kürzester Zeit die Vertriebsstrategie und Produktpolitik neu ausgerichtet, und heute schreibt Pulsotronic wieder schwarze Zahlen.

[?] *Wann erfolgte die Übergabe der vollen Verantwortung?*

[!] Am 1. Juli 1997 hat mein Schwiegersohn den Geschäftsführungsvorsitz der beiden Schwesterunternehmen übernommen. Darüber hinaus ist er weiterhin Vertriebsgeschäftsführer bei Pulsotronic.

[?] *Hatte Ihr Nachfolger Akzeptanzprobleme in der Belegschaft?*

[!] Um solche Schwierigkeiten von vornherein aus dem Weg zu räumen, habe ich Udo Neumann zu Beginn des Übergabeprozesses bewußt mit der Leitung des Bereichs „Verkaufs Innendienst" betraut. Wer sich dort bewährt, wird von den Mitarbeitern akzeptiert und für höhere Aufgaben als qualifiziert angesehen.

[?] *Wurde Ihr Schwiegersohn auch in den Gesellschafterkreis aufgenommen?*

[!] Am 1. Januar 1995 trat Udo Neumann als Komplementär in beide Gesellschaften ein. Ausschlaggebend war eine EG-Richtlinie, die Anfang der 90er Jahre erlassen wurde. Demnach sollte für die GmbH & Co. KG künftig Publizitätspflicht gelten. Dies wollten wir für uns als mittelständisches Unternehmen unbedingt umgehen, was durch die Aufnahme meines Schwiegersohns als persönlich haftender Gesellschafter möglich war.
Am Kapital ist er mit 2 Prozent nur sehr gering beteiligt. Er hält sie seit der Übernahme der Gesellschaftsanteile des Familienzweiges August Merten.

[?] *Gab es im Zuge der Nachfolge auch Veränderungen im Gesellschafterkreis?*

[!] Die Angehörigen des Familienzweiges August Merten waren dem Unternehmen nicht mehr allzu tief verbunden und boten letztes Jahr ihre Anteile in Höhe von 50 Prozent meiner Familie zum Kauf an. Trotz der hohen finanziellen Belastung für mich und meine Kinder entschlossen wir uns, dieses Angebot anzunehmen, um die Zukunft des Unternehmens weiterhin sichern zu können. 48 Prozent sind mittlerweile auf meine Kinder und meinen Schwiegersohn übertragen worden, wobei letztlich jedes meiner drei Kinder davon ein Drittel hält. Die restlichen Anteile habe ich übernommen.

? *Beabsichtigen Sie, die Gesellschafterstellung des neuen Unternehmensführers zu stärken?*

! Es ist nicht erforderlich, meinem Schwiegersohn als neuem Unternehmensführer zu einem rein formal domonierenden Einfluß in der Gesellschafterversammlung zu verhelfen. Das hat er auch gar nicht nötig. Er ist ein von allen Gesellschaftern fachlich, sachlich und persönlich voll akzeptierter Diskutant und Entscheidungsträger. Es ist aus meiner Sicht wichtig, die Diskussions- und Entscheidungsfähigkeit im gesamten Gesellschafterkreis auszubauen und zu festigen, weil ein Unternehmen nicht von „einsamen Entscheidungen" abhängig sein kann und darf.

Darüber hinaus hat mein Schwiegersohn bisher schon bewiesen, daß er zur Führung der Unternehmensgruppe sehr wohl geeignet ist.

? *Haben Sie gezielt eine innere Bindung Ihrer Kinder an das Unternehmen aufgebaut?*

! Das Unternehmen war mit seinen Erfolgen und Problemen immer ein fester Bestandteil des Familienlebens. Wichtige Entscheidungen habe ich mit meiner Frau und später auch mit meinen Kindern besprochen. Um meine Kinder mit dem betrieblichen Umfeld vertraut zu machen, habe ich mich frühzeitig bemüht, sie regelmäßig mit in den Betrieb zu nehmen. Sie haben in den Schulferien dort gearbeitet und später die Lehre gemacht. Das schafft eine innere Bindung zum Unternehmen.

? *Arbeiten Sie nach dem Führungswechsel weiter im Unternehmen mit ?*

! Durch die Übernahme der Firmenanteile des anderen Familienzweiges haben meine Familie und ich eine hohe finanzielle Belastung für die nächsten Jahre auf uns genommen. Das Unternehmen befindet sich somit in einer Situation, in der es mehr noch als zuvor zum Erfolg verpflichtet ist. Deshalb fungiere ich nach meinem Rückzug aus der Geschäftsführung noch als Berater für beide Firmen und bin akzeptierter Ratgeber für meinen Schwiegersohn.

Um den Kontakt zum betrieblichen Geschehen nicht zu verlieren, bin ich auch von Zeit zu Zeit im Unternehmen, dessen Wohl und Wehe mir natürlich nach wie vor sehr am Herzen liegt. Ich unterhalte mich auch gern mit den Mitarbeitern. So erfahre ich viel von den betriebsinternen Problemen und kann meinem Nachfolger dadurch Anregungen und Tips geben.

? *Gibt es bei Ihrer Beratertätigkeit Konflikte mit der neuen Geschäftsführung?*

! Eine solche Tätigkeit ist eine Gratwanderung, und die Gefahr ist groß, die Autorität der neuen Geschäftsführung zu untergraben. Wenn ich mich zu stark einmische, werde ich von der Geschäftsführung darauf aufmerksam gemacht und um Zurückhaltung gebeten. Manchmal fällt mir diese Zurückhaltung schwer, aber ich akzeptiere dies.

? ***Beabsichtigen Sie, in Zukunft eine Beiratstätigkeit in Ihrer Firma zu übernehmen?***

! Eine Beiratstätigkeit kommt für mich auch in Zukunft nicht in Frage, da ich die Befürchtung habe, als Insider die anderen Gremienmitglieder zu dominieren. Der seinerzeit bestehende Firmenbeirat wurde im Zuge der Nachfolgeregelung für die Technische Geschäftsführung aufgelöst, da die damaligen Beiratsmitglieder das Recht für sich beanspruchten, den Nachfolger auszusuchen. Dieser Forderung wollte ich nicht nachkommen, die Beiratsmitglieder kündigten, und das Gremium wurde aufgelöst.

? *Wie haben Sie Ihren Ruhestand abgesichert?*

! Nach dem Rückzug aus dem operativen Geschäft bin ich weiterhin Gesellschafter, und mir steht ein Anteil am Unternehmensgewinn zu. Für meine Zeit als angestellter technischer Geschäftsführer erhalte ich darüber hinaus eine staatliche Rente, die das Existenzminimum abdeckt. Ich habe zusätzlich Vorsorge für einen vom Unternehmen und den konjunkturellen Schwankungen unabhängigen Ruhestand getroffen, um meinen gewohnten Lebensstandard aufrechterhalten zu können und im Laufe der Jahre Privatvermögen angespart.

? *Haben Sie die Übertragung Ihrer Geschäftsanteile bereits geregelt?*

! Nein, ich habe noch keine endgültige Entscheidung getroffen. Denn ohne Zweifel bin ich noch mit Leib und Seele Gesellschafter, woran sich – so hoffe ich - in den nächsten Jahren nichts ändern wird. Es gibt bei einer späteren Übertragung natürlich vielfältige Aspekte zu beachten, mit denen ich mich selbstverständlich intensiv befasse. Zur Zeit plane ich, meine Anteile später zu je einem Drittel an meine drei Kinder zu übertragen.

? *Bleibt Ihnen im Ruhestand Zeit, sich persönlichen Interessen zu widmen?*

! Ich habe jetzt mehr Zeit, mich um mein Enkelkind zu kümmern und meinem Hobby Motorrad fahren stärker nachzugehen. Meine Tätigkeiten in verschiedenen nationalen und internationalen Verbänden der Elektroindustrie führe ich nach wie vor weiter.

Volker Rojahn

Akzeptanz des „Neuen" bei Führungsmannschaft und Mitarbeitern

1.   Die Ist-Situation

Das Thema ist landauf – landab bekannt: Frühfluktuation, die magischen ersten 100 Tage, Fehlintegration, Scheitern des Führungswechsels. Unterschiedliche Begriffe für ein Problem, das in allen Unternehmen auftaucht, unabhängig von Größe und Branche. Doch wie bei vielen anderen Problemen fehlt es sowohl an der nötigen Einsicht als auch an den sich daraus ableitenden Konsequenzen.

Befragungsergebnisse machen deutlich, daß immerhin zwischen 20 und 40 Prozent aller Führungswechsel in deutschen Unternehmen scheitern, wobei ein erheblicher Prozentsatz der neuen Mitarbeiter bereits in den ersten sechs Monaten wieder ausscheidet. Die frühzeitige Kündigung des Arbeitsverhältnisses ist dabei nur ein von allen wahrnehmbares Merkmal. Weitaus problematischer, weil nicht unmittelbar erkennbar, ist ein spätes Erreichen der Normalleistung. Hinzu kommen eine permanente, mehr oder weniger stark ausgeprägte Arbeitsunzufriedenheit und vergleichsweise geringere Erfolge im weiteren Verlauf der Betriebszugehörigkeit, so daß die volle Leistungsfähigkeit in einer Position unter Umständen erst nach einigen Jahren erreicht wird. Es scheint damit unerläßlich, in der Phase der Eingliederung des neuen Mitarbeiters in das Unternehmen und am Arbeitsplatz mindestens die gleiche Mühe und eventuell noch mehr Aufwand walten zu lassen wie in der Phase der Suche und Auswahl eines geeigneten Kandidaten.

Studienergebnisse aus dem Jahr 1997 machten deutlich, daß sich etwa 60 Prozent der befragten Führungskräfte kaum oder unzureichend auf eine neue Aufgabe vorbereitet fühlen. Sie muß nicht immer in einem neuen Unternehmen stattfinden. Das Thema ist damit sowohl für interne, eventuell familieneigene Nachfolger, als auch für Führungskräfte, die als Externe von außen rekrutiert wurden, von immenser Bedeutung. Unabhängig von der Ausgangssituation wird jeder Führungswechsel zum Motor von Veränderungen, vorausgesetzt, die Einzelkomponenten sind aufeinander abgestimmt und das Motormanagement funktioniert. Dies verlangt von allen Beteiligten, Unternehmen wie Führungskraft, Flexibilität und Anpassungsfähigkeit. Die Vorbereitung auf neue Aufgabenstellungen im Sinne einer optimalen Nutzung des vorhandenen Humankapitals wird somit zu einem elementaren Faktor in der Führungskräftebetreuung.

Führungswechsel ist an sich schon ein schwieriges und nicht konfliktfreies Thema, vor allem, weil mit neuen Führungskräften in aller Regel auch einschneidende Organisationsveränderungen einhergehen. Für ein inhabergeführtes Unternehmen ergeben sich in dieser Phase zwar besondere Chancen, die Risiken dürfen aber dennoch nicht übersehen werden. Als Betroffener, Mitentscheider oder Berater sich dieser Besonderheiten gegenwärtig zu sein, sensibilisiert dafür, die Entscheidungen und zu treffenden Maßnahmen in die richtige Bahn zu lenken. Die folgenden Ausführungen beschäftigen sich daher mit einem wichtigen Teilaspekt des gesamten Entscheidungsprozesses, nämlich der zielgerichteten Einführung und Betreuung des „Neuen".

2. Problemfelder

Im Zusammenhang mit einem Einstellungsprozeß stellt die eigentliche Integrationsphase des Nachfolgers einen wesentlichen Teil des gesamten Auswahl- und Besetzungsverfahrens dar. In dieser Phase fällt die Entscheidung darüber, ob die gegenseitigen Erwartungen befriedigt werden können, ob die durch teilweise lange Diskussionen herbeigeführte Personalentscheidung schließlich zu dem gewünschten Erfolg führen wird.

Fehlendes Hineinwachsen in eine neue Verantwortung und in eine neue Struktur mit der Chance, eine Aufgabe verantwortungsvoll und erfolgversprechend zu übernehmen, ist als einer der größten Stolpersteine bei sich vollziehenden Führungswechseln zu identifizieren. Sowohl der Betroffene selbst als auch die beteiligten Entscheidungsträger erwarten oft zu viel in zu kurzer Zeit. Die alte Lebensweisheit „neue Besen kehren gut" wird damit zur Farce und dient höchstens dazu, Frustration bei allen Beteiligten und bei betroffenen Mitarbeitern zu hinterlassen.

Ziemlich einstimmig kommen alle Personalentscheider zu der Aussage, daß der Erfolg einer neuen Führungskraft selten an fehlender fachlicher Qualifikation scheitert. Etwaige Defizite sind in Vorgesprächen herausgearbeitet oder im Zuge von Potentialanalysen festgestellt worden. Ein reichhaltiges Angebot von Aus- und Fortbildungseinrichtungen im In- und Ausland bietet genügend Möglichkeiten, sich auf weiterführende Aufgaben vorzubereiten oder fachliche Lücken zu schließen.

Problematischer, weil nicht unmittelbar feststellbar, sind atmosphärische Spannungen am neuen Arbeitsplatz, im neuen Umfeld: Hidden agenda, geheime Spielregeln, informelle Netzwerke, langjährige Seilschaften sind nur einige Begriffe, die eine Falle für jeden „Neuen" darstellen können, der in eine bestehenden Struktur eintritt. Diese Aussage trifft auf den Externen genauso zu wie auf Führungskräfte, die innerhalb eines Unternehmens an anderer Stelle und möglicherweise mit einer erweiterten Verantwortung eingesetzt werden. Wichtig ist, daß sich alle Beteiligten über die besondere Problemlage bewußt sind und ein Interesse daran haben, im gemeinsamen Dialog das Thema aufzuarbeiten - zum Nutzen aller.

Unterschiedliche Betrachtungsweisen sind oftmals zu beobachten, wenn ein Familienmitglied für die Übernahme einer Führungsposition vom Familienrat oder dem Seniorchef „nominiert" wird. Oft fehlt es zu diesem Zeitpunkt an einem offenen Gedankenaustausch über die Erwartungshaltung des Seniors und die Zukunftspläne, Wünsche, Hoffnungen und Absichten beruflicher und privater Art des Juniors. Auch in dieser Situation hilft nur der offene Dialog zwischen allen Beteiligten. Hierbei ist es notwendig, Emotionen zuzulassen, aber die Entscheidungsfindung auf ein möglichst hohes Maß an rationaler Abwägung aller Argumente zu konzentrieren. Die Moderation dieses Prozesses mit externer Unterstützung, die sich durchaus über einen längeren Zeitraum der Reifung von Gedanken hinziehen kann, hat sich in der Vergangenheit immer wieder als durchaus hilfreich erwiesen.

Oft gelten die Nachfolger aus den eigenen Reihen oder der eigene Familiennachfolger als risikolose Besetzung und damit Lösung des Nachfolgeproblems. Sofern ein Konzept zur Nachfolgeregelung bereits bestand und der potentielle Nachfolger entsprechend vorbereitet werden konnte, mag sich daraus eine Risikominimierung ableiten lassen. Der interne Nachfolger kennt bereits das Unternehmen und dessen Kultur, weiß um aktuelle Probleme Bescheid. Gerade deshalb wird er in seinem neuen Verantwortungsbereich eher wenig Hilfe zu erwarten haben und sich in aller Regel kaum von dem bisher eingeschlagenen Kurs lösen können. Im Hinblick auf visionäre Unternehmensstrategie ist die interne Stellenbesetzung damit einer besonders kritischen Überlegung zu unterziehen. Vor allem die Vorbereitung eines familieneigenen Nachfolgers durch externe Berufserfahrung in anderen Unternehmen erhält damit einen besonderen Stellenwert.

3.   Besonderheiten inhaberorientierter Unternehmen

Das bisher Gesagte gilt für jede Form der personellen Veränderung in der Führung eines Unternehmens, unabhängig von der Organisationsform oder Unternehmensstruktur. In inhabergeführten Unternehmen hingegen sind einige Besonderheiten zu beachten, die vor allem in der Situation eines Wechsels an der Unternehmensspitze prägnanter zum Ausdruck kommen können als in anderen Organisationsformen. Woran das liegt, wo die Gründe für diese Besonderheiten zu suchen sind, wird in verschiedenen Beiträgen dieses Buches immer wieder deutlich gemacht. Wenn es auch hier noch einmal aufgegriffen wird, so soll es diese Besonderheiten nicht mit erhobenem Zeigefinger hervorheben, sondern Verständnis wecken, sensibilisieren und somit ermöglichen, den individuell passenden Weg zu definieren, den richtigen Ton in der Diskussion anzuschlagen und die sinnvollsten Entscheidungen zu treffen.

An dieser Stelle kann nicht der Versuch unternommen werden, ein umfassendes Psychogramm der Unternehmerpersönlichkeit an sich darzustellen. Zu vielfältig sind die Persönlichkeiten, zu unterschiedlich die familiären und unternehmensorganisatorischen Ausgangssituationen. Doch einige Bemerkungen, die auch Grundlage für die nachfolgenden Empfehlungen sind, sollen die Besonderheit dieser Situation und psychosoziologischen Gemengelage verdeutlichen.

3.1 Lösung und Neubeginn

Der Wunsch des noch tätigen Inhabers/Seniors, unternehmerisch und eigenverantwortlich tätig zu sein, entstand häufig aus einem hohen Maß an Eigenmotivation, Risikobereitschaft, Gespür für das technisch und kaufmännisch Machbare und dem tiefen Wunsch, Selbständigkeit und Unabhängigkeit in einem möglichst großen Maß ausschöpfen zu können. Die zu treffenden Entscheidungen wurden nach eigenem „Gutdünken" getroffen, in aller Regel eigenständig und freiwillig. Das eigene Unternehmen hat sich organisch entwickelt, eventuell notwendige Organisationsformen wurden nicht selten nachträglich den vorhandenen Gegebenheiten und Bedürfnissen angepaßt.

Nach einigen Jahren des persönlichen und unternehmerischen Erfolges heißt es nun, sich Gedanken über den Fortbestand des Unternehmens und damit des beruflichen Lebenswerkes zu machen sowie Vorkehrungen zu dessen Absicherung zu treffen. Diese Überlegungen haben im ersten Schritt noch wenig mit Testamenterstellung, Erb- und Steuerrecht zu tun. Vielmehr taucht nun die persönlich-emotionale Dimension des Generationswechsels auf, die den „Betroffenen" zu einer rationalen Abwägung von Entscheidungen auch über seine eigene private Zukunft und Lebensplanung zwingt.

Hiermit wird auch schon eine weitere Problematik deutlich: Senior/Inhaber und Nachfolger/Fremdmanager befinden sich in der Regel altersbedingt in einem sehr unterschiedlichen Lebenszyklus, mit nicht selten divergierenden Erwartungen an die private und berufliche Zukunft. Beide stehen mit ihren Entscheidungen an einer ganz wichtigen Schwelle ihres Lebens. Für den weichenden Inhaber sind Fragen nach Inhalt und Aufgabe seines neuen Lebensabschnittes von großer Bedeutung. Die Reflexion über die Vergangenheit und Abwägung der Wünsche und Ziele in der nahen Zukunft rücken in den Vordergrund der Betrachtung. Für den Nachfolger tauchen ebenfalls tiefgehende Fragen auf, etwa nach der Machbarkeit, dem Risikograd und der Erfolgswahrscheinlichkeit des neuen Karriereschrittes, nach der Sinnhaftigkeit des eigenen Handelns in einer neuen Umgebung und der Abstimmung des beruflichen mit dem privaten Umfeld. Eine weitere, zumindest innerlich vorhandene Hürde gilt es für den Inhaber zu nehmen. Er muß den inneren Konflikt überwinden, daß keiner die Aufgabe besser als er bewältigen könne bzw. ohne seine aktive Hilfe kein Erfolg möglich sei („ihr werdet schon sehen, was ohne mich passiert"). Erst die Lösung von dieser sicher nachvollziehbaren Einstellung ermöglicht dem „Neuen", seine Aufgabe erfolgreich angehen zu können und die Unterstützung zu erfahren, die dringend notwendig ist.

3.2 Ängste und Befürchtungen versus Vertrauen und Akzeptanz

In zahlreichen Veröffentlichungen wird immer wieder auf die Schwierigkeiten und Besonderheiten der Nachfolge in inhabergeführten Unternehmen hingewiesen. Fazit aller Darstellungen ist die Kernthese, daß man nachfolgen kaum praktisch trainieren könne, ebensowenig das Nachgefolgtwerden. Wovor hat man eigentlich Angst, wogegen bestehen Befürchtungen? Es ist vor allem die zunächst unbekannte, einmalige Situation der Nachfolgeregelung. Diese Situation hat nur zum Teil mit Veränderungen von Organisationsformen, Rahmenbedingungen, Entscheidungskompetenzen und Kapitalanteilen zu tun. Es geht vor allem um entscheidende Veränderungen innerhalb der Familienstrukturen, einschließlich der emotionalen Dimensionen, wie Anerkennung, Erfolg, Zukunftsangst, Vereinsamung, um nur einige der vielfältigen und zumeist unausgesprochenen Hintergrundmotive für die Befindlichkeit des Seniors zu nennen.

Empfehlenswert ist an dieser Stelle die Durchführung einer biographischen Analyse, mit deren Hilfe man über die Feststellung der Ist-Persönlichkeitsstruktur und den Entwurf einer Soll-Persönlichkeitsstruktur zu einer Klärung der persönlichen Zukunft und Einbindung der Ergebnisse in die aktuelle Lebens- und Berufssituation gelangt.

Vor diesem Hintergrund wird die Formulierung eines individuellen Nachfolgekonzepts einschließlich eines qualifizierten Einarbeitungs- bzw. Übergabekonzepts zu einem elementaren Teil der strategischen und langfristig ausgelegten Unternehmensplanung. Entscheidend ist dabei die strategisch-operationale Umsetzung der erarbeiteten Nachfolgelösung in die betriebliche, operative Praxis. Grundlage für eine erfolgreiche Umsetzung ist wiederum der Dialog zwischen allen Beteiligten in Form eines offenen Meinungsaustausches. Der Weg zur Akzeptanz sowohl des vorgeschlagenen Lösungskonzepts als auch des „Neuen" an der Spitze ist damit geebnet.

Ein weiterer Punkt, der an dieser Stelle nicht unerwähnt bleiben darf, ist die Wahrnehmung und Erwartungshaltung der vorhandenen, bewährten Führungskräfte. Durch eine klare, nachvollziehbare und zeitnahe Information seitens des Inhabers an alle Mitarbeiter wird eine Basis geschaffen, welche den Start eines „Neuen" erleichtert und den Weggang des bisherigen Stelleninhabers als zukunftsorientierte unternehmerische Entscheidung kommunizierbar macht. Die Gefahr der Abwanderung bewährter Mitarbeiter in dieser Phase ist nie auszuschließen, kann aber durch die beschriebene Vorgehensweise deutlich reduziert werden.

4. Optimierung des Implacement – aus Unternehmenssicht

In zahlreichen Unternehmen gibt es Führungsnachwuchsprogramme, das Angebot an internen und externen Trainingsmaßnahmen für Nachwuchskräfte ist fast unüberschaubar. Alle Maßnahmen enden allerdings dort, wo die eigentlich entscheidende Phase für alle an einem Veränderungsprozeß Beteiligten beginnt: an dem Tag, an dem die neue

Aufgabe und Verantwortung übernommen wird. Der schwierige Prozeß, der mit dem ersten Arbeitstag des „Neuen" beginnt, ist situativ dermaßen verschieden, daß sich darauf kein Standardtrainings- oder Beratungskonzept anwenden läßt. Sofern dieser Prozeß allerdings nicht professionell behandelt wird und alle Beteiligten einbezogen werden (und das ist bisher eher die Ausnahme), werden Potential, Motivation, Engagement, Zeit und letztendlich Geld verschwendet.

Eine Mischung aus Moderation, Coaching/Mentoring und gezielten, professionell geleiteten Workshops hat sich als Möglichkeit herauskristallisiert, Veränderungsprozesse und Führungswechsel in einem Unternehmen erfolgreich zu begleiten. Entscheidend ist die systematische Einführung des „Neuen" vom ersten Tag an oder, wie bereits angedeutet, schon im Vorfeld des eigentlichen Arbeitsbeginns. Einige Maßnahmen werden im folgenden aufgezeigt und kurz erläutert:

4.1 Qualifizierungsphase bei internen Nachfolgern

Das Einbeziehen eines internen Nachfolgers in interne Gesprächsrunden des Führungskreises, die sich mit Strategie- und Planungsthemen beschäftigen, bietet die Gelegenheit, vielfältige Geschäftsvorgänge und Themen kennenzulernen und sich einen Überblick zu verschaffen. Auch die Übernahme von Sonderprojekten bietet dem Nachfolger die Möglichkeit, sich schrittweise sowohl mit wichtigen Themen, aber vor allem mit den Entscheidungsstrukturen und Leistungsträgern innerhalb der Geschäftsführung auseinanderzusetzen und ein Gespür für das Führen und den Abschluß von Verhandlungen zu entwickeln.

4.2 Einzelgespräche mit Führungskräften und Mitarbeitern

Bereits vor Arbeitsantritt, also idealerweise bereits noch in der Rekrutierungsphase, sollte der „Neue" die Gelegenheit haben, intensive Gespräche mit seinem Vorgänger, weiteren Mitgliedern des Führungskreises, der Personalabteilung und, sofern vorhanden, Mitgliedern des Beirates zu führen. Dabei sollten alle Gesprächspartner die Aufgaben und Erwartungen genauso wie die Risiken der neuen Position aus ihrer Sicht offen und konstruktiv miteinander diskutieren. Wenngleich die fachliche Diskussion zu diesem Zeitpunkt natürlich eine wichtige Rolle spielt, geht es vor allem darum, gegenseitig ein Gespür für die Denkweise des Gesprächspartners zu erlangen.

Zur Vervollkommnung dieser Gesprächsansätze hat sich die Einrichtung eines sogenannten „Kennenlernwochenendes" als empfehlenswert und besonders effizient herausgestellt. Sowohl namhafte Dienstleistungsunternehmen als auch Personalberater, die in dieser Phase ihre Dienste als Implacement-Coach anbieten, greifen auf dieses Instrument zurück. Die oben aufgeführten Gesprächspartner treffen sich, betreut von einem Coach, formulieren Erwartungen und Ziele, diskutieren Konflikte und mögliche gemeinsame Aufgabenstellungen für die Zukunft. Somit ergibt sich die Möglichkeit, außerhalb des Arbeitsalltags aufeinander zuzugehen, Themen als gemeinsamen Nenner der zukünftigen Zusammenarbeit zu formulieren und damit eine solide Vertrauensbasis für künftige Diskussionen und Projekte zu schaffen. Diese Maßnahme ist zwar ein ideales Instrument in der Start-up-Phase des Führungswechsels, empfiehlt sich aber durchaus als regelmäßige Wiederholungsveranstaltung. Bei Folgetreffen können dann Erfolge und in der Umsetzung aufgetretene Probleme in gleicher Weise konstruktiv und offen miteinander diskutiert werden.

4.3   Erarbeitung flankierender Qualifizierungsmaßnahmen

Sobald die Entscheidung für einen Nachfolger getroffen wurde, lassen sich die im Stellenprofil formulierten Anforderungen noch einmal mit der Qualifikation der neuen Führungskraft abgleichen. Es geht nun darum, vor dem Hintergrund der unternehmensbezogenen Anforderungen individuelle Qualifizierungsmaßnahmen zu ergreifen und gegebenenfalls einen Trainingsplan zu entwerfen. Auf der Grundlage dieser Analyse bieten sich Lehrgänge an externen Institutionen oder die Teilnahme an externen Management- und Führungsseminaren an. Hierzu gehören Seminare zum Projektmanagement ebenso wie TQM-Seminare, Schulungen zum Thema Mitarbeiterführung oder Arbeitstechniken. Spezielle Einzelcoachings unter Einbeziehung interner oder externer Spezialisten sowie, gerade in der Anfangszeit, das Kennenlernen verschiedener Abteilungen des Unternehmens, runden das Qualifizierungsangebot ab. Alle Maßnahmen sollten in einem Zeitplan dargestellt und mit entsprechenden Prioritäten und Kontrollpunkten versehen werden.

4.4   Paten/Mentor bestimmen

Immer häufiger trifft man auf Unternehmen, die den Wechsel- und Einarbeitungsprozeß der neuen Führungskraft ernst nehmen und versuchen, intern Hilfestellung zu geben. Dieses Hilfsangebot ist sicher kein Zeichen von Schwäche oder Angst, sondern ein faires Angebot, die neue Führungskraft so schnell wie möglich mit den wichtigen Aufgabenstellungen und Problemen vertraut zu machen und effizient werden zu lassen. In bisher inhabergeführten Unternehmen stellt sich natürlich die Frage, wer diese Aufgabe übernehmen kann. Sofern sich der Seniorchef oder Inhaber wirklich aus seiner aktiven Führungsposition zurücknehmen kann, ist er für den Nachfolger sicher ein idealer Pate. Daneben gibt es aber auch erfahrene Führungskräfte die, sofern sie nicht selbst die Nachfolge ins Auge gefaßt hatten, hilfreiche Gesprächspartner sein können. Der Ansatz, durch ein Mentoren-Konzept eine Führungsnachwuchskraft auf zukünftige Aufgaben vorzubereiten, läßt sich in der Regel nur bei familieninternen Nachfolgern mit entsprechender Vorlaufzeit realisieren und soll an dieser Stelle nicht weiter diskutiert werden.

4.5   Integrations-Workshops

In der Phase des Führungswechsels in inhabergeführten Unternehmen wird der Veränderung an der Führungsspitze berechtigterweise große Bedeutung zugemessen. Soll dieser Veränderungsprozeß auf breiter Front erfolgreich verlaufen, muß das gesamte Unternehmen in diesen Prozeß einbezogen werden. Eine positive Unternehmenskultur zeichnet sich auch dadurch aus, daß alle Ebenen der Führungskräfte auf die veränderte Situation vorbereitet werden und alle Mitarbeiter über den Wechsel informiert werden.

Teamgespräche mit Mitarbeitern in nachgelagerten Bereichen, Abteilungsmeetings, offene Kommunikation im gesamten Unternehmen und damit Abbau von Unsicherheiten und Zukunftsängsten bei den Mitarbeitern sind Möglichkeiten, den Weg in eine klar formulierte Unternehmenszukunft gemeinsam mit allen Beteiligten zu formulieren. Ähnlich dem oben dargestellten Kennenlernwochenende besteht die Möglichkeit, auf Abteilungsebene moderierte Workshops durchzuführen. Der „Neue" hat hierbei die Chance, sowohl Mitarbeiter in ihrem eigenen kulturellen Umfeld sowie deren Probleme und Erwartungen kennenzulernen als auch, zunächst in bescheidenem Maße, erste Zeichen für den neuen Kurs des Unternehmens zu setzen.

4.6   Interne und externe Beziehungsnetze

Für die neue Führungskraft ist es wichtig, möglichst schnell die wichtigen Positionen einschließlich ihrer Anforderungen und individuellen Arbeitsweisen kennenzulernen. Der Inhaber ist an dieser Stelle dazu aufgerufen, seine internen und externen Kommunikationsnetze offenzulegen und mit seinem Nachfolger detailliert zu diskutieren. Dieser Schritt ist insofern von besonderer Bedeutung, da sich daraus zum einen die Fortführung wichtiger Kontakte mit der entsprechenden Relevanz für zukünftige Geschäfte ergibt; zum anderen ist die Bedeutung interner Kontakte für die Konsensbildung bei zukünftigen Entscheidungen von nicht zu übersehender Bedeutung. Diese gemeinsame Diskussion zwischen Stelleninhaber und Nachfolger hilft letztendlich auch zu einer stärkeren Sensibilisierung für die vorhandene Unternehmenskultur und die realisierbaren Veränderungen.

4.7   Festlegen von Kontroll- und Feedback-Schritten

Die zuvor aufgeführten Maßnahmen sollen dazu dienen, dem Nachfolger, ganz gleich ob intern oder extern, den Einstieg in die neue Verantwortung zu erleichtern und sein Handeln von Erfolg prägen zu lassen. Der Entwurf eines Leitfadens für regelmäßige Abstimmungsgespräche zwischen dem bisherigen Inhaber und der neuen Führungskraft sowie dem erweiterten Führungskreis und/oder Beirat ist eine weitere Möglichkeit, den Wechselprozeß systematisch, sachlich und nachhaltig zu begleiten.

5.   Optimierung der Nachfolge - Empfehlungen für den internen und externen „Neuen"

Damit bei der Nachfolge – wie eingangs dargestellt – das Motormanagement funktioniert und sie zum Motor von Veränderung wird, muß der „Neue" den Übergang aktiv gestaltend angehen, sich aber zugleich in seinem eigenen Rollenverhalten kritisch beobachten. In dieser Phase können alle Fragen gestellt, Probleme analysiert, Aktionen und Maßnahmen formuliert und verändert, Führungsrollen hinterfragt und Leistungsträger identifiziert werden, die auch einen neuen Kurs unterstützen und mittragen – dies darf aber nie zur Isolation des Nachfolgers aufgrund eines zu forschen oder unbedachten Vorgehens führen.

5.1   Analyse der Ausgangssituation und Wechselkonstellation

Insbesondere für Externe empfiehlt es sich, schon vor Arbeitsantritt mit dem neuen Unternehmen vertraut zu werden. Neben dem intensiven Studium von Geschäftsberichten, Produktinformationen, Organigrammen und Presseberichten gehört gerade die Betriebszeitschrift zu den wichtigen Informationsquellen.

Für eine neue Führungskraft ist es durchaus von Bedeutung, Klarheit darüber zu erhalten, in welcher Wechselkonstellation er gerade in das Unternehmen einsteigt. Handelte es sich bei dem Vorgänger um einen starken oder schwachen Manager, wurde er abgeschoben oder entsteht der Eindruck, man sei von irgendeiner Seite protegiert? Ganz gleich, wie sich die Ausgangssituation darstellt, wichtig ist die Aufarbeitung der Situation, die offene Information über den eigenen beruflichen und persönlichen Hintergrund, das Setzen von Prioritäten, das Abfragen von Erwartungen auf seiten der Kunden genauso wie bei den Mitarbeitern und die Formulierung einer klaren Position.

5.2 Klärung aller inhaltlichen Fragen im Vorfeld

In den ersten Kontaktgesprächen mit Personalberater und Unternehmen ist man sich nähergekommen, hat Klarheit darüber gewonnen, ob man sich der neuen Aufgabenstellung gewachsen fühlt und die neue Herausforderung der eigenen Karriereplanung entspricht. Nun geht es darum, ein Gefühl für die geplanten Veränderungen zu entwickeln. Insbesondere eine genaue Analyse, wo, warum und mit welchen Beteiligten Veränderungen erwartet werden, gilt es in weiterführenden Gesprächen zu erstellen. Auch eine eventuell einhergehende Kulturveränderung, beispielsweise durch Ablösung des bisher eher patriarchalischen durch einen partnerschaftlichen, teamorientierten Führungsstil, sollte möglichst offen miteinander diskutiert und das Rollenverständnis geklärt werden. Ebenso sind die Kommunikationsgewohnheiten zu überprüfen und zu überlegen, wie die Mitarbeiter mit einer möglicherweise veränderten Kommunikations- und Informationspolitik umgehen werden.

5.3 Spielregeln verstehen/neu formulieren/anpassen

Jedes Unternehmen verfügt über eine eigene Kultur, geprägt durch den Inhaber, die Führungsspitze und durch die Menschen, die sich in einem Unternehmen auf eine gemeinsame Handlungsbasis verständigt haben. Kommunikation, unternehmerisches Handeln und der Umgang miteinander sind durch mehr oder weniger klar formulierte Spielregeln aufeinander abgestimmt.

In einem inhabergeführten Unternehmen treffen zwei Sozialsysteme aufeinander – die Familie und der Betrieb. In der Familie steht die Person im Vordergrund, der Betrieb stellt die Sache in den Vordergrund. Daraus lassen sich auch Hinweise für die Spielregeln im Umgang miteinander ableiten und zugleich die Problematik erkennen, die sich aus einer Führungtätigkeit in einem ursprünglich personenzentrierten Unternehmensumfeld ergeben. Diesen Zusammenhang zu verstehen, wird dazu führen, den jeweiligen Bedingungen angepaßte Spielregeln selbst zu formulieren und diese auch den Mitarbeitern transparent zu machen.

Trotz aller Notwendigkeit geduldigen Zuhörens in der Anfangsphase erwartet das Umfeld (Inhaber/Unternehmerfamilie genauso wie Mitarbeiter/Betrieb) inhaltliche Akzentsetzung. Hier muß behutsam vorgegangen werden, denn jede Handlung hat zu diesem Zeitpunkt eine starke Symbolik, wobei der Handelnde zunächst noch unzureichend über die Auswirkungen informiert ist. An dieser Stelle zeigt sich einmal mehr, was von erfolgreichen Führungskräften in diesen Situationen erwartet wird: Geschick im Umgang mit schwierigen Situationen und Gesprächspartnern, die Fähigkeit, schnell und unkompliziert neue Netzwerke und Koalitionen aufzubauen und den gesamten Veränderungsprozeß aktiv zu managen.

5.4 Die ersten 100 Tage

Dieser Zeitabschnitt ist als einmalige Chance zu verstehen und wahrzunehmen, die in dieser Form nicht wiederkommt. Es geht vor allem darum, im Unternehmen eigene Beziehungen aufzubauen, gegenseitig Erwartungen zu analysieren, intern und extern Schlüsselpersonen zu identifizieren und zu kontaktieren, Weichen zu stellen und neue, sinnvolle Koalitionen zu definieren. Wichtig dabei ist ein hohes Maß an Sensibilität und angewandter Sozialkompetenz, da sich die Mitarbeiter durch diese wie durch jede andere Veränderungssituation verunsichert fühlen.

Unsicherheit ist am Anfang auf beiden Seiten vorhanden; der „Neue" darf seine persönliche Befindlichkeit aber nicht in Arroganz gipfeln lassen, dann sind sofort alle Türen verschlossen. Interesse und Höflichkeit stehen im Vordergrund, ansonsten sollte der Auftritt eher bescheiden und zurückhaltend bleiben. Überzeugung sollte auf der fachlichen Ebene stattfinden, nicht kraft des neu übernommenen Amtes bzw. der Position. Die eigene Lernbereitschaft in den Vordergrund stellen, aktives Zuhören, intensives Beobachten und Schriftmaterial studieren sind Voraussetzungen, um qualifiziert Vorschläge unterbreiten und Entscheidungen mit Unterstützung der Mitarbeiter umsetzen zu können.

Kritik und eigene Verbesserungsvorschläge sollten zunächst zurückgehalten werden, ebenso wie ein sensibler Nachfolger nicht gleich kundtut, was er alles anders machen würde. Vieles an den bisherigen Handlungsweisen hat seinen guten Grund, den man als „Neuer" zunächst verstehen lernen muß. Erst allmählich sollten neue Konzepte gemeinsam mit anderen Mitarbeitern entwickelt und präsentiert werden.

6. Zeitplanung

An verschiedenen Stellen wurde bereits darauf hingewiesen, daß der Erfolg des gesamten Implacement-Prozesses von dem richtigen Timing der Einzelmaßnahmen abhängt. Die umfassende Vorbereitung der Diskussionen, eine klare Abstimmung des Anforderungsprofils und der Entwurf eines Einarbeitungskonzepts sind die unverzichtbaren Bestandteile eines zielgerichteten Nachfolgekonzepts. Ein Patentrezept, was dies - unabhängig davon ob der Nachfolger intern oder extern rekrutiert wurde - in Wochen und Monaten bedeutet (ausgehend von dem Zeitpunkt des Vorhandenseins eines potentiellen Nachfolgers) läßt sich dafür nicht formulieren. Wichtig ist die zeitlich und inhaltlich sinnvolle Abstimmung der einzelnen Schritte, so daß sich alle Beteiligten menschlich und fachlich aufeinander einstellen können.

Der Kern der Implacement-Phase sollte, unter Inanspruchnahme einer qualifizierten Unterstützung von außen, nicht mehr als drei bis vier Monate in Anspruch nehmen. In diesem Zeitraum sollten Kennenlernwochenenden und Integrationsworkshops stattfinden und der „Neue" sukzessive in das operative Tagesgeschäft hineinwachsen können. Der sich anschließende Coachingprozeß zur Begleitung der durchzuführenden Veränderungen sollte einen Zeitraum von 12 bis 18 Monaten nicht überschreiten.

Michael Wiehl*

Die Zusammenarbeit mit Geschäftspartnern – Kontinuität und Wechsel im Nachfolgefall

*) unter Mitarbeit von Dr. Sabine-Sofie Weidekind

1.   Kunden und Lieferanten - Auswirkungen von Fehlverhalten und Fehlentscheidungen

1.1   Eine besondere Beziehung

Mittelständische Unternehmen sind insbesondere geprägt durch enge persönliche, wenn nicht sogar private Beziehungen zwischen dem Unternehmer und seinen Kunden und Lieferanten. Dieses Faktum ist im Hinblick auf die Nachfolgeproblematik ambivalent zu bewerten: Stabilen, auf einem langfristigen Vertrauensverhältnis beruhenden Geschäftsbeziehungen wird gemeinhin zugeschrieben, daß sie infolge der (guten) Erfahrungen der Vergangenheit auch in Krisenzeiten Bestand haben.

Gerade in einem durch beiderseitiges Vertrauen geprägten Verhältnis kann jedoch ein Partner nicht von einem Tag auf den anderen ersetzt werden. Die positiven Erfahrungen in der Vergangenheit sind vorrangig von den beteiligten Personen geprägt. Den genannten Aspekten liegen somit zwei unterschiedliche Perspektiven zugrunde; das erste Argument beinhaltet ökonomische Gesichtspunkte, das zweite beruht auf psychologisch geprägten Fakten. Die Diskussion der Risiken, die aus einer mißglückten Fortsetzung bestehender guter Geschäftsbeziehungen entstehen können, ist daher sowohl unter betriebswirtschaftlichen als auch unter verhaltenspsychologischen Gesichtspunkten zu führen.

Der Unternehmensinhaber steht häufig auf dem Standpunkt „Keiner kennt meine Geschäftspartner so gut wie ich und wird deshalb auch so erfolgreich wie ich verhandeln". Es ist eine Selbstverständlichkeit, daß ein Nachfolger zuerst eine **Vertrauensbasis zu Kunden, Lieferanten und Geschäftspartnern** aufbauen muß. Das gilt insbesondere, wenn er den bisherigen Geschäftspartnern noch nicht bekannt ist, aber auch wenn die Geschäftspartner den Nachfolger bereits kennen. Je eher und geplanter der Nachfolger mit den Geschäftspartnern vertraut gemacht wird, um so problemloser dürfte der Übergang gelingen. Das spricht für eine frühzeitig geplante und eingeleitete Geschäftsübergabe. In der Regel ist ein Zeitraum von zwei bis drei Jahren zu veranschlagen.

Möglicherweise führt das Ausscheiden des Vorgängers zu einer Verhaltensänderung auf seiten der Geschäftspartner, insbesondere wenn die Geschäftsbeziehung auf „alter Freundschaft" beruht. Hier ist zu fragen,, worauf das oben bereits angesprochene Vertrauensverhältnis fußt. Oftmals werden Entscheidungen der Geschäftsleitung in den sogenannten erfolgreichen Verhandlungen intuitiv getroffen, und die Kriterien sind für andere nicht immer objektiv nachvollziehbar.

Es kann aber auch sein, daß ein Nachfolger nicht daran interessiert ist, alte Verbindungen aufrechtzuerhalten, wenn wirtschaftliche Gesichtspunkte dagegen sprechen. Er wird manche bestehende Geschäftsbeziehung unter einem anderen Blickwinkel beurteilen als sein Vorgänger. Die unterschiedliche Bewertung auf seiten der alten und der neuen Führung – vor allem, wenn sie eher aus emotionalen Gründen erfolgt - bringt möglicherweise Konflikte mit sich.

1.2 Das spezielle Verhältnis mittelständischer Unternehmen zu Kunden und Lieferanten

Das Verhältnis des Unternehmens zu seinen Kunden und Lieferanten ist zunächst von der grundsätzlichen Stellung mittelständischer Unternehmen auf dem Absatz- und Beschaffungsmarkt geprägt. Auch die Entscheidung für einen bestimmten Nachfolger und dessen Einfluß auf die Geschäftsbeziehungen in der Zukunft wird hiervon mitbestimmt. Dementsprechend sollen zunächst noch einige generelle Anmerkungen zur Situation auf dem Absatz- und Beschaffungsmarkt für mittelständische Unternehmen gemacht werden. Die Auswahl eines geeigneten Nachfolgers sollte sich nicht nur am „status quo" orientieren, sondern auch etwaige mögliche Veränderungen auf den genannten Märkten berücksichtigen.

Auf dem **Absatzmarkt** verfügen mittelständische Unternehmen über eine eher starke Position. Sie behaupten ihre Marktstellung durch Nischenstrategien und/oder das Angebot individueller Kundenlösungen. Hier sind die Kundenbeziehungen sehr betreuungsintensiv. Die entsprechende Nähe zu den Kunden läßt sich nur durch häufige Kontakte aufbauen und aufrechterhalten. Dies hat Einfluß auf die Kosten der Vertriebsorganisation. Häufig werden die langjährigen Geschäftsbeziehungen jedoch nicht im Hinblick auf ihre Kostenintensität untersucht, sei es weil man die entsprechenden Kunden schon immer beliefert hat, sei es weil eine existentielle Abhängigkeit zu einem Großkunden besteht. Zur Analyse von Kundenbeziehungen sind mittlerweile in Theorie und Praxis verschiedene Verfahren, z. B. die sogenannte Kundendeckungsbeitragsrechnung entwickelt worden. Diese Verfahren könnte ein neuer, entsprechend ausgebildeter Nachfolger gezielt einsetzen.

Unabhängig davon, wie sich eine Branche im Markt behaupten kann, ist der Frage der Dienstleistungsorientierung Beachtung zu schenken. Die Nachfrage nach umfassender Dienstleistung wird in Zukunft eher noch steigen. Ein geeigneter Nachfolger sollte ein Gespür dafür haben, wie das Angebot seines Unternehmens gegenüber den Anforderungen der Kunden weiterentwickelt werden kann. Dazu gehören selbstverständlich fundiertes Wissen und technisches Know-how.

Die Stellung mittelständischer Unternehmen auf dem **Beschaffungsmarkt** ist hingegen als eher schwach zu bezeichnen. Infolge der zumeist geringen Bestellmengen wird oftmals kein systematisches Einkaufs- und Lager-Management betrieben. Der Umfang der Bestellmengen verringert in der Regel auch den Spielraum bei den Konditionsverhandlungen mit den Lieferanten. Aufgrund der oben bereits beschriebenen engen und langfristigen Bindungen zum jeweiligen Geschäftspartner können starke Abhängigkeiten zu einigen wenigen Lieferanten bestehen, die den Verhandlungsspielraum noch weiter einschränken.

Das Verhältnis zu den Lieferanten ist jedoch nicht nur unter Kostengesichtspunkten zu analysieren. Die Beschaffungspolitik eines Unternehmens sollte darüber hinaus darauf ausgerichtet sein, daß das Unternehmen mit abgestimmten Mengen in der erforderlichen Qualität zum richtigen Termin versorgt wird. Hier steht eine Vielzahl von Instrumenten zur Verfügung, mit deren Hilfe ein entsprechend ausgebildeter Nachfolger die Beziehungen zu den Lieferanten systematisch (neu) gestalten könnte. Dies wird aufgrund des enormen Kostendrucks und der steigenden Anforderungen durch die Kunden immer wichtiger. Wie sich die Beziehungen des Unternehmens zu den Lieferanten in der Zukunft gestalten, hängt wesentlich von der Größe der jeweiligen Geschäftspartner, aber auch von der Branche ab. Bei Dienstleistungsunternehmen werden sich weniger Probleme in der Beziehung zu Lieferanten ergeben; anders stellt sich die Situation der Produktionsunternehmen dar, weil eine zunehmende Konzentration auf wenige leistungsfähige Lieferanten zu beobachten ist. Dies dürfte zu einer Veränderung der Verhandlungspositionen führen. Potentielle Nachfolger sollten in der Lage sein, durch Kenntnisse der Branche und des Marktes Verhandlungssituationen sicher zu beherrschen.

1.3   Einfluß der individuellen Nachfolgesituation auf die bestehenden Geschäftsbeziehungen

Wie sich die Geschäftsbeziehungen mit Kunden und Lieferanten - vor dem Hintergrund der jeweiligen Verhältnisse auf dem Absatz- und Beschaffungsmarkt - in der Zukunft gestalten werden, ist in nicht unwesentlichem Maße davon beeinflußt, unter welchen Umständen es zur Nachfolge kommt. Gemeinhin lassen sich - in der Reihenfolge der Häufigkeit ihres Vorkommens - folgende **drei Situationen** unterscheiden, in denen das Unternehmen an einen Nachfolger übergeht: .

- Das Unternehmen wird übergeben, weil sich der Firmeninhaber zur Ruhe setzen möchte.
- Es muß ein Nachfolger infolge schwerer Krankheit oder Ableben des Unternehmers gesucht werden.
- Der Firmeninhaber will oder muß sich frühzeitig vor dem Ruhestandsalter zurückziehen.

Wie sich die zukünftigen Geschäftsbeziehungen mit den Kunden und Lieferanten entwickeln, ist eng damit verbunden, wer die Nachfolge übernimmt. In allen Fällen kann es sich beim Nachfolger um ein Familienmitglied handeln. Dies ist in der zuerst genannten Situation am häufigsten im Rahmen des Generationenwechsels (an die Kinder) der Fall. Meist müssen auch Familienmitglieder in der zweiten Situation einspringen. Im zuletzt genannten Fall wird das Unternehmen oft auch an Nicht-Familienmitglieder übergeben.

Hierbei kann es sich um Mitarbeiter aus dem Unternehmen oder ein von außen kommendes Management handeln.

Die Reaktion der Kunden und Lieferanten wird von den Umständen der Übernahme bestimmt sein. Ob das Unternehmen im Rahmen einer geplanten Nachfolgeregelung an ein Familienmitglied oder einen Externen übergeben wird oder ein unvorhergesehenes Ereignis diesen Vorgang vorzeitig einleitet, in jedem Fall ist der Nachfolger beim Kontakt mit Kunden und Lieferanten im Vergleich zum langjährig bekannten Unternehmensinhaber darauf **angewiesen, eine neue Vertrauensbasis zu schaffen**. Hier spielen auch die Erwartungen der bisherigen Geschäftspartner eine wesentliche Rolle. War die Art der Verhandlung eventuell bisher sehr stark auf die Persönlichkeit des bisherigen Inhabers zugeschnitten, ist es unter Umständen geschäftsentscheidend, ob der bisherige Stil fortgesetzt wird. Wenn der Nachfolger aber Veränderungen einleiten will, ist es notwendig, die Stellung des Unternehmens im Markt genau zu kennen und einschätzen zu können. Er sollte sich nicht scheuen, gegebenenfalls sachlichen Rat einzuholen. Für kleinere Unternehmen können sich hier eher Probleme ergeben als für große, da bei größeren Unternehmen Kunden- und Lieferantenwechsel keine Seltenheit sind.

Kommt der Nachfolger aus der Familie, kann es sein, daß Kunden und/oder Lieferanten ihn sozusagen „von klein auf kennen". Ob er sich als Nachfolger für seine Position den nötigen Respekt verschaffen kann, hängt nicht nur von seinen persönlichen Fähigkeiten ab, sondern auch davon, wie sehr ihm der Inhaber „den Rücken stärkt". Die Entwicklung eines guten Verhältnisses zu Kunden und Lieferanten kann um so eher gelingen, je deutlicher der Inhaber sein Vertrauen in den Nachfolger dokumentiert. Das gilt auch, wenn der Nachfolger nicht aus der Familie kommt.

In den Fällen, in denen der Nachfolger den Geschäftspartnern bekannt ist, werden diese unter Umständen davon ausgehen, daß alles so weiterläuft wie bisher. Wenn dies aber - gewollt oder ungewollt - nicht der Fall ist, muß sich zeigen, ob sie einer Veränderung der Geschäftspolitik gegenüber aufgeschlossen sind oder die Geschäftsbeziehung abbrechen. Neben den Bedingungen des Absatz- und Beschaffungsmarktes hängt dies nicht unwesentlich von der persönlichen Einstellung der Beteiligten ab. Bei sehr stark inhabergeführten Firmen besteht die Möglichkeit, daß Entscheidungen weniger objektiv als emotional getroffen werden.

Es kann aber auch das Gegenteil der Fall sein. Kunden und Lieferanten wünschen sich möglicherweise eine Veränderung in der Geschäftspolitik, und erste Anzeichen dafür in der Vergangenheit wurden bisher übersehen. Es könnte sogar zu einer Belebung der Geschäftsbeziehung kommen, wenn beispielsweise eine verstärkte **Kundenorientierung** angestrebt wird. Häufig verfügen die Mitarbeiter der zweiten Ebene in dieser Hinsicht über mehr Kenntnisse als der Unternehmer selbst. Sie sollten daher stärker in die Beziehungen zu Kunden und Lieferanten eingebunden werden, sei es als nachrückende Führungskraft oder zur Unterstützung des Nachfolgers. Letzteres bedingt ein ungestörtes Vertrauensverhältnis zwischen Nachfolger und Mitarbeitern, weil sonst die Gefahr bestehen kann, daß der Aufbau seiner persönlichen Beziehungen zu Kunden und/oder Lieferanten erheblich behindert wird. Wird das Unternehmen in einer Krisensituation an

den Nachfolger übergeben, schwächt das seine Position gegenüber Kunden und Lieferanten. Ein Vertrauensvorschuß kann nicht immer vorausgesetzt werden, und unter
Druck läßt sich nicht fair verhandeln.

Ist „der Nachfolger" eine Frau, könnte es in manchen Branchen – insbesondere bei
technisch orientierten – oder im Kontakt zu konservativ geführten bzw. Unternehmen in
einem anderen kulturellen Umfeld zu Akzeptanzproblemen kommen. So ist jeweils nur
im Einzelfall zu entscheiden, ob – unabhängig vom Geschlecht – eine vertrauensvolle
Geschäftsbeziehung hergestellt werden kann. Wenn Vorurteile nicht ohne weiteres zu
beseitigen sind oder Rücksichten auf kulturelle Gegebenheiten es nicht anders zulassen,
müssen im Interesse des Unternehmens andere Lösungen gefunden werden.

1.4   Konsequenzen für die Beteiligten

Die Anforderungen an die Führung eines Unternehmens sind einem ständigen Wandel
unterworfen. Dies muß ein Unternehmer, dessen Nachfolge ansteht, berücksichtigen.
Von seinem Nachfolger kann er nicht die gleichen persönlichen und fachlichen Qualifikationen erwarten, über die er selbst verfügt und mit denen er das Unternehmen aufgebaut und geführt hat. Veränderungen in den Märkten und Rahmenbedingungen machen
eine neue Geschäftspolitik und neue Verfahren notwendig. Geforderte Qualitätsstandards, z. B. durch Zertifizierungen, sind zu erfüllen. Das Verhandlungsklima ist rauher
geworden. Ein Nachfolger muß die Qualifikation mitbringen, das Unternehmen unter
den veränderten Bedingungen erfolgreich weiterzuführen und darüber hinaus neue
Geschäftsbeziehungen aufzubauen.

Selbst wenn es sich bei den relevanten Kunden und/oder Lieferanten nicht um große Industrieunternehmen handelt, sind Veränderungen in den Geschäftsbeziehungen zu erwarten. Handelt es sich bei den jeweiligen Geschäftspartnern ebenfalls um mittelständische, inhabergeführte Unternehmen, sollte man sich der Tatsache bewußt sein, daß sich
in diesen Unternehmen in den nächsten Jahren die Nachfolgeproblematik gleichermaßen
wie im eigenen Unternehmen stellen kann. Arbeitet das Unternehmen nur mit wenigen
Kunden und/ oder Lieferanten zusammen, sind vielleicht sogar Austausch und gegenseitige Beratung über die Frage der Unternehmensnachfolge möglich.

Für Nachfolger, Kunden und Lieferanten ist es gleichermaßen von hohem Interesse, eine
vertrauensvolle Zusammenarbeit zu entwickeln. Der Unternehmer sollte seinem Nachfolger einen umfassenden Einblick gewähren und ihn bei Kunden und Lieferanten in geeigneter Weise bekanntmachen. Neben den eher psychologisch wirkenden Faktoren von
Sympathie und Antipathie gilt im Interesse aller Beteiligten, daß die Unternehmensnachfolge nicht unter „falschen Vorstellungen" zustande kommt. Wer als der ausscheidende
Unternehmer selbst wünscht sich mehr, daß sein Unternehmen in eine gute Zukunft
geführt wird.

2.   Das Verhältnis zur Hausbank

2.1   Aufeinander angewiesen: Familienunternehmen und Banken

Banken und Familienunternehmen brauchen einander. Nicht wenige deutsche Familienunternehmen sind derzeit an der Grenze ihrer finanziellen Belastbarkeit angelangt. Die
ohnehin niedrige Eigenkapitalquote gerade in kleinen und mittelständischen Familienunternehmen, die seit Jahren immer mehr absinkt, tut ihr übriges dazu. Die jahrzehntelange Vernachlässigung durch den Gesetzgeber hat deutliche Spuren hinterlassen. Sie
beginnt bei der Subventionsgewährung und geht über die Regelung des Kapitalmarktes
und des Kartellrechts bis hin zur Schlechterstellung in unserem Steuersystem: Von den
Steuerquoten der Konzerne können Familienunternehmen nur träumen. Hinzu kommen
Belastungen, die bei den Konzernen schon begrifflich entfallen, wie zum Beispiel Ab-
findungen für ausscheidende Gesellschafter, Substanzsteuern auf Anteile und die - auch
nach der soeben durchgeführten Erbschaftssteuerreform - weiterhin inakzeptable steuerliche Belastung der Unternehmensnachfolge. All diese Konstellationen erfordern vor allem Liquidität. Insoweit sind die Familienunternehmen oftmals auf die Banken angewiesen.

Auf der anderen Seite sind auch die Banken auf die Familienunternehmen angewiesen.
Denn mit Ausnahme des Eigenhandels stellt diese Zielgruppe, insbesondere im Bereich
des Kreditgeschäfts, die wesentliche Ertragssäule des Bankgeschäfts unter Einschluß
weiterer Bereiche des Investmentbankings dar. Somit sollte auch von Bankenseite dieser
Entwicklung durch Anpassung bankinterner Strukturen Rechnung getragen werden.

2.2   Die zwei Welten der Familienunternehmen und Banken

Trotz der gegenseitigen Abhängigkeit ist das für eine intensive Zusammenarbeit erforderliche Verständnis beider Partner füreinander nicht immer vorhanden, und dies kann in
Anbetracht der Unterschiedlichkeit der Firmenkulturen beider Partner auch nicht ver-
wunderlich sein. Die Banken sind Konzerne mit angestellten Managern. Die Familienunternehmen werden hingegen von persönlichen Eigentümern getragen, denen es in der
Regel schwerfällt, Bankmanager als Unternehmer zu akzeptieren. Denn diese tragen
weder persönliches unternehmerisches Risiko, noch besitzen sie spezifisches Produkt-
oder Markt-Know-how. Die Banker haben ein **anderes Rollenverständnis**. Sie verstehen sich als Unternehmer, allerdings im Bereich Dienstleistung, und spätestens dann,
wenn das von ihnen zur Verfügung gestellte Fremdkapital gefährdet ist, verlangen sie
verständlicherweise detaillierte Informationen und unternehmerischen Einfluß. Es liegt
im Interesse beider Partner, bestehende gute Verbindungen zu festigen und auszubauen,
Vorurteile und Mißverständnisse abzubauen und zu beseitigen.

Bei den Banken sollte eine Rückkehr zu starken, unternehmerisch geprägten Regional-
und Filialleitern mit persönlichem Kontakt zum Unternehmer erfolgen. Diese und nicht
Spezialisten aus der Zentrale müssen - egal ob Kreditbanken, Volks- und Raiffeisenban-
ken oder Sparkassen - Herr des Gesamtgeschehens vor Ort sein.

Das Verhältnis zwischen Banken und Familienunternehmen wird wesentlich durch die
Intensität der persönlichen Beratung durch ein und denselben **Firmenkundenbetreuer**
über längere Zeiträume hinweg geprägt. Von den Firmeninhabern wird gerade das häufige Wechseln der für sie zuständigen Firmenkundenbetreuer beklagt. Dies zu vermeiden
wäre eine Hauptfunktion der Bank bzw. Hausbank, was auf die Sympathie der Familienunternehmen stoßen würde. Sinnvoll wäre der Ausbau der Betreuung der einzelnen Unternehmen mit der Funktion als Hausbank, um damit eine gute Kontinuität zu sichern.

2.3   Die Rolle der Hausbank in der Nachfolge

Generell sollte die Nachfolgeregelung auch zum Anlaß genommen werden, die grundsätzliche Frage nach der - falls bestehenden - Hausbankverbindung zu stellen. Als Hausbank wird vom Unternehmen dasjenige Kreditinstitut bezeichnet, welches ausschließlich
und bevorzugt die Bankgeschäfte für dieses Unternehmen tätigt. Familienunternehmen
haben in der Regel eine Hausbank, die häufig nicht nur die Bank des Unternehmens,
sondern auch die Bank der Unternehmerfamilie ist. Eine Hausbankbeziehung ist im
Grunde sinnvoll und oftmals das **Ergebnis einer über Jahre gewachsenen Geschäftsbeziehung**, die ihren Ursprung in Zeiten nahm, als die gedankliche Trennung zwischen
Unternehmens- und Privatvermögen noch nicht vollzogen war.

Die Quelle dieser Beziehung läßt sich meist auf **persönliche Verbindungen** zurückfüh-
ren. Bei einem Generationenwechsel allerdings sollte der Nachfolger rechtzeitig mit dem
persönlichen Bankenkontakt vertraut gemacht werden. Erstens um ebenfalls in den Genuß einer persönlichen Betreuung zu kommen, aber auch um auf der anderen Seite
eventuelle Möglichkeiten eines Bankenwechsels frühzeitig in den Planungshorizont der
Nachfolgeregelung einzubeziehen. Für eine reibungslose Einführung des Nachfolgers
wird in der Regel ein Zeitraum von drei bis fünf Jahren im finanzwirtschaftlichen
Bereich veranschlagt. Hier ist für die Hausbankwahl des Nachfolgers der Unabhängig-
keitsaspekt im Bezug auf den Kreditgeber - sprich hier auf die entsprechende Hausbank -
ausschlaggebend.

Der **Grad der Abhängigkeit** entscheidet über die Einflußmöglichkeit der Hausbank auf
das Unternehmen. Das betrifft Informationsrechte, Entscheidungsbefugnisse und Mit-
spracherechte, bei gradueller Zunahme ihrer Bedeutung. Diese Abhängigkeit wird in der
Regel nur dann reduzierbar, wenn sich der Generationenwechsel ohne eine weitere Aufnahme von Fremdkapitalien bewerkstelligen läßt. Das setzt die Finanzierbarkeit von
Steuerzahlungen, Abfindungsansprüchen oder Gleichstellungszahlungen bei mehreren
Erben aus eigenen Mitteln des Unternehmens voraus. Dies gelingt meistens nur Betrie-

ben mit einer hohen Umsatzrentabilität, die die Bildung ausreichenden Eigenkapitals im Unternehmen bzw. der Privatsphäre des Unternehmers erlauben. Fehlt es hingegen am nötigen Innenfinanzierungspotential, führt eine zunehmende Verschuldung im Zuge des Generationenwechsels zu einer steigenden Abhängigkeit von der jeweiligen Hausbank.

Ein frühzeitiger Übergang der persönlichen Verbindung ist daher für das Überleben des Unternehmens unabdingbar. Allerdings ist auch hier die andere Seite - wie oben schon angesprochen - zu berücksichtigen, da auch im Bankbereich ein Generationswechsel völlig natürlich ist und neue persönliche Beziehungen aufgebaut werden müssen. Weiterhin ist zu bedenken, daß die persönliche Bekanntschaft oder der Vertrautheitsgrad alleine nicht ausschlaggebend sein kann und muß, um persönliche Verbindungen mit dem Vorgänger aufrechtzuerhalten. Selbst in Fällen, in denen der Banker den Nachfolger bereits kennt, kann eine Nachfolgeregelung zu Verhaltensänderungen auf seiten der Hausbank führen. Hierbei ist immer in Betracht zu ziehen, daß bei Verhandlungen - gerade bei Kreditverhandlungen und entsprechenden Ausschließlichkeitsklauseln seitens der Hausbank - nicht nur rationale Gründe ausschlaggebend sind, sondern oftmals intuitive Kriterien mit einfließen.

Insbesondere, wenn unter Wirtschaftlichkeitsgesichtspunkten des Unternehmens und weil es sich der Nachfolger leisten kann (z. B. Entlassung aus der Kreditvertragsbindung seitens der Hausbank bei sofortiger Rückzahlung oder anderweitiger Ablösung des Kredits), eine bestehende Hausbankverbindung in Frage gestellt oder aufgelöst wird, entsteht dem Unternehmen sogar eine Chance durch die Nachfolgeregelung.

2.4 Konsequenzen für das Verhältnis zur Hausbank

Im Planungshorizont der Nachfolgeregelung sollte der potentielle Nachfolger rechtzeitig bei Hausbankgesprächen mit einbezogen werden. Je eher der Nachfolger bei der Hausbank bekannt ist, desto reibungsloser verlaufen weitere Bankverhandlungen, wie zum Beispiel bei Neukreditaufnahmen.

Größere Unternehmen arbeiten in der Regel mit mehreren Banken zusammen. Hier muß bei der notwendigen Informationsweitergabe folgendes beachtet werden: **niemals eine Bank bevorzugen**. Dies gilt in noch höherem Maße bei Nachfolgeregelungen. Familienunternehmen sollen keine Informationsquellen und Positionen schaffen, die für den Unternehmer selbst nicht kontrollierbar bleiben. **Die Besetzung des Beirats mit dem Hausbankier** zum Beispiel wird unter Umständen zu Interessenskonflikten führen. Hinsichtlich des Informationsflusses aus dem Beirat zur Hausbank sind klare Regelungen zu treffen, die strikt einzuhalten sind. Die Hausbank darf sich ihren Überblick nicht nur aus der persönlichen Beziehung zum Unternehmer und den Geschäftsberichten verschaffen. Deswegen empfiehlt es sich, ebenfalls solche Informationen zu haben, die über das Tagesgeschäft hinausgehen. Dazu gehören natürlich insbesondere Kenntnisse über die Marktlage, aber auch über die anstehende Planung der Nachfolgeregelung.

Als besonders hilfreich erweist es sich gerade bei **finanziellen Engpässen**, wenn die Hausbank von der Qualität des Managements überzeugt ist. Dies kann aber nur bei einer langfristig angelegten Informationspolitik, die auch Hintergründe verdeutlicht (z. B. durch regelmäßige Unternehmenspräsentationen) erfolgreich sein.

Die Informationen, die an die Hausbank weitergegeben werden, müssen der Wahrheit entsprechen, auch und gerade wenn ein persönliches Verhältnis zwischen Familienunternehmen und Bank besteht. Falsche Informationen zerstören ein Vertrauensverhältnis, das von einem Nachfolger – wenn überhaupt - meist nur mühselig und zeitraubend wieder aufgebaut werden kann.

Von großer Bedeutung ist ebenfalls, daß der Informationsfluß innerhalb der Bank gewährleistet ist, damit eine Verzerrung des Gesamtunternehmensbildes vermieden wird. Das erfordert nicht nur den persönlichen Kontakt zum Firmenkundenbetreuer, sondern auch zum zuständigen Vorstandsmitglied. Dieser Kontakt ist bei einem Generationswechsel entsprechend fortzuführen und zu pflegen.

Die Hausbank des Unternehmens sollte heute prinzipiell nicht gleichzeitig die privaten wie geschäftlichen Vermögensangelegenheiten des Unternehmers betreuen. Dieses würde einem möglichen Bankenzugriff in schwierigen Zeiten Vorschub leisten. Daher kann auch in diesem Fall die Unternehmensnachfolge als Chance begriffen werden. Es können notwendige Veränderungen herbeigeführt und in den allgemeinen Geschäftsbedingungen neu geregelt werden.

Empfehlenswert ist, an der Hausbankfunktion bei Unternehmensnachfolge grundsätzlich festzuhalten, wenn sich die langjährige Bankbeziehung als störungsfrei erwiesen hat und auch von seiten der Hausbank eine weitere Kontinuität in der Betreuung gewährleistet ist. Eine Verwässerung der Hausbankverbindung nur aus Gebührengründen ist angesichts des Gebührenvorteils bei einer neuen Bank nach Steuern nicht zu empfehlen und wiegt die Vorteile einer Hausbankfunktion meist nicht auf. Außerdem kann gerade in diesem Zusammenhang der Nachfolger entsprechendes Verhandlungsgeschick in der persönlichen Gestaltung des Verhältnisses mit der Hausbank unter Beweis stellen.

Wolfram Gruhler

Familienfremde Nachfolge

1.   Wenn der Nachfolger nicht aus der Familie kommt

Es liegt in der Natur der Sache, daß in Familienunternehmen eine starke Neigung besteht, die familiäre Führungs- und Eigentümertradition über den Generationswechsel hinweg fortzuführen. Eine vor zwei Jahren zu dieser Frage durchgeführte Untersuchung kam zu dem Ergebnis, daß sich 70 Prozent aller Firmeninhaber nur eine familieninterne Übergabe vorstellen können. Neuere Umfragen lassen allerdings eine eher etwas zurückgehende Neigung der Eigentümer-Unternehmer hinsichtlich einer familieneigenen Nachfolgelösung und damit auch zunehmende Verkaufsabsichten erkennen. Denn die Realisierung familiärer Nachfolgepräferenzen hängt ja nicht nur vom Vorhandensein, sondern auch von Neigung und Eignung jüngerer Familienmitglieder ab.

Wunsch und Wirklichkeit klaffen freilich nicht unerheblich auseinander. So gelingt es sowohl in Europa wie auch in den USA lediglich einem Drittel aller Gründerunternehmer ihr Lebenswerk auf ihre Kinder zu übertragen. Nicht mehr als 10 Prozent der von ihrem Großvater ins Werk gesetzten Unternehmen werden schließlich von den Enkeln weitergeführt. Nicht einmal mehr die Hälfte der Unternehmernachkommen ist zur Nachfolge bereit oder geeignet. Dabei unterscheidet sich Deutschland offensichtlich nur unwesentlich von den internationalen Proportionen. So mißlingt hierzulande bei 70 Prozent der Familienunternehmen die familieneigene Übernahme. In der Enkelgeneration kumuliert sich die Quote auf 90 und danach auf 95 Prozent. Das heißt: Von der ersten auf die vierte Generation besteht nur eines von 20 Unternehmen im Familienverbund von Eigentum und Führung fort. Selbst innerhalb des überdurchschnittlich familienorientierten Handwerks nehmen sich die Übernahmequoten durch Familienangehörige kaum besser aus. Sofern überhaupt der Handwerksbetrieb weitergeführt wird, geschieht dies gegenwärtig in etwa der Hälfte der Fälle innerhalb der Familie. Dieser Anteil lag früher höher. Die andere Hälfte der Betriebsübergaben im Handwerk verteilt sich zu einem Drittel auf Mitarbeiter und zu zwei Dritteln auf außenstehende Personen.

2.   Nachfolgerdefizit in den Unternehmerfamilien –
vielfältige Problematik

Tatsächlich dürfte in Westdeutschland von den in den nächsten Jahren anstehenden Übergaben nur in zwei von fünf Fällen die Übertragung an Familienangehörige zu erwarten sein. Dabei läßt die Übernahmebereitschaft der nachfolgenden Generationen mit abnehmender Unternehmensgröße deutlich nach. Familienfremde Dritte sind vermehrt dazu aufgerufen, jene in den Unternehmerfamilien bestehende Nachfolgelücke zu schließen. Dies gelingt aber nur in wenigen Fällen. Wie innerhalb der Familien ist ein „Desinteresse" an der Unternehmernachfolge zu beobachten, und außerdem spielen

- finanzielle Restriktionen
- fehlende unternehmerische Eignung
- Skepsis hinsichtlich des weiteren Hineinregierens von Senior und/oder Familie in die Firma
- die überhaupt mangelnde rechtzeitige Abgabebereitschaft des Altunternehmers

eine Rolle.

Die Ursachen für die geringe Nachfolgebereitschaft von Führungskräften liegen zum einen in persönlichen Hemmnissen, alternativen Prioritäten, zu hochgespannten Erwartungen des Seniors beziehungsweise der Eigentümer und in einer vielfach zu späten oder unzulänglichen Vorbereitung auf die Nachfolge. Verstärkt werden diese individuellen Faktoren durch die in der Summe wenig mittelstands- und unternehmerfreundlichen Rahmenbedingungen. Trotz der auch von politischer Seite vielbeschworenen „Neuen Kultur der Selbständigkeit" mangelt es am notwendigen Entfaltungsspielraum.

Die Verweigerung, die Unternehmernachfolge anzutreten, besteht aus einer Mixtur von objektiven und subjektiven Tatbeständen. Zuweilen werden potentielle externe Nachfolger durch **übersteigerte Anforderungen der Eigentümerfamilie** oder sonstiger Anteilseigner und vertrauter leitender Mitarbeiter des Seniors verprellt. Schließlich hänge, so deren Begründung, ihre Zukunft von der unternehmerischen Eignung des Nachfolgers entscheidend ab.

Generationswechsel in Familienunternehmen sind nicht standardisierbar. Vielfältige personelle Konstellationen und die Eigenheiten der beteiligten Charaktere bestimmen über das Zustandekommen der Übergabemodalitäten, die immer auf den Einzelfall bezogen vereinbart werden müssen. Ziele und Ansprüche des Übergebers müssen klar definiert sein, bevor die konkrete Planung der Übergabe an einen familienfremden Nachfolger beginnen kann.

Auch wenn grundsätzlich bereits Klarheit über die Person des Nachfolgers besteht, sind im wesentlichen drei Problembereiche zu meistern:

- die Evaluierung des Firmenwerts
- die Finanzierung der Übernahme und die damit verbundenen steuerlichen Belastungen und schließlich
- die psychologisch/emotionale Komponente des Übergangs.

3. Auswahlkriterien für Nachfolgepersönlichkeiten

So verständlich der Wunsch des Seniors nach einem Staffettenwechsel innerhalb seiner eigenen Familie ist, die dafür notwendige unternehmerische Eignung sollte in jedem Fall unabdingbare Grundvoraussetzung sein. Mangelt der jüngeren Generation jene unternehmerische Eignung, so ist weder der Zukunftsfähigkeit des zu übertragenden Unternehmens noch der beruflichen Erfüllung des dann überforderten Familienmitglieds gedient.

Zwar existiert kein **festgeschriebenes Anforderungsraster** hinsichtlich der den Erfolg garantierenden unternehmerischen Eigenschaften und fachlichen Fähigkeiten, zumal diese von Branche zu Branche wie auch von Unternehmenstyp zu Unternehmenstyp variieren. Andererseits hat sich der Wettbewerb in den letzten Jahren durchgehend verschärft, so daß - im Sinne des Nationalökonomen Josef Schumpeter formuliert - heute nur der „Dynamische Unternehmer" und nicht mehr der „Statische Wirt" eine Zukunftschance hat. Ideale Erfolgsvoraussetzungen liegen für den potentiellen Nachfolger dann vor, wenn er die vier in der Abbildung 1 genannten Grundvoraussetzungen erfüllt.

Abbildung 1: Auswahlkriterien für den Nachfolger

Grundvoraussetzung	Inhalte und Umsetzungsfelder
Unternehmerische Persönlichkeitsstruktur	Entscheidungs-, Verantwortungs- und kalkulierte Risikobereitschaft, engagierte Zielstrebigkeit
Fachliche Qualifikation	Produkt- und produktionsbezogene technische Professionalität mit Fähigkeit zur Innovation, betriebswirtschaftlich-kaufmännische Kenntnisse
Führungsfähigkeit	Implementierung effizienter Organisationsstrukturen, Motivations-, Überzeugungs- und Kooperationsfähigkeit
Akquisitorisches Talent	Aufbau und Pflege von Kunden- und (wichtigen) Lieferantenbeziehungen im In- und Ausland

Bei der Entscheidung, ob eine familieneigene oder eine familienfremde Lösung den Anforderungen eher entspricht, kann ein Unternehmensbeirat als neutrale Instanz wertvolle Hilfestellung leisten. Eine solche Hilfestellung von außen gewinnt immer dann an Bedeutung, wenn der Erhalt des Unternehmens berechtigterweise oberste Priorität genießt, gleichzeitig aber Zweifel an der unternehmerischen Eignung potentiell für die Nachfolge in Frage kommender Familienmitglieder bestehen. Wenn auch das Herz des Seniors für die Weitergabe des Unternehmens an Mitglieder der eigenen Familie, vorzugsweise den Sohn oder die Tochter, schlagen mag - bei unreflektierter Entscheidung zugunsten einer familieneigenen Lösung sind Enttäuschungen vorprogrammiert. Denn vielfach werden die unternehmerischen Fähigkeiten des Juniors von den Eltern deswegen überschätzt, weil in falsch verstandenem Stammesstolz allein schon der Familienname als Synonym für unternehmerischen Erfolg gewertet wird. Auch die bisweilen in der eigenen Familie anzutreffende „Erbhofmentalität" gefährdet häufig die notwendige Beachtung objektiver Eignungskriterien für die Nachfolge.

4.　Der Mitarbeiter als Unternehmer (MBO)

Als familienfremde Nachfolgelösung kommt zunächst die Übernahme durch interne Dritte, also durch bewährte leitende Mitarbeiter im Wege des sogenannten MBO (Management-Buy-Out) in Frage. Bei dieser Variante handelt es sich im Grunde auch um einen Unternehmensverkauf. Freilich steht hierbei die Absicht im Vordergrund, das Unternehmen - und damit vielfach das Lebenswerk des Seniors - längerfristig als selbständige Einheit fortbestehen zu lassen. Auf diese Weise bleibt in der Regel die Weiterexistenz der Firma ohne tiefgreifende Umbrüche gewährleistet.

Das MBO erfreut sich in Deutschland zunehmender Beliebtheit. Für diese Variante spricht in der Tat

- die Vertrautheit der Kandidaten mit der Branche sowie mit den Absatz - und Beschaffungsmärkten
- die damit weitgehend zu vermeidende Verunsicherung von Kunden, Lieferanten und Banken
- die Kenntnis der firmeninternen Abläufe sowie der Unternehmensziele und -philosophie
- die Bewahrung der Geschäftsgeheimnisse und Interna sowie
- das damit (im Gegensatz zum MBI) verbundene geringere geschäftliche Risiko.

Doch auch ein MBO birgt Risiken. So kann die Finanzierung wegen geringer eigener Mittel des oder der leitenden Angestellten, die übernehmen wollen, ein Problem sein. Das macht die Ausarbeitung eines Finanzierungsplans notwendig, gegebenenfalls unter Rückgriff auf zinsgünstige Sondermittel oder in Kombination mit einer Kapital einschießenden Beteiligungsgesellschaft.

Ist eine Finanzierung aus einem Guß nicht möglich oder erwünscht, kommt alternativ nur eine solche pro rata temporis in Frage. Das heißt, es böte sich dann eine Ablösung der Geschäftsanteile in mehreren Schritten im Zeitablauf an. Kombinieren ließe sich mit einer solchen Vorgehensweise ein ebenfalls schrittweiser Rückzug des Seniors als gleitender Übergang in den endgültigen Ruhestand. Der Nachfolger könnte auf diese Weise neben der erleichterten Übernahmefinanzierung auch weiter von der verbleibenden Erfahrung des Alteigentümers profitieren. Auf die Problematik einer längeren Übergangsphase soll an dieser Stelle nicht näher eingegangen werden. Eine solche Finanzierungsmodalität muß sich freilich an der künftigen Ertragskraft des Unternehmens orientieren und bleibt daher stets ein Wechsel auf eine ungewisse Zukunft.

5. Ein externer Manager wird Unternehmer (MBI)

Wenn eine firmeninterne Nachfolgeregelung nicht als gangbar oder wünschenswert erscheint, kann man das Potential externer Führungskräfte nutzen und den Verkauf im Rahmen eines MBI (Management-Buy-In) erwägen. Besonders in geschäftlichen Umbruchsituationen ist es unter Umständen sogar eher angebracht, dem Unternehmen durch eine neue, nicht betriebsgebundene Persönlichkeit neuen Schwung, verbunden mit einer schlagkräftigeren Organisation und überzeugender Innovationskompetenz zu geben. Da jedoch ein externer Kandidat für den Alteigentümer in der Regel ein unbeschriebenes Blatt ist, sind mit einer solchen Variante gegebenenfalls auch höhere Risiken für das zu übergebende Unternehmen verbunden. Diese können sich ferner noch zu finanziellen Verlusten für den Senior und seine Familie ausweiten, vor allem dann, wenn eine ertragsorientierte Kaufpreisvergütung vereinbart wurde. Objektiver externer Rat ist daher gerade bei einer solchen Option unerläßlich.

Die Zahl der MBI hat in Deutschland in den vergangenen Jahren deutlich zugenommen, Tendenz weiter steigend. Zurückgeführt wird diese Zunahme zum einen auf die ungenügende Ausbildung und Vorbereitung von potentiellen internen Nachwuchskräften. Zum anderen haben Lean-Production und Lean-Management in Großunternehmen den Abbau ganzer Managementebenen begünstigt, woraus resultierend sich die Anzahl der MBI-Kandidaten vergrößert hat.

Tatsächlich übt die Aussicht, in einem gut im Markt positionierten Familienunternehmen eines Tages selbst alleiniger Unternehmer zu werden, auf erfolgreiche externe Manager in gut dotierten Positionen eine nicht geringe Anziehungskraft aus. Einem Unternehmer, dem der Erhalt der Firma als selbständiges Unternehmen auch eine Erlösminderung wert ist, wird einer MBO-/MBI-Lösung aufgeschlossener gegenüberstehen. Eine Alternative läge unter Umständen in einer Ganz- oder Teilverpachtung mit Vorkaufsrecht für den oder die familienfremden Geschäftsführer, um finanziellen Engpässen für den Nachfolger in der Anfangsphase der Übergabe entgegenzuwirken.

6. Veräußerung an ein fremdes Unternehmen

Oft ist aufgrund des schwachen finanziellen Hintergrunds der potentiellen MBO- oder MBI-Interessenten und den damit vielfach verbundenen Finanzierungsrisiken der zu erzielende Verkaufspreis nicht unwesentlich niedriger als bei einer Veräußerung an ein potentes Konkurrenzunternehmen.

Die gesamtwirtschaftliche Situation in Deutschland bietet ein positives Klima für Unternehmensübernahmen. Geringe Inflation, moderate Zinssätze, politische Stabilität und kontinuierliches Wirtschaftswachstum stellen hier eine solide Grundlage dar.

Eine umfassende Unternehmensbewertung bietet die Verhandlungsgrundlage zwischen Käufer und Verkäufer. Allerdings zeigt die Praxis, daß im Interesse des Unternehmens eine ausschließliche Kalkulation in Renditen, Kosten und Erlösen nicht ausreicht. Auch die Chemie muß stimmen.

Gerade bei einem Verkauf an ein Konkurrenzunternehmen ist besondere Vorsicht geboten. Der Wunsch des kaufenden Unternehmens, Elan und Innovation des aufgekauften Unternehmens in das eigene Haus zu tragen, gelingt oft mehr schlecht als recht. Unternehmenskulturen prallen aufeinander, vermeintliche Synergiepotentiale werden nie erschlossen, und die Bereitschaft, in die Neuerwerbung zu investieren und die notwendigen Freiräume zu lassen, läßt spürbar nach. In diesen Fällen ist das Unternehmen zwar noch existent, aber von einer gelungenen Kontinuitätswahrung durch Veräußerung kann nicht mehr gesprochen werden.

In vielen Fällen bietet jedoch die Veräußerung die einzige echte Chance für das Unternehmen, den Bestand zu wahren. Gerade, wenn unter dem Senior in den letzten Jahren wichtige strategische Weichenstellungen ausblieben, die Größe des Unternehmens für eine erfolgreiche Stellung in der Branche nicht mehr ausreicht und nur geringe Liquiditätsreserven für Innovation und Wachstum bestehen, kann eine Veräußerung die geeignete Lösung des Nachfolgeproblems sein.

7.   Organisation und Finanzierung der Übergabe

Ist mangels eigenem Nachwuchs die Entscheidung für die MBO-Lösung gefallen, so empfiehlt sich ein nicht zu knapp bemessener **zeitlicher Vorlauf von mehreren Jahren**. Den oder die fähigen Kandidaten, die man im eigenen Unternehmen erkannt hat, sollte man mit dem Angebot einer Kapitalbeteiligung an das Unternehmen zu binden versuchen und das Risiko einer Abwerbung verringern. Bei Annahme einer solchen Offerte durch den Nachfolgekandidaten läßt sich während der noch aktiven Phase des Seniors ein koordinierter und schrittweiser Übergang mit dem Ziel der Erhaltung der Firma als selbständiges Unternehmen organisieren.

Die **Beteiligung am Unternehmenskapital** und generell **die Finanzierung der Unternehmensübergabe** gehören bei familienfremder Nachfolge häufig zu den **am schwierigsten zu nehmenden Hürden**. Hingegen einigt man sich bei einer Nachfolgeregelung innerhalb des engeren Verwandtenkreises zumeist auf die klassische familiäre **Innenfinanzierung**. Im Rahmen dieser Finanzierungsmodalität zahlt der Nachfolger zumeist aus den Erträgen des übernommenen Unternehmens eine Rente an den Alteigentümer.

Eine analoge Regelung bei familienfremder Nachfolgeregelung wird nur schwerlich durchsetzbar sein, etwa in der Form, daß der Erwerber auf der Basis eines höheren Kaufpreises das Übernahmeentgelt zeitlich gestaffelt an den Alteigentümer zahlt.

Insofern stellt im Fall einer MBO- oder MBI-Nachfolge die Übernahmefinanzierung einen besonderen Engpaß dar, besonders, wenn ein hoher Kaufpreis gezahlt werden muß. Leichter wird es für den familienfremden Nachfolger, wenn er sich mit dem Alteigentümer auf eine Mischform bei der Vergütung einigen kann. Diese könnte zum Beispiel aus einem zunächst fälligen fixen Teilbetrag und einer sich daran anschließenden mehrjährigen Ratenzahlung beziehungsweise einer Gewinnbeteiligung bestehen.

Eine andere Variante ist der Verkauf des Unternehmens zu einem sofort fälligen Festbetrag, bei dem der Erwerb der damit verbundenen Immobilien zunächst nicht eingeschlossen ist. Für die Immobilien könnte ein längerfristiger Pachtvertrag mit Kaufoption nach festgelegter Frist abgeschlossen werden. Eine andere Variante läge in einer Betriebsaufspaltung in ein Besitzunternehmen und eine Betriebsgesellschaft. Das Besitzunternehmen bleibt vorerst noch im Eigentum des Altunternehmers und verpachtet Grundstück, Gebäude und Maschinenpark an die Betriebsgesellschaft, die der Nachfolger zunächst übernommen hat.

Für alle Vereinbarungen gilt: Ohne einen entsprechenden Fundus an Eigenkapital wird auch eine bankseitige Übernahmefinanzierung zu marktüblichen Konditionen nicht zu erlangen sein. Diese Voraussetzung gilt auch für das Engagement einer Kapitalbeteiligungsgesellschaft und damit für die Kombination von familienfremder Einbringung des sowohl dispositiven unternehmerischen Faktors als auch des haftenden Kapitals.

Zu begrüßen ist, daß die **Deutsche Ausgleichsbank** (Finanzierungsinstitution des Bundes zur Förderung von Existenzgründungen) seit Anfang 1997 nunmehr auch Firmenübernahmen zu den gleichen Bedingungen fördern kann wie Unternehmensneugründungen. Personen, die eine schon bestehende Firma übernehmen wollen, erhalten bei Vorliegen entsprechender Voraussetzungen in gleicher Weise konditionengünstige Mittel sowohl aus dem Eigenkapitalhilfeprogramm (ERP) wie auch aus dem Existenzgründungsprogramm. Unter der Voraussetzung, daß mindestens 15 Prozent der Investitionssumme als Eigenkapital eingebracht werden, können diese Mittel bis zu einer Förderhöchstgrenze von einer Million DM gewährt werden. Darüber hinaus werden auch von der Kreditanstalt für Wiederaufbau (KFW) im Rahmen des KFW-Mittelstandsprogramms konditionengünstige Mittel zur Kaufpreisfinanzierung eines Unternehmenserwerbs im Rahmen von MBO oder MBI zur Verfügung gestellt. Mit dieser Erweiterung wurde eine wichtige Lücke zugunsten familienexterner Nachfolgeregelungen geschlossen. Folgerichtig wird damit auch dem Umstand Rechnung getragen, daß mangels eigener Nachkommenschaft oder bei Desinteresse der Nachkommenschaft familienfremde Nachfolgeregelungen zwangsläufig die zunehmende Alternative und Firmenübernahmen im Gegensatz zu Neugründungen in der Regel kostspieliger sind.

So schlagen familienfremde Firmenübernahmen nach Angaben der Deutschen Ausgleichsbank mit durchschnittlich rund 400 000 DM pro Fall deutlich höher zu Buche als die durchschnittlich erforderlichen 250 000 DM pro Existenzneugründung.

Die MBO- oder MBI-Variante einer Nachfolgeregelung muß daher am fehlenden Kapital der neuen Chefs nicht scheitern. Denkbar ist auch die flankierende Mobilisierung der erforderlichen Finanzmittel durch Kapitalbeteiligung von strategischen Finanzinvestoren oder Kapitalbeteiligungsgesellschaften. Im Ausland erfreut sich diese Kombination von anlagesuchendem Kapital und Management Know-how im Mittelstand schon einiger Beliebtheit. Hierzulande stehen wir mit der Umsetzung solcher Lösungen eher noch am Anfang des Weges. Wenn freilich das Unternehmenskonzept stimmt, sich dies in einer entsprechenden Ertragskraft widerspiegelt, Qualität und Einsatzbereitschaft der MBO- oder MBI-Anwärter außer Frage stehen, dürften auch in Deutschland solche kombinierten Nachfolgelösungen Chancen haben.

Ulrich Burger
Iris Hermann

Ein Familienunternehmen geht an die Börse

Praxisfall 4

Vossloh AG, Werdohl

Das Unternehmen wurde 1872 als Schmiede gegründet. Gesellschaftsstruktur und Geschäftstätigkeiten erfuhren im Laufe der Jahre mehrfache Wechsel. So gehören u. a. die Produktion von Federringen für die Befestigung von Eisenbahnschienen, Dampfmaschinen und Eisenwaren ebenso wie der Betrieb eines Walzwerkes, einer Drahtzieherei, einer Rohrzieherei, die Herstellung von Gardinenstangen und Innendekoration sowie die Fertigung von Lampenfassungen und die Entwicklung von Schienenbefestigungssystemen zur Firmengeschichte.

1990 wurde das Unternehmen, das bis dahin als Familiengesellschaft geführt und 1989 umstrukturiert wurde, unter der Führung durch ein familienfremdes Management in die Vossloh AG umgewandelt. Die Familienmitglieder halten nach dem Börsengang noch etwa 70 Prozent der Unternehmensanteile.

Heute betätigt sich der Konzern auf den Gebieten der Eisenbahnverkehrstechnik und Lichttechnik und erzielte 1997 mit 1 870 Mitarbeitern einen Jahresumsatz von 838 Millionen DM.

Interview mit Burkhard Schuchmann

Vorsitzender des Vorstands, Vossloh AG

[?] *Herr Schuchmann, Sie haben als Familienfremder nach jahrzehntelanger Führung durch Familienmitglieder den Vorsitz im Management übernommen. Was führte zu dieser Nachfolgeregelung?*

[!] Beirat und geschäftsführender Gesellschafter hatten erkannt, daß sich die Frage nach neuer Führung dringend stellte, weil die Gefahr drohte, daß die Firma trotz guter Bilanzstruktur immer weiter „in die roten Zahlen rutschte". Der Markt stellte neue Anforderungen, denen sich das Unternehmen stellen mußte. Ein ausgeprägtes Traditionsbewußtsein, dem man sich verpflichtet fühlte und die Verflechtung von Geschäftsführung und Familie brachten zwangsläufig Interessenkonflikte mit sich, die notwendige Entscheidungen erschwerten oder behinderten.

Das Management brauchte daher dringend Verstärkung von außen, um den Herausforderungen gewachsen zu sein. Für den aus Altersgründen ausscheidenden geschäftsführenden Gesellschafter mußte ein Nachfolger gesucht und die Position eines weiteren Geschäftsführers aus Qualifikationsgründen neu besetzt werden. Führungsnachwuchs aus den Reihen der Familienstämme war nicht in Sicht. So entschlossen sich die Gesellschafter, die Geschäftsführung konsequent mit externen Führungskräften zu besetzen und den Beirat neu zu formieren.

[?] *Waren alle Gesellschafter der inzwischen zahlreichen Familienstämme mit dieser Regelung einverstanden?*

[!] Es war für manche eine schmerzliche, aber notwendige Entscheidung. Die Gesellschafter sahen die Notwendigkeit ein. Sie mußten in einem nächsten Schritt davon überzeugt werden, daß ihr Unternehmen nur mit einer expansiven Wachstumsstrategie eine Überlebenschance hat.

[?] *Wie hat die neue Geschäftsführung die Expansion auf den Weg gebracht?*

[!] Strategisch wichtig waren zwei Schritte: die Trennung von defizitären oder nicht zukunftsfähigen Bereichen und der Zukauf von Unternehmen, die unsere eigenen Kerngeschäftsfelder massiv verstärken konnten. Nach einigen Verhandlungen konnten wir die Finanzierung mit unseren Banken durchführen, obwohl diese nicht von Anfang an dazu bereit waren. Die herbeigeführten Veränderungen waren aber nicht ausreichend. Für die Erschließung neuer Geschäftsfelder wurde weiteres Kapital benötigt, das die Familie nicht aufbringen konnte. Nach reiflicher Überlegung wurde der Gang an die Börse geplant. Die Geschäftsführung - zu dieser Zeit ein gemischtes Management aus Familienmitgliedern und externen Führungskräften - bereitete die Umstrukturierung in einem Zeitraum von etwa einem Jahr vor. Die neue Firmenstruktur wurde aus einer AG als Holding und drei eigenständig arbeitenden Gesellschaften mit beschränkter Haftung gebildet.

Wie konnte Vossloh trotzdem ein Familienunternehmen bleiben?

Wichtig war, daß die Familie in der AG zunächst weiterhin die Aktienmehrheit behielt. Die Familienaktionäre wurden gepoolt und halten auch gegenwärtig den größten Aktienanteil. Damit blieb der Charakter des Familienunternehmens erhalten. Die Familie hat weiterhin die Möglichkeit, über ihr Stimmrecht in der AG Einfluß auf die Geschicke des Konzerns zu nehmen. Dabei ist erwähnenswert, daß sich die Familie rechtzeitig einen weiteren externen, langfristig orientierten Investor suchte, der seine Anteile mit denen der Familie poolte. Damit ist nachhaltig eine HV-Mehrheit gesichert.

War es schwierig, die Gesellschafter zu überzeugen?

Unter den über 80 Familiengesellschaftern gab es einige Skeptiker, die Angst hatten, daß ihr Unternehmen „kaputt gemacht" würde, aber die Mehrheit erkannte die Perspektiven, die sich boten. Diese Struktur bietet einer Familiengesellschaft die sehr sinnvolle Möglichkeit, ihre eigene Unternehmensethik zu bestimmen. Das könnte beispielsweise heißen, daß soziale Verantwortung einen Vorrang vor Renditesteigerung um jeden Preis haben soll. Wenn ein Familienmitglied Aktien verkaufen will, muß es sie zuerst den Poolmitgliedern anbieten. Vor jeder Hauptversammlung wird das Stimmverhalten im Pool gemeinsam festgelegt.
Der Vorstand unterrichtet die Familie regelmäßig in zeitlichem Zusammenhang mit Pressekonferenz und Analystenveranstaltung zweimal in jedem Jahr über Entwicklungen des Unternehmens und veranstaltet einen Familientag mit Informationen und Aktionen. Dabei werden auch Firmenstandorte gemeinsam besichtigt. Diese Veranstaltungen sind so beliebt, daß die Familien „mit Kind und Kegel" teilnehmen. Das trägt zum Vertrauen und inneren Zusammenhalt bei.

Wie ist Ihr persönliches Verhältnis zu den Familiengesellschaftern?

Ich selbst war der erste und einzige, der als Nicht-Familienmitglied Anteile an der GmbH erworben hatte. Als einen besonderen Vertrauensbeweis der Familie sehe ich an, daß meine Anteile in den Familienpool eingebracht sind und ich damit von der Familie „adoptiert" wurde. So vertrete ich gleichzeitig Familien- und Unternehmens-Interessen. Dies wurde durch eine jahrelange intensive und vertrauensvolle Zusammenarbeit möglich. Das Vertrauen der Familie ist die Voraussetzung dafür, das Unternehmen auf Kurs halten und erfolgreich führen zu können. Beim Umsetzen neuer Ideen setze ich auf Überzeugung, nicht auf hierarchische Strukturen. Das gilt gleicherweise für Geschäftsführung und

Mitarbeiter, Gesellschafterfamilie, Aktionäre und Aufsichtsrat. Trotzdem bewahre ich meine Unabhängigkeit und meinen Entscheidungsspielraum.

?
!
Wie haben Sie dieses Vertrauensverhältnis aufgebaut?

Mit Fachkompetenz allein ist dies nicht zu erreichen. Vor meinem Wechsel zu Vossloh hatte ich bereits Führungserfahrung in einem Familienunternehmen, das in eine AG umgewandelt wurde. Die Familie muß die Gewähr dafür haben, daß ihre Interessen berücksichtigt werden. Das schließt nicht aus, daß das Vertrauensverhältnis auch starken Belastungen ausgesetzt sein kann, vor allem, wenn einschneidende Maßnahmen notwendig sind.

?
!
Wer ist Ihr Berater?

Für mich ist der ständige Erfahrungs- und Gedankenaustausch mit kompetenten Persönlichkeiten ungemein wichtig. Dazu gehören neben externen Fachberatern der seinerzeitige Sprecher der Geschäftsführung und heutige Ehrenvorsitzende des Aufsichtsrates, der neben profundem Fachwissen über reichhaltige Erfahrung verfügt und dessen Rat ich sehr schätze.

?
!
Stand die Belegschaft hinter Ihnen oder der alten Geschäftsführung?

Ich kam, wie schon erwähnt, in eine für das Unternehmen schwierige wirtschaftliche Situation. Zwei externe Manager waren vor mir schon gescheitert. Trotzdem sah die Belegschaft tendenziell darin eine Chance und weniger ein Risiko, daß jemand von außen in die Führung hineinkam. Es gelang mir dann relativ schnell, das Vertrauen der Belegschaften und ihrer Betriebsräte zu gewinnen. Dies war eine wesentliche Voraussetzung für die späteren Erfolge.

?
!
Wie haben die Geschäftspartner, d. h. Kunden, Banken, Lieferanten reagiert?

Es gab keine negativen Reaktionen. Durch Umstrukturierung in eine AG wird ein Unternehmen offener, transparenter und objektiver, was generell positiv aufgenommen wird. Wenn sich die AG - wie in unserem Fall - gut entwickelt, wächst das Vertrauen. Das Unternehmen wird bekannter.

?
!
Haben Sie sich schon Gedanken über Ihre eigene Nachfolge gemacht?

Durch unsere Führungsstruktur sind wir in der glücklichen Lage, daß selbst ein plötzlicher Ausfall im Vorstand, und damit auch mein eigener, keine schwerwiegenden Probleme auslösen würde. Hier bietet meines Erachtens die AG mehrere Vorteile: Die Führung des Unternehmens steht auf breiter Basis. Der

Aufsichtsrat wird zum gegebenen Zeitpunkt den geeigneten Nachfolger im Unternehmen oder am Markt suchen, und dies unterscheidet die AG von einer reinen Familiengesellschaft. Die Suche nach dem geeigneten Vorstand kann objektiv und neutral gestaltet werden. Es ist weitaus einfacher, einen Vorstand für eine Publikums-AG zu finden, als einen Geschäftsführer für eine Familiengesellschaft. Sicherlich werde ich mich bemühen, diesen Suchprozeß zu unterstützen und rechtzeitig einen Nachfolger einzuarbeiten.

?

Könnte der Nachfolger auch aus der Familie kommen?

!

Es gibt inzwischen eine Regel im Unternehmen: Managementpositionen werden nicht durch Familienmitglieder besetzt.
Von dieser Regel darf nur mit einer Ausnahme abgewichen werden: Wer in einem anderen Unternehmen in der Geschäftsführung oder im Vorstand Führungsqualitäten bewiesen hat, ist herzlich willkommen. Damit sollen - zum Wohl des Unternehmens - Familienfehden und Unruhe verhindert werden.

?

Was raten Sie einem Familienunternehmen, in dem die Nachfolgefrage ansteht?

!

Es ist unabdingbar, eine qualifizierte Unternehmerpersönlichkeit zur Weiterführung der Firma zu suchen. Wenn sich innerhalb der Familie ein Nachfolger oder eine Nachfolgerin findet, dürfen keine Abstriche gemacht werden. Es sind die gleichen Kriterien anzuwenden wie bei der Suche einer externen Führungskraft. Die eigenen Kinder sollte man nicht dadurch überfordern, daß man sie mit Aufgaben betraut, denen sie einfach nicht gewachsen sind.
Der Nachfolger soll unternehmerisch denken und handeln können; er soll charakterlich sauber sein und die notwendige Fachkompetenz haben, die allerdings nicht höher zu bewerten ist als die Fähigkeit, das Vertrauen der Aktionäre und dabei insbesondere auch der Familie zu gewinnen und die Bindung der Familie an das Unternehmen zu stärken. Die Familie muß ihm die notwendigen Entscheidungsspielräume geben, im Zusammenwirken mit Aufsichtsrat oder Beirat das Unternehmen erfolgreich weiterzuentwickeln. Gleichermaßen sollte der Nachfolger in der Lage sein, das Vertrauen der Belegschaft zu gewinnen.

?

Sehen Sie die Umwandlung in eine AG als die beste Möglichkeit der Zukunftssicherung an?

!

Die Bildung einer AG ist sicherlich nicht die einzige - aber, wie im Fall der Firma Vossloh - eine sehr gute Möglichkeit zur Zukunftssicherung und Lösung der Unternehmensnachfolge.

Hans-Michael Hornberg

Gescheiterte Nachfolge – externes Krisenmanagement

1. Die gescheiterte Nachfolge

Ein Fallbeispiel

Das Verwaltungsgebäude dominierte in dem kleinen Provinzstädtchen. Das Gründungsjahr der Familiengesellschaft – 1707 – verwies auf eine lange Unternehmensgeschichte mit allen Höhen und Tiefen und ließ zunächst – trotz der Rezession Anfang der 90er Jahre – auf Sicherheit und Berechenbarkeit der weiteren Unternehmensentwicklung schließen. Das Unternehmen zählte zur metallverarbeitenden Industrie und beschäftigte ca. 1000 Mitarbeiter.

Die Tradition verlangte, daß jeweils ein Familienmitglied aus dem etwa fünfzig Personen umfassenden Gesellschafterkreis in die dreiköpfige Geschäftsführung des Unternehmens berufen wurde. Bis zur Mitte der sechziger Jahre war das Unternehmen unter der Leitung einer aus zwei Familienmitgliedern und einem Externen bestehenden Geschäftsführung außerordentlich erfolgreich. Es konnte von allen Lasten des Wiederaufbaus entschuldet werden und gleichzeitig erhebliche Investitionen tätigen. Zugunsten einer gezielten Hochpreispolitik mit interessanten Deckungsbeiträgen war auf eine Umsatzausweitung verzichtet worden. Diese Geschäftspolitik berücksichtigte außerdem, daß eine deutliche Eigenkapitalaufstockung nicht möglich war, da sie satzungsgemäß nur aus Gesellschafterkreisen erfolgen durfte.

Der Sprecher der Geschäftsführung und bestimmendes Familienmitglied war inzwischen 78 Jahre alt und seine Mitgesellschafter 72 (ein Schwager) und 69. Als Nachfolger war der Sohn des Sprechers der Geschäftsführung auserkoren. Er war nach seinem Studium und einem einjährigen Auslandsaufenthalt in das Familienunternehmen eingetreten und vier Jahre später ebenfalls zum Mitglied der Geschäftsführung ernannt worden, ohne daß dies jedoch im Geschäftsverteilungsplan real berücksichtigt wurde. In den Geschäftsführungsbesprechungen kam es zur Gruppenbildung durch die drei älteren Geschäftsführer, die den „Nachfolger" nicht akzeptierten. Die Folge war, daß er nicht mehr teilnahm. Die Vater-Sohn-Beziehung war ebenfalls erheblich belastet, wodurch es nicht möglich war, den Sohn als künftige Führungskraft positionieren.

In dieser Situation schieden die beiden Familienmitglieder sehr kurzfristig fast gleichzeitig aus der Geschäftsführung aus. Der Fremdgeschäftsführer ließ seinen Vertrag nicht verlängern. Der zur Nachfolge vorgesehene Sohn war inzwischen knapp über 50 Jahre alt und sollte die Verantwortung als neuer Allein-Geschäftsführer übernehmen. Eine systematische Vorbereitung auf diese Situation hatte es für ihn nicht gegeben. Die Gesellschafterversammlung beschloß, ferner einen familienfremden Geschäftsführer als Kontrollinstanz einzustellen und einen Beirat zu gründen.

In den Folgejahren wurde weder an der Aufbau- oder Ablauforganisation noch an Produktprogramm oder Fertigungstechnologie etwas geändert. Bei nahezu gleichbleibenden

Umsätzen zehrte das Unternehmen an seiner Vermögenssubstanz, da auch entscheidende Investitionen ausblieben. Der Verschuldungsgrad gegenüber der Bank und in weiterer Folge die Eigenkapitalquote mit ca. 20 Prozent änderten sich zunächst nicht. Ein Firmenkauf, der sich schon kurz nach dem Abschluß als „Flop" entpuppte, zeitigte für die weitere Entwicklung des Unternehmens fatale Folgen. Aus der Befürchtung, als renommiertes Unternehmen mit Familientradition das Gesicht zu verlieren, unterblieb die einzig richtige Entscheidung, nämlich die Konkursanmeldung für das neu erworbene Unternehmen. Alle Lasten und Verpflichtungen wurden selbstschuldnerisch von der Altgesellschaft übernommen. Das führte dazu, daß das Unternehmen erstmals „rote Zahlen" schrieb und die übernommenen Verpflichtungen nur durch Bankkredite abzuwickeln waren. Dadurch stieg die Bilanzsumme bei gleichzeitig drastisch sinkender Eigenkapitalquote. Ausreichende Sicherheiten für die Bankkredite waren in Form von unbelasteten Grundstücken, Warenlagern und Maschinenbestand vorhanden. Der als Controller eingesetzte Fremdgeschäftsführer hatte sich mit den Gesellschaftern aus dem Familienkreis derart assimiliert, daß er für kritische Betrachtungen und Analysen unempfindlich geworden war.

Das Familienunternehmen hatte sich unmerklich verändert: Auch in den nächsten Jahren gelang es nicht mehr, schwarze Zahlen zu schreiben. Spielraum für Kostensenkung war nicht vorhanden - obwohl die Marktpreise weiter nachgaben. Hier machten sich die ausgebliebenen Investitionen deutlich bemerkbar. Die geplante Umsatzausweitung griff auch nicht, da die Märkte bei vorhandener Überkapazität bereits verteilt waren und die hohen Zusatzkosten den Deckungsbeitrag zusätzlich beeinflußten. Der liquiditätswirksame Teil der Verluste wurde von den beiden Hausbanken zunächst bereitwillig über Kredite kompensiert. „Katz und Maus-Spiel" bei der Meldung von Eckdaten sowie zögerliche Erfüllung von sich mehrenden Auflagen seitens der Banken führten zum bösen Erwachen bei allen Beteiligten, als die Abschlußzahlen des abgelaufenen Geschäftsjahres präsentiert wurden.

Die Übergabe des Unternehmens auf die nächste Generation war gescheitert. *Die Nachfolger konnten das Unternehmen nicht mehr auf stabilen Kurs bringen. Jetzt sollten die Versäumnisse von fast zehn Jahren schlagartig aufgearbeitet werden:*

- *Veränderungen im Management*
- *Einführung von betriebswirtschaftlichen Steuerungselementen*
- *Durchführung zwingend notwendiger Investitionen*
- *Aufstockung des Eigenkapitals*
- *Entwicklung neuer Produkte und Märkte.*

Die Bedeutung des Unternehmens für den örtlichen Arbeitsmarkt sowie die inzwischen zu Buche stehenden Verpflichtungen und nicht zuletzt die Blamage der Bankenvertreter im Beirat verhinderten den unmittelbaren Gang zum Konkursrichter. Im Traditionsunternehmen war schlagartig Krisenmanagement erforderlich. Die mangelnde Nachfolgeplanung und die strategischen Fehler der neuen Geschäftsführung konnten nicht weiter verdeckt werden.

2.   Hintergrund und Ursachen von Unternehmenszusammenbrüchen

Gewöhnlich liegt beim Ausbruch einer Krise eine mindestens zwei, eventuell bis zu fünf Jahren dauernde Vorlaufzeit zugrunde. Es kann daher nicht erwartet werden, daß die Erscheinungen und Folgen der Krise innerhalb weniger Tage, Wochen oder Monate zu bereinigen sind.

Ein Problem liegt darin, daß Krisen wie diese in den meisten Fällen nicht durch operative Maßnahmen beseitigt werden können. Vielmehr muß das Unternehmen eine **strategische Neupositionierung** vornehmen. Dabei wird man feststellen, daß tiefgreifende Veränderungen notwendig werden, die, wären sie früher durchgeführt worden, ein Turn-Around-Management unnötig gemacht hätten.

Das **Muster einer Krisenentwicklung** als Folge einer gescheiterten Nachfolge ist in fast allen Fällen vergleichbar:

- Der Umsatz geht sukzessive zurück.
- Das Kostenniveau bleibt unverändert.
- Die Deckungsbeiträge sinken.
- Unternehmensgewinne bleiben aus.
- Die Liquidität reicht nicht mehr aus, um Investitionen zu finanzieren.
- Auch letzte Kostensenkungsmöglichkeiten (Rationalisierung) sind nicht mehr zu realisieren.
- Langfristige Verbindlichkeiten werden unregelmäßig bedient.
- Die Banken werden unruhig.
- Die Geschäftsführung verzögert die Zusendung aussagefähiger Daten und Kennzahlen.
- Geschäftsführung und Familiengesellschafter hoffen aus bessere Zeiten, Rivalitäten und Beschuldigungen nehmen zu.
- Die Bank droht mit Kreditkündigung.
- Die Situation muß „gebeichtet werden".
- Die Krise kann aus eigener Kraft nicht mehr bewältigt werden!

Firmenspezifische Besonderheiten können diese Entwicklung beschleunigen oder verzögern, aber nicht aufhalten. Insofern ist der einleitend geschilderte Fall kein unrealistisches Horror-Szenario einer gescheiterten Nachfolge, sondern real existierender Unternehmeralltag in mittelständischen Unternehmen. Im Jahre 1997 wurden in Deutschland ca. 30 000 Konkurse abgewickelt. Dies bedeutet allein einen Verlust von etwa 25 Milliarden DM an volkswirtschaftlichen Vermögenswerten.

Dramatischer wird diese Zahl, wenn man berücksichtigt, daß

- hierin keine zusätzlichen (freiwilligen) Liquidationen berücksichtigt sind
- der gesamte Bereich der privaten Insolvenzen unberücksichtigt bleibt
- 75 Prozent aller Anträge mangels Masse abgelehnt wurden.

Ein wirkungsvolles Krisenmanagement erfordert immer sofortiges Handeln, zumal statistisch gesehen vom Zeitpunkt der Erkenntnis der schwierigen Unternehmenssituation bis zum Antrag auf Konkurseröffnung durchschnittlich nur ungefähr acht Wochen liegen.

Die Vermutung liegt nahe, daß bei der hohen Anzahl ähnlicher oder vergleichbarer Insolvenzgründe Krisen und gescheiterte Nachfolgen sich ähneln und vielfach analoge Züge und Entwicklungen annehmen. Dies ist nicht der Fall: Die Unternehmung als „juristische Person" hat nahezu ebenso viele Eigenheiten wie dies für „natürliche Personen" zutrifft. Gerade in Familienunternehmen trifft dies zu, da die individuellen Persönlichkeiten (insbesondere des Seniors) das Unternehmen von Grund auf prägen.

Ausgangspunkt einer Unternehmenskrise in Familienunternehmen ist oftmals die gescheiterte Firmenübergabe. Auch wenn – wie im oben beschriebenen Fall – formal die Nachfolge geregelt wurde, steht dahinter doch alles andere als eine systematische Planung und Umsetzung.

Besonders in Familienbetrieben werden Konflikte zum Tabuthema und damit nicht diskutiert und ausgeräumt. Zwischen höflicher und respektvoller Zurückhaltung und blankem Opportunismus liegt nur ein schmaler Grat. Unternehmensnachfolge wird im Familienbetrieb oft nicht angesprochen - es sei denn, durch den Amtsinhaber selbst. Dabei kann es fraglich sein, ob er Vorschläge und Lösungen erwartet oder sich als unverzichtbar bestätigen lassen möchte. **Wenn das Thema der Unternehmensnachfolge schon isoliert betrachtet sehr sensibel ist, dann wird es in Kombination mit einer heraufziehenden Krise erst recht heikel** und von den Familieneignern entsprechend tabuisiert.

Es versteht sich von selbst: Mit dem Aussparen dieser Themen tut man niemandem einen Gefallen. Die Gründe dafür liegen aber offensichtlich tiefer als bei einer fehlenden Regelung der Unternehmensnachfolge und dem Nicht-Vorhandensein von Instrumenten, die eine Krise frühzeitig erkennen lassen.

Die Verhaltensmuster sind über eine lange Phase entstanden und haben ihren Ursprung in persönlichen Einstellungen des Inhabers und/oder in langer Firmen- und Familientradition. So kann der Senior es z. B. versäumen, ein Controlling und weitere Führungsinstrumente einzuführen, die rechtzeitig auf heraufziehende Krisen deuten oder die Notwendigkeit für das Einleiten von Veränderungen signalisieren können. Nicht zuletzt würden ihm diese Instrumente helfen, den richtigen Zeitpunkt für einen Wechsel in der Geschäftsführung zu erkennen.

3.   Externes Krisenmanagement im Familienunternehmen

Das Fallbeispiel – Fortsetzung

Das Unternehmen mit dem schönen Verwaltungsgebäude hatte eine neue Situation: Eine schwerwiegende Unternehmenskrise.

Das Verschweigen der Situation schaffte die drohende Zuspitzung der Lage nicht aus der Welt. Das Verzögern notwendiger Schritte wirkte sich verschärfend aus. Der Beirat forderte die Geschäftsführung auf, die Krise zu analysieren und ein Krisenmanagement einzusetzen. Auch zu diesem Zeitpunkt schätzte die Geschäftsführung die Lage noch nicht ernst genug ein. Auf Druck des Beirats wurde dann doch ein externer Krisenmanager eingestellt. Mit diesem Schritt fühlte sich die bisherige Geschäftsführung entlastet und glaubte, damit schon die Krise bewältigt zu haben. Der Krisenmanager wurde Vorsitzender der Geschäftsführung, die bisherige Geschäftsführung wechselte in den Beirat. Nach außen wurde Normalität signalisiert.

Die Gefährdung des Unternehmens war damit aber noch nicht überwunden, und der Ernst der Lage trat bei der genaueren Betrachtung nur noch deutlicher hervor. Dies hatte zwei Konsequenzen:

Erstens: Alle Veränderungsmaßnahmen und Neuerungen wurden von der Alt-Geschäftsführung als Kritik und Einmischung in die frühere Tätigkeit verstanden. Je mehr die alte Geschäftsführung von ihrer operativen Tätigkeit abrückte, um so fehlerfreier erschien ihre frühere Führung des Unternehmens. Die Krise und deren Ursachen wurden in die „Neuzeit" verlegt, d. h. dem externen Krisenmanager zugeschoben. Zweitens: Eine Bereinigung der Krise konnte nur durch die Zuführung neuen Eigenkapitals erreicht werden, die Eigenkapitalquote betrug mittlerweile nur noch 5,8 Prozent.

Die Familiengesellschafter rückten hinsichtlich des Ernstes der Lage vom Satzungszwang der alleinigen Kapitalaufstockung durch Familiengesellschafter zwar ab, aber dennoch konnte das Unternehmen keine Geldgeber finden. Der Kreditspielraum war wegen mangelnder Sicherheiten ausgereizt.

Zwischenzeitlich war eine mögliche Lösung für eine durchgreifende Sanierung erarbeitet worden. Sie sah u. a. die Umgliederung des Unternehmens in Einzelgesellschaften und die Ansprache und Suche von Finanziers für die zu gründenden GmbHs vor. Die Gesellschaften sollten durch eine neu einzurichtende Holding gesteuert und koordiniert werden. Diese Holding sollte zusätzlich die Abwicklung der Altlasten übernehmen. Die Vorbehalte aus dem Gesellschafterkreis gegenüber diesem Lösungsvorschlag hätten nicht größer sein können.

Nach einem weiteren Verlustjahr konnte durch die operative Sanierungstätigkeit im dann folgenden Jahr erstmals wieder ein positives Ergebnis ausgewiesen werden.

Daraufhin zogen die Gesellschafter die Ablösung des Krisenmanagers und eine erneute Nachfolgeregelung durch ein Familienmitglied in Erwägung. Lediglich der Umstand, daß der in Aussicht genommene (Familien-)Kandidat nach gerade abgeschlossenem Studium zunächst ein Praktikum in Übersee machen wollte, vermochte diese Diskussion zu stoppen.

Trotz zahlreicher Behinderungen aus dem Kreise der Gesellschafter und der ehemaligen Manager des Unternehmens wurde der erarbeitete Unternehmensplan erfolgreich umgesetzt. Zum Zeitpunkt des Managementwechsels waren ca. tausend Mitarbeiter im Unternehmen beschäftigt. Die Beseitigung von Investitionsstaus, zahlreiche Rationalisierungsmaßnahmen und eine deutliche Produktivitätserhöhung sowie die Konzentration auf eine schlankere Produktpalette und größere Fertigungstiefen ermöglichten einen Personalabbau um vierhundertfünfzig Mitarbeiter, der im wesentlichen auf natürlicher Fluktuation ohne Ersatzeinstellung basierte. Für hundertzwanzig Mitarbeiter mußte ein Sozialplan erarbeitet werden.

An diesem Fallbeispiel wird der negative Einfluß der Familiengesellschaft auf die Unternehmensentwicklung deutlich. Mitverantwortlich für die Krise war eine mißlungene Übergabe an die nachfolgende Generation. Auch die – insgeheim unerwünschte – Nachfolge auf den externen Krisenmanager verlief nur nach außen hin geplant und erfolgreich. Vor einer weiteren gescheiterten Nachfolge zugunsten eines Hochschulabsolventen aus den Reihen der Familie konnte das Unternehmen bewahrt werden.

Zwar führte das Krisenmanagement letztlich zu einer erfolgreichen Restrukturierung und Rettung des Unternehmens. Allerdings ging der Einfluß der Familiengesellschafter auf das operative Geschäft deutlich zurück. Ebenso waren erhebliche Einkommensverluste und Vermögensausfälle für die Familienmitglieder nicht abzuwenden.

Der Ablauf und die Hintergründe eines externen Krisenmanagements für Familienunternehmen unterscheiden sich u. a. aufgrund des starken Einflusses geschäftsführender Gesellschafter an der Spitze des Unternehmens von größeren Kapitalgesellschaften etwa mit breiter Aktienstreuung.

Vielfach werden die Anzeichen der Krise von den Unternehmen nicht erkannt oder gar ignoriert. Dadurch gerät das Unternehmen schnell in eine negative, sich selbst verstärkende Dynamik. Trotzdem sind Inhaber oder Geschäftsführer selten dazu bereit, in solchen Situationen einen externen Krisenmanager zu engagieren. Die Geschäftsführung in Familienunternehmen hält sich oft für kompetent und stark genug, ihre Probleme ohne Hilfe von außen zu lösen. Eher erfolgt eine Initiative von seiten der Banken: Mehr aus Sorge um die Werthaltigkeit ihrer Kredite und weniger aus Interesse an der unternehmerischen Leistungsfähigkeit der Geschäftsführung suchen sie einen Krisenmanager aus, der den Gesellschaftern bzw. Geschäftsführern mit der Maßgabe vorgestellt wird, daß er zunächst eine Unternehmensanalyse und anschließend die notwendigen Maßnahmen durchführt. Den Inhabern bleibt hier meist nur wenig Wahlmöglichkeit. Die Beauftragung zur Beseitigung von Schwachstellen im Anschluß an die erfolgte Analyse ist nur konsequent. Eine unerwartete und meist unerwünschte Nachfolge tritt ein. Für den jetzt eingesetzten Krisenmanager ist daher zunächst das wichtigste Ziel, Vertrauen bei Gesellschaftern, Geschäftsführung und Mitarbeitern aufzubauen und sie bei den notwendigen Stabilisierungsmaßnahmen mit einzubeziehen, zumindest aber hierfür zu motivieren. Keine noch so starke Persönlichkeit kann einen Turn-Around in einem Familienunternehmen alleine durchführen. Ein schlagkräftiges Führungsteam muß zusammengestellt werden und kann in der Regel aus Mitarbeitern des Unternehmens unter Führung des externen Krisenmanagers bestehen. Notwendige personelle Ergänzungen werden von außen durch den Krisenmanager gestellt. Die Zusammenstellung und die Aufgaben eines solchen Teams liegen außerhalb der operativen Tätigkeiten und somit der gängigen hierarchischen Struktur. Daher ist es besonders wichtig, daß die Turn-Around-Aufgaben als Projekt verstanden und definiert werden. Das Abtreten der Gesamtverantwortung an den externen Krisenmanager im Rahmen einer inszenierten „geplanten Nachfolge", wie dieses im Fallbeispiel versucht wurde, wird aus diesem Grunde den Anforderungen nicht gerecht.

Für die Mitarbeiter im Team, die Bankenvertreter und die Gesellschafter ist es wichtig zu sehen, daß sich an den bedeutendsten Schwachpunkten im Unternehmen schon kurzfristig etwas ändert. Wenn es gelungen ist, die Führungsspitze des Unternehmens in das Turn-Around-Team mit einzubeziehen, dann läuft die Krisenbewältigung fast von alleine. Der externe Manager kann sich dann auf Beratung oder gelegentliches Coachen zurückziehen.

Klassisches Krisenmanagement in Familienunternehmen durchläuft üblicherweise mehrere Stufen:

Erste Hilfe: In der ersten Phase eines Krisenmanagements geht es darum, Liquidität zu sichern. Aktuelle Mißstände müssen umgehend beseitigt und fehlende Informationen über Eckdaten verfügbar gemacht werden. Wesentliche Aufgabe dieser Maßnahmen ist es, die Interessen und Aktivitäten aller Anspruchsgruppen zu koordinieren und insbesondere störende Einflußnahmen der Eigentümerfamilien zu begrenzen.

Turn-Around-Maßnahmen: In vielen Fällen werden parallel zu den Erste-Hilfe-Maßnahmen die Weichen für das eigentliche Turn-Around in einem Sanierungsplan erstellt. Dieser Plan wird als „Regiebuch" den Banken, Gesellschaftern und Geschäftsführern zur Diskussion und Entscheidung vorgelegt.

Regiebuch: Das Regiebuch enthält grundsätzliche Anleitungen für Veränderungen im Familienunternehmen sowie für Maßnahmen, die darüber hinaus operative Tätigkeiten vorbereiten. Entscheidungen über die zukünftige Produktpolitik, Vertriebspolitik, Marketingmaßnahmen sowie Investitionspolitik werden gefällt und aufeinander abgestimmt realisiert.

Viele der fälligen Entscheidungen bedürfen neben sorgfältiger Vorbereitung von seiten der Familiengesellschafter und der Kreditgeber großer Entscheidungsfreudigkeit und Bereitschaft, Verantwortung zu übernehmen. In dieser Phase ist nur zu hoffen, daß die Kompetenz- und Abstimmungsmängel der Familiengesellschafter auch angesichts des drohenden Verlustes ihrer Einkommen und Vermögenswerte an Einfluß verlieren. Oftmals ist den beteiligten Personen gar nicht bewußt, daß ihr Verhalten als Gesellschafter die Krise ausgelöst und kontinuierlich verschärft hat.

Konsolidierung: In der anschließenden Konsolidierung werden die eingeleiteten und gelebten Strukturveränderungen fest verankert und das Unternehmen auf seine neue Kernkompetenz hin ausgerichtet. Merkmal ist die Dauerhaftigkeit und Konsequenz, mit der die neuen Unternehmensrichtlinien befolgt und beherrscht werden.

Risiken/Nebenwirkungen: Das Arbeiten mit einem Turn-Around-Management - dazu noch unter der Leitung eines externen Krisenmanagers – gehört nicht zum unternehmerischen Alltag. Die Überleitung zu einer normalen Geschäftsführungssituation ist daher zwingend. Deshalb wird bei aller Motivationsfähigkeit und bei allen Erfolgen ein Turn-Around-Management immer ein Fremdkörper im Unternehmen sein und auch so von den Familiengesellschaftern und Mitarbeitern betrachtet werden. Dies sieht selbstverständlich ein erfahrener Krisenmanager genauso. Je schneller er das neu geordnete und stabilisierte Unternehmen verlassen kann, ohne befürchten zu müssen, daß dann erneut ein Zusammenbruch droht, um so erfolgreicher und vorzeigbarer ist seine Arbeit.

Die Rückkehr zur alten Ordnung hat aber noch einen anderen Grund: Der Krisenmanager verursacht als Dienstleister erhebliche zusätzliche Kosten. Je nach Größe des Unternehmens und Schwierigkeitsgrad im Turn-Around können Honorarsummen in der Höhe des zwei- oder dreifachen monatlichen Geschäftsführergehaltes entstehen.

Erfolgreiche Sanierungen haben allerdings nicht nur einen materiellen Faktor, sondern ein wesentlicher Teil des Erfolges liegt in der Vermeidung von Härten im Bereich der menschlichen Schicksale, die mit dem Unternehmen verknüpft sind. Im Kern sind es oft Banalitäten, deren Mißachtung in die Krise geführt haben. Gerade in Familienbetrieben werden betriebswirtschaftliche Spielregeln oft übergangen. Wenn jemand beispielsweise ein guter Ingenieur ist, muß er noch lange kein guter Kaufmann sein!

Familienrivalitäten, das Begleichen „alter Rechnungen" auf Kosten der Leistungsfähigkeit des Unternehmens in Kombination mit fehlendem Wissen und Gespür für Unternehmensführung in den nachfolgenden Generationen können das Familienunternehmen in den Konkurs führen.

Im Sinne des verantwortlich durchgeführten Generationenwechsels durch eine erfolgreiche Nachfolgeregelung ist es unerläßlich, früh mit der Planung zu beginnen und alle Beteiligten zu einer Zusammenarbeit zu bewegen. Ziel der Planung sind klar definierte Stufen des Übergangs. Ein konsequent geplanter Wechsel in der Führungsspitze ist ein potentieller Krisengrund weniger und eine zentrale Erfolgschance für das Unternehmen mehr. Durch eine systematische Nachfolgeplanung wäre im dargestellten Fallbeispiel ein externes Krisenmanagement wahrscheinlich vermeidbar gewesen.

Fünfter Teil

Der Blick nach vorn – Sicherheit durch finanzielle und rechtliche Regelungen

Prof. Dr. Christoph Braunschweig

Guter Rat kann teuer werden – Nachfolgeberatung

1.   Die Situation in Deutschland

Es ist keine neue Nachricht, daß bis zur Jahrtausendwende etwa 300 000 bundesdeutsche Familienunternehmen einen Führungswechsel vollziehen müssen. Dabei stellt sich in drei von zehn Fällen die Existenzfrage, weil allzuoft versäumt wird, die Vorkehrungen für einen reibungslosen Übergang zu schaffen. Betriebswirtschaftliche Prozesse bedürfen vor dem Hintergrund der verschärften Wettbewerbsbedingungen einer deutlichen Optimierung, erbrechtliche Entscheidungen müssen familienrechtlich und gesellschaftsvertraglich abgestimmt und erbschaftsteuerliche Maßnahmen sachkundig begleitet werden.

Die Unternehmensnachfolge umfaßt eine Vielzahl von Regelungen, die ohne fachlichen Rat kaum bewältigt werden können, sollen unüberwindliche Probleme vermieden werden. Die Gesetzgebung in den Bereichen Familien- und Erbrecht, Gesellschafts- und Steuerrecht, Sozial- und Arbeitsrecht und sogar EU-Recht ist zu berücksichtigen. Dazu kommt, daß sich diese Rechts- und Verfahrensgrundlagen ständig verändern.

Um den Unternehmensbestand zu sichern, bedarf es insbesondere in den Fällen, in denen sich die Nachfolge als kompliziert herausstellt, der intensiven Beratung durch Rechtsanwälte, Steuerberater, Wirtschaftsprüfer und Unternehmensberater. Die verflochtenen wirtschaftlichen, rechtlichen, steuerlichen und menschlichen Bedingungen müssen rechtzeitig in umfassenden, ganzheitlich angelegten Konzepten - und nicht in partiellen Lösungen - ihren Niederschlag finden. Dies ist von existentieller Bedeutung für das Unternehmen und den Familienfrieden.

2.   Unternehmensnachfolge-Beratung

2.1   Ziel der Beratung

Geplante Nachfolgeregelungen sorgen hinsichtlich der zukünftigen Unternehmensentwicklung für Klarheit und Kontinuität. Die Zielvorstellungen für das Unternehmen und die Berater müssen sein:

- Sicherstellung des wirtschaftlichen Fortbestands des Unternehmens
- gerechte Verteilung des Erbes in der Familie
- garantierte Altersabsicherung für die hinterbliebene Ehefrau

- Vermeiden von Liquiditätsengpässen im Erbfall
  (rechtzeitiger Aufbau eines ausreichenden Privatvermögens)
- Vermeidung gerichtlicher Erbstreitigkeiten
- Sicherung der Unternehmensentwicklung durch rechtzeitige Einführung
  eines Nachfolgers
- eindeutige Zuordnung der Entscheidungsgewalt.

2.2   Steuerliche Beratung

Die Aufgabe des Steuerberaters bei der Erbfolgeregelung ist es, die Erbschaftsteuerlast zu senken. Durch die Erbschaftsteuer entsteht neben Einkommen-, Körperschaft-, Vermögen- und Gewerbesteuer eine übermäßige Belastung. Der Grund liegt darin, daß mittelständische Unternehmen zum Erhalt ihrer Wettbewerbsfähigkeit gezwungen sind, Gewinne zu reinvestieren, was aber latent die Erbschaftsteuer in die Höhe treibt. Hier erweist sich das typische Verhalten mittelständischer Unternehmen als fatal, soviel wie irgend möglich in den Betrieb zu investieren und den Aufbau des Privatvermögens zu vernachlässigen.

2.3   Betriebswirtschaftliche und rechtliche Beratung

Rentabilität, Liquidität und Sicherheit des Betriebes müssen beim Geschäftsübergang gewährleistet sein. Die vorgesehene Nachfolgeregelung muß bei Personengesellschaften ganz so wie bei den Gesellschaften mit beschränkter Haftung ihren Niederschlag im Gesellschaftsvertrag finden und dazu – gleichlautend - im Testament. Nur wenn das erfolgt, ist die Regelung absolut „wasserdicht" und hält eventuellen späteren Anfechtungen stand. Ob in den Vertrag eine Fortsetzungsklausel, eine Eintrittsklausel, eine einfache Nachfolgeklausel oder eine qualifizierte Nachfolgeklausel eingefügt wird, hängt entscheidend davon ab, was nach dem Tod des Gesellschafters mit dem Unternehmen geschieht und wer als Nachfolger zum Zuge kommt. Die gewählte Klausel bestimmt außerdem, welche Abfindungs-, Ausgleichs- oder Pflichtteilsansprüche Erben erheben können, die bei der Festlegung der Nachfolge unberücksichtigt blieben. An dieser Stelle sind Wirtschaftsprüfer, Juristen und auch die Hausbank zu konsultieren, um rechtzeitig die Weichen für die Zukunft zu stellen. Die Frage ist, soll sich der Unternehmer für

- vorweggenommene Erbfolge
- Betriebsfortführung
- Verkauf oder
- Betriebsaufgabe

entscheiden, und welche Konsequenzen werden sich aus seiner Entscheidung ergeben?

2.4   Personalberatung

Zwei der kritischsten Punkte sind die richtige Ausbildung und Auswahl des Nachfolgers. In der Praxis wird dieser Frage vielfach nicht die notwendige, gebührende Behandlung zuteil. Der Inhaber oder der Geschäftsführer sind die wichtigsten Träger der Führungsfunktion, und mittelständische Unternehmen werden sich in Zukunft nur noch dann im schärferen Wettbewerb behaupten können, wenn ihre oberste Spitze leistungsfähig ist. Es ist in jedem Fall eine fundierte theoretische Ausbildung erforderlich, die aber hierzulande für einen Unternehmensnachfolger, der auch praktische Probleme lösen muß, nicht ausreichend ist. Die speziellen Bedingungen kleiner und mittlerer Unternehmen werden beim Hochschulstudium kaum berücksichtigt. Inzwischen bieten aber anerkannte private Institutionen kürzere und praxisbezogene Studienprogramme in berufsbegleitender Form an, die explizit Fragen des Mittelstands sowie Aspekte der Nachfolgeregelung beinhalten.

Der Frage des Führungsstils ist beim Betriebsübergang besondere Aufmerksamkeit zu schenken. Den Besonderheiten zwischen dem „alten Führungsstil" des Seniors und dem „neuen Führungsstil" des Juniors muß Rechnung getragen werden. Der Umgang mit Mitarbeitern und Kunden erfordert den Aufbau von Vertrauen und gegenseitiger Akzeptanz. Ein Coaching des Juniors über einen gewissen Zeitraum kann unter Umständen über Erfolg oder Mißerfolg einer Nachfolge entscheiden. Personal- und Unternehmensberater haben sich inzwischen auf diesem Gebiet spezialisiert und bieten – auf die jeweilige Situation zugeschnitten – ihre Beratung an.

2.5   Hemmnisse im Umgang mit Beratern

Vor allem bei kleinen und mittleren Unternehmen bestehen oftmals Vorbehalte, externe Berater zu engagieren. Die Gründergeneration ist es gewohnt, selbständig Probleme zu lösen und sieht die Notwendigkeit professioneller Beratung nicht ohne weiteres ein. Hierarchisches Denken ist fest in der Persönlichkeitsstruktur verankert, und die Umstellung auf Team- oder kooperative Arbeit fällt außerordentlich schwer. Bisher waren die Gesprächspartner der Wirtschaftsprüfer, der Rechtsanwalt und der Vertreter der Hausbank. Hier bestehen oft jahrelange Kontakte, und in diesem Rahmen werden auf kurzen oder auch informellen Wegen die notwendigen Maßnahmen abgewickelt.

Wenn aber die Unternehmensnachfolge ansteht, wird es selten gelingen, erfolgreich mit einem dieser Partner alleine die komplexe Fragestellung, die die Zukunft des Unternehmens betrifft, zu bewältigen. Bestehende Abhängigkeiten zu diesen Partnern (z. B. Insider-Wissen), aber auch Rücksichtnahme auf engste Mitarbeiter können den Horizont und den Spielraum des Seniors erheblich einengen. Ein neutraler Berater sollte hinzugezogen werden.

Für die Auswahl des richtigen Beraters fehlen allerdings manchmal die notwendigen Informationen und Kriterien. Mehr als 60 000 Berater in über 10 000 Beratungsgesellschaften stehen bereit, und ein Qualitätsvergleich ist nahezu unmöglich. Großberatungen amerikanischen Stils sind für Familienunternehmen ungeeignet. Zudem bestehen Befürchtungen, daß horrende Honorarforderungen auf das Familienunternehmen zukommen.

2.6 Beratungsleistungen als Grundlage der Nachfolgeregelung

Wichtig ist eine umfassende Beratung, die alle Bereiche einbezieht. Nur so werden die Überlegungen zum Betriebsübergang in einem geeigneten Gesamtkonzept münden, das die relevanten erb-, familien- und gesellschaftsrechtlichen sowie steuerlichen Aspekte berücksichtigt.

Für jeden einzelnen Fall müssen individuelle Lösungen erarbeitet werden. Abschließend können neben betriebswirtschaftlichen Verbesserungsmaßnahmen die Vertragswerke ausgestaltet werden.

3. Die richtige Auswahl der Berater – Wenn guter Rat teuer wird

Der nachstehend beschriebene Fall wurde vor einiger Zeit in der Presse dargestellt. Er zeigt in exemplarischer Form die möglichen Konsequenzen einer mangelhaft koordinierten Gesamtplanung bei der Unternehmensnachfolge.

Fallbeispiel

Eine OHG, bestehend aus den drei Komplementären Abel, Bertram und Caesar, hatte ihren Verwaltungssitz in einem Gebäude, das dem Privatvermögen des Komplementärs Abel zuzurechnen war. Dieses Gebäude befand sich in bester Lage auf der Königsallee in Düsseldorf. Der Marktwert war entsprechend hoch und konnte auf rund 100 Millionen DM geschätzt werden. Im Gesellschaftsvertrag war seinerzeit festgelegt worden, daß nur ein Diplom-Ingenieur Mitgesellschafter werden könne. Vermeintliche Rücksichtnahme untereinander und Angst vor möglichen Konflikten führten dazu, daß das Thema Nachfolge niemals eingehend miteinander besprochen wurde. Plötzlich verstarb der Gesellschafter Abel. In Absprache mit seiner Familie und einem persönlich eng befreundeten Rechtsanwalt hatte er in seinem Testament seine Ehefrau nach dem soge-nannten Berliner Testament als Erbin eingesetzt.

Mit seinem Steuerberater hatte Abel lediglich immer über die steuersparende Gestaltung seiner Einkommensteuererklärung diskutiert. In diesem Zusammenhang hatte er auf An-raten seines Steuerberaters mehrfach sogenannte Abschreibungsprojekte gezeichnet. Nach seinem plötzlichen Tod trat nun folgende Situation ein:

Steuerlich mußte die OHG das im Sonderbetriebsvermögen auf DM 1,-- abgeschriebene Grundstück bzw. Gebäude zu 100 Prozent entnehmen. Daraus folgte, daß die OHG einen zweistelligen Millionenbetrag als Entnahmegewinn an den Fiskus abführen mußte.

Der Junior war zwar gesellschaftsrechtlich nachfolgeberechtigt, aber nicht Erbe. Im Gegensatz dazu war die Ehefrau Erbin, aber nicht nachfolgeberechtigt. Mit seinem Tod schied Abel automatisch als Gesellschafter aus, aber sein Anteil wuchs den verbleiben-den Gesellschaftern zu und ging der Familie verloren. Überdies mußten die den Anteil zwangsläufig übernehmenden Mitgesellschafter diesen in der höchsten Steuerklasse ver-steuern.

Die aus Abels Abschreibungsprojekten resultierenden Zins- und Tilgungsverbindlich-keiten waren nicht durch Mieteinnahmen in entsprechender Höhe gedeckt, so daß sich hieraus eine finanzielle Deckungslücke für seine Familie ergab.

Nur durch langwierige, nachträgliche juristische und steuerliche Maßnahmen konnten diese geradezu katastrophalen Folgen für die Familie des Abel zumindest gemindert werden. Die ehemaligen Berater gaben sich gegenseitig die Schuld für dieses „Bera-tungsdebakel". Der Rechtsanwalt hatte sich ausschließlich auf die formaljuristisch korrekte Erstellung des Testaments konzentriert. Der Steuerberater hatte keine die Privat- und Unternehmenssphäre umfassende Steuerstrategie entwickelt, sondern sich auf die Vermittlung von Abschreibungsprojekten mit dem Zweck der Einkommensteuer-senkung beschränkt. Unklar blieb, in welcher Höhe der Steuerberater selbst Provisionen für die Vermittlung dieser Abschreibungsprojekte vom Initiator erhalten hatte.

Eine Unternehmensberatung, die noch auf maßgeblichen Einfluß Abels hin zur Erarbei-tung einer strategischen Wettbewerbsstudie beauftragt worden war, hatte sich aus-schließlich auf die Evaluierung von Marktchancen und Produktentwicklungsmöglich-keiten konzentriert. Eine Analyse der strategischen Unternehmensführung inklusive eines Nachfolgeszenarios wurde nicht durchgeführt, weil sie nicht explizit in Auftrag ge-geben worden war.

Die langjährige Hausbank der OHG hatte zwar eine Kopie des Gesellschaftsvertrages in ihren Unterlagen, eine systematische Analyse möglicher Nachfolgeregelungen war je-doch nur ansatzweise erfolgt. Da die OHG bisher immer genügend Sicherheiten für die Kredite stellte und die Rückführung dieser Kredite absolut reibungslos erfolgte, wurde die OHG im bankinternen Ranking als „problemlos" eingestuft.

Dieses – zugegebenermaßen etwas überzeichnete – Beispiel verdeutlicht in jedem Fall die immense Gefahr, die entsteht, wenn die fachübergreifende Nachfolgeproblematik sequentiell und jeweils aus fachspezifischer Sicht des einzelnen Beratertypus erfolgt. Neben den alteingesessenen Beratern des Abel hätte zumindest ein „neuer" Berater hinzutreten müssen, der die zentrale Koordination aller Einzelaspekte im Sinne einer komplexen Problemlösung beherrscht. Idealerweise hätte dieser Koordinator die anderen Berater in eine Teamstruktur eingebunden. Regelmäßige Teamgespräche hätten dann zwangsläufig zu untereinander abgestimmten Lösungen führen müssen.

Eine grundsätzliche Alternative besteht auch im generellen Austausch der alteingesessenen Einzelberater durch ein „unbelastetes" neues Beraterteam, z. B. einer Kanzlei, die aus Fachleuten mehrerer Einzeldisziplinen besteht. Erfahrungsgemäß gelingt es zwar selten, die historisch gewachsenen persönlichen Beziehungen zwischen dem Senior und seinen Beratern zu kappen, oft wäre dies jedoch im Hinblick auf eine optimierte Nachfolgeregelung aus sozusagen neutraler Sicht der beste Weg.

Qualifizierte externe Nachfolgeberater gewährleisten eine wirklich umfassende, ganzheitliche Beratung. Mit interdisziplinärem Überblick werden alle Einzelmaßnahmen optimal aufeinander abgestimmt. Dabei bietet allerdings das deutsche Standesrecht durch die unkoordinierte Beratung der einzelnen Felder einige Hürden. Eine umfassende Nachfolgeregelung interdisziplinärer Art im Sinne des angelsächsischen Estate Planning ist in Deutschland kaum realisierbar.

Die Gefahren einer unkoordinierten und somit im Endeffekt oft falschen Beratung werden in aller Regel nicht realistisch eingeschätzt. **Standesdünkel und Beratereitelkeit haben schon so manche Fehlberatung erzeugt.** Auch aus der Macht der Banken als Hauptfinanziers entstehen manchmal gewisse Handlungsempfehlungen im Sinne von Handlungsanweisungen, die in erster Linie das Sicherheitsbedürfnis der Bank berücksichtigen, nicht unbedingt aber betriebswirtschaftlich sinnvolle Lösungen in den Vordergrund stellen. Die Folge einer falschen oder zumindest einseitigen Beratung ist die Blockade zukunftssichernder Weichenstellungen. Einseitige Sichtweisen des Nachfolgeverfahrens, zum Beispiel durch Banken, Juristen, Steuerberater/Wirtschaftsprüfer können zu Rivalität und unterschiedlicher Einschätzung der Situation führen und verhindern eine angemessene Regelung der Nachfolge.

„Hofberater" möchten sich auch in Zukunft entscheidenden Einfluß sichern und können ihr Insider-Wissen im Einzelfall als Druckmittel benutzen. Insofern kann guter Rat sehr teuer werden! Schadenersatzklagen aufgrund „falscher Beratung" bringen keine adäquate Kompensation für die tatsächlich eingetretenen Schäden. Die richtige Auswahl der Berater wird somit zum wichtigsten Erfolgskriterium der Nachfolgeregelung.

Braucht man eine Beratung, um die geeigneten Berater zu finden? Man kann andere Unternehmen, die eine erfolgreiche Nachfolgeregelung durchgeführt haben, gezielt befragen. Unternehmerverbände, wie zum Beispiel der Unternehmerverband mittelständische Wirtschaft e. V., Koblenz, bieten ihren Mitgliedsunternehmen regelmäßig entsprechende Informationsaustauschmöglichkeiten an. In jedem Fall sollte ein Unternehmer bei der Auswahl seiner Berater auf hervorragenden Referenzen bestehen.

Das Honorar für eine qualifizierte Unternehmensnachfolgeberatung hängt vom Beratungs- und Leistungsumfang ab und kann nur jeweils mit dem Berater nach Abschätzung des Aufwands vereinbart werden. Für ein kleines bis mittleres Familienunternehmen könnte eine Honorar von 15 000 bis 25 000 DM anfallen. Die Kosten sollten aber nicht davor zurückschrecken lassen, professionellen Rat in Anspruch zu nehmen. Die Erfahrung lehrt, daß fehlgeschlagene Unternehmensübergaben bzw. –übernahmen zu weit größeren Schäden führen als die Aufwendungen für eine gute Beratung je ausmachen können.

Bei der Erbfolge gilt die alte Erfahrung: Es gibt nur wenige andere Kriterien, an denen sich die historische Größe eines Unternehmens bemessen läßt, als die Art und Weise, in der es seine eigene Nachfolge plant und durchführt. Dabei spielt die richtige Beratung die entscheidende Rolle.

Dr. Hans Flick

Das Testament - Planung der Unternehmernachfolge

1.   Testament und Nachfolge

In der Erbfolgeberatung nimmt die Unternehmernachfolge in Familienunternehmen eine immer größere Bedeutung ein. Der Beitrag zeigt die verschiedenen Komponenten dieses Beratungspakets auf und systematisiert den Planungsvorgang für die Praxis. **Planungshorizonte**, **Planungsziele** und **Planungsschritte** werden aufgezeigt und die erforderlichen **Planungsunterlagen** aufgelistet. Wichtig sind dabei insbesondere die Planungsvarianten, um allen Eventualitäten zu begegnen.

Im Rückblick auf meine langjährige Erfahrung bei Erbfolgeregelungen läßt sich feststellen, daß sich die vier Felder, die das magische Quadrat der Unternehmernachfolge bilden, in ihrer Bedeutung erheblich gegeneinander verschoben haben.

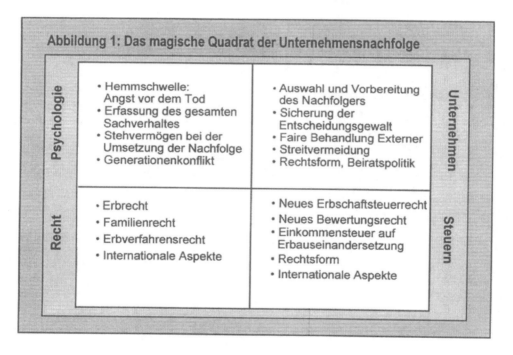

Im Viertel des Rechtes messe ich heute dem **Erbverfahrensrecht** größere Bedeutung bei, insbesondere unter dem internationalen Aspekt, der vermehrt in den zu beurteilenden Sachverhalten eine Rolle spielt.

Der Bundesfinanzhof hat mit Urteil vom 05.07.1990 seine Rechtsprechung zur einkommensteuerlichen Behandlung der Erbauseinandersetzung geändert. Jetzt können dabei erhebliche Probleme der Veräußerungsbesteuerung mit Be- und Entlastungen auftauchen. Damit ist ein großer Gestaltungsspielraum eröffnet. **Alle älteren Testamente bedürfen schon deshalb einer gründlichen Überprüfung.**

Durch die Neufassung des Erbschaftsteuer- und Schenkungsteuergesetzes zum 01.01.1996 hat sich das Erbschaftsteuergesetz erheblich geändert:

- Die Bewertung des Grundvermögens ist verschlechtert, die des gewerblichen Vermögens verbessert.
- Personengesellschaften werden in vieler Hinsicht besser behandelt als Kapitalgesellschaften.
- Höhere Vermögen werden weniger exzessiv besteuert als mittlere.
- Das Problem der Vererbung an entferntere und nicht Verwandte ist entschärft.

War meine Beratung bisher primär von den Fragen nach Steuern und Recht bestimmt, so habe ich heute oft den Eindruck, daß der unternehmerische Aspekt zunehmend mehr Gewicht erhält und **„die Couch" nötiger ist als Gesetzestexte und -kommentare.** Für eine erfolgreiche Erbfolgeberatung sind Einfühlungsvermögen, Phantasie, Erfahrung und Ausdauer auf seiten des (Rechts-)Beraters gefragt.

In dem Bestreben, das Problem zu versachlichen, es in gewohnte unternehmerische Denkkategorien einzuordnen, komme ich mehr und mehr dahin, die Nachfolge in die Unternehmensplanung zu integrieren.

2.   Die Unternehmernachfolgeplanung

2.1   Der Einfluß der Erbschaftsteuerbelastung

Die **Erbschaftsteuerbelastung** wächst dynamisch und bringt zusammen mit güterrechtlichen Ansprüchen und Pflichtteilsansprüchen beim Tod des Unternehmers die Finanzplanung des Unternehmens durcheinander.

Angesichts der üblichen Planungsstände stellen wir fest, daß die Erbschaftsteuerschuld als vierter Planungsstand regelmäßig überproportional wächst. Dies ist die Folge von unternehmerischem Wachstum, Inflation und Progressionswirkung dieser Steuer. Ein ungeplanter Eintritt des Erbfalls führt zu einem **Absturz der Liquidität** durch

Erbschaftsteuer, güterrechtliche und Pflichtteilsansprüche, wodurch alle Planungen, insbesondere die Investitionsplanung, zunichte gemacht werden.

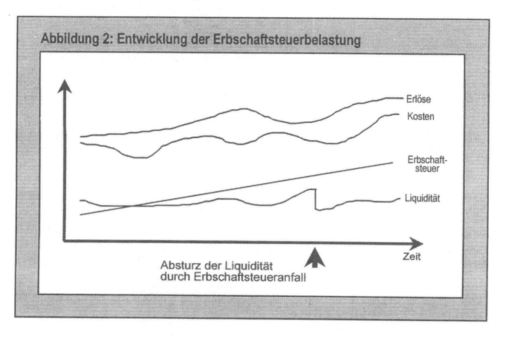

Abbildung 2: Entwicklung der Erbschaftsteuerbelastung

2.2 Ein speziell mittelständisches Problem

Daß diese Planungsinterdependenzen hauptsächlich die mittelständischen Unternehmen treffen, ist leicht einsichtig. Stirbt ein Aktionär der BASF, werden seine Erben mit dem Ansinnen an den Vorstand, wegen Erbschaftsteuer und anderer liquider Bedürfnisse eine entsprechend höhere Ausschüttung zu bekommen, keinen Erfolg haben; sie müssen vielmehr einen Teil ihrer Aktien verkaufen und können damit die notwendige Liquidität schöpfen.

Ganz anders der mittelständische Unternehmer, der erfahrungsgemäß 70 bis 90 Prozent seines Vermögens im Unternehmen gebunden hat und das geringe Privatvermögen dringend zur Versorgung der Witwe und zur meist bescheidenen Abfindung der weichenden Erben benötigt. Bei ihm bedeutet die Zahlung von **Erbschaftsteuer** direkt oder indirekt **Mittelentzug aus dem Unternehmen**. Weil die Erbschaftsteuer aus versteuertem Einkommen zu entrichten ist, kommt es oft zum Veräußerungszwang mit zusätzlicher Einkommensteuerbelastung. Daneben kommt es gleichzeitig häufig zum Mittelentzug aus dem Unternehmen durch güterrechtliche Ansprüche des Ehegatten und Pflichtteilsansprüche von Ehegatten und Kindern. Geschieht dies alles ohne vorherige Planung beim plötzlichen Tod, so potenziert sich die Existenzgefahr für das Familienunternehmen, das schon durch den notwendigen Führungswechsel genügend Probleme hat. Auch aus diesem Grund ist die Nachfolgeplanung im Familienunternehmen zwingend.

2.3   Notwendige Planungshorizonte

Wie in der allgemeinen Unternehmensplanung werden in der rechtlichen Unternehmernachfolgeplanung mehrere **Planungshorizonte** unterschieden (Abbildung 3):

Abbildung 3: Planungshorizonte

1	Heute (morgen tot)
2	Mittelfristig (3 Jahre)
3	Zehnjahreszeitraum (Erbschaftsteuer)
4	Langfristig (= sonstiger langfristiger Planungszeitraum des Unternehmens)
5	Statistische Lebenserwartung des Unternehmers
6	Einschließlich Erbauseinandersetzungsphase (Einkommensteuer)

Als kürzester Planungshorizont muß simuliert werden, was passiert, wenn der Unternehmer alsbald unerwartet verstirbt. Aus diesem Grund ist zu raten, schnell eine vorläufige Erbregelung durchzuführen (Soforttestament), in dem die gröbsten Fehler der bestehenden Erbregelung korrigiert werden. Empfehlenswert ist es, ein solches Testament vom Unternehmer gleich unter dem Schock der ersten Erkenntnis der katastrophalen Folgen des Ist-Zustandes im Büro schreiben zu lassen; damit wird wegen des offensichtlich vorläufigen Charakters dieses Nottestaments auch die jederzeitige Änderungsmöglichkeit deutlich und oft auch die Hemmschwelle gegen das Testieren überwunden.

Als spezieller Planungshorizont ist die statistische Lebenserwartung zu berücksichtigen. Dies bewirkt beim Unternehmer zunächst eine gewisse Entspannung der Lage, denn allgemein ist es nicht im Bewußtsein, daß mit höherem Lebensalter die Lebenserwartung statistisch relativ größer wird. Trotzdem ist natürlich niemand ist in der Lage, in dieser Hinsicht Garantien zu übernehmen.

Der Zehnjahreszeitraum nach Schenkungen spielt für die Planung deshalb eine entscheidende Rolle, weil nur innerhalb dieses Zeitraumes Freibeträge und Bewertungsabschlag sowie Steuersatz bei der Erbschaftsteuer zusammengerechnet werden.

Schließlich muß - nach den für die Praxis verheerenden Entscheidungen des Großen Senats des BFH - bei der einkommensteuerlichen Behandlung der Erbauseinandersetzung die Erbauseinandersetzungsphase mit berücksichtigt werden. Diese kann zu zusätzlicher Einkommensteuerbelastung des Erbfalls führen, die gerechte Verteilung des Erbes beeinflussen, aber auch große gestalterische Möglichkeiten eröffnen.

3.   Planungsunterlagen und Ablauf

Ein Beratungsgespräch über die Unternehmernachfolge muß immer sorgfältig vorbereitet werden. Ein notarielles Unternehmertestament - am Samstag morgen ohne Unterlagen konzipiert und unterschrieben - kann nur zufällig richtig sein.

3.1   Auswahl der Planungsunterlagen

Die in der Abbildung 4 genannten Planungsunterlagen sind bei der Planung mit einzubeziehen.

Erfahrungsgemäß enthalten diese Unterlagen oft unbewußt die Testierfreiheit einschränkende und teilweise veraltete Bindungswirkungen, worüber sich die Beteiligten nicht im klaren sind. Überhaupt erfordert die Feststellung des gesamten erbrechtlich und steuerlich relevanten Sachverhaltes Geduld und Einfühlungsvermögen. Regelmäßig sind mehrere Explorationsgespräche notwendig.

Abbildung 4: Planungsunterlagen	
1	Vermögensaufstellung
2	Neueste Gesellschaftsverträge und Stimmrechtsbindungsverträge (Schutzrechtsverträge)
3	Eheverträge
4	Erbverträge, Testamente, insbesondere gemeinschaftliche Ehegatten Testamente
5	Letztwillige Verfügungen von vorverstorbenen Erblassern
6	Schenkungsverträge und Vorschenkungen
7	Pflichtteils- und Erbverzichte

3.2 Planungsschritte

Sind die Planungsunterlagen vorhanden und ausgewertet, wird die Gesamtlösung in mehreren Planungsschritten erarbeitet (Abbildung 5):

Abbildung 5: Planungsschritte	
1	Auswertung Vermögensaufstellung auf den letzten Stichtag
2	Entwicklung der Einheitswerte bzw. der Anteilswerte des unternehmerischen Vermögens in den letzten 10 Jahren
3	Korrektur im Hinblick auf die neue Rechtslage ab 01.01.1993 (Ertragssteuerbilanz = Vermögensaufstellung)
4	Entwicklung des Privatvermögens (letzte 10 Jahre und voraussehbare Entwicklung)
5	Fortschreibung nach Maßgabe der verschiedenen Planungshorizonte unter Einbeziehung der übrigen Planungsstände sowie der Inflationsrate
6	Feststellung der potentiellen Erbschaftsteuerbelastung auf die verschiedenen Planungszeitpunkte
7	Entsprechende Korrektur der übrigen Planung (ggfs. unter Einbeziehung güterrechtlicher Ansprüche und von Pflichteilsansprüchen sowie der Einkommensteuerbelastung und -entlastung der Erbauseinandersetzung)

3.3   Planungsziele

Die Ziele, die ein Unternehmer im Rahmen der Vereinbarungen erfüllt sehen will, unterscheiden sich im Einzelfall nur geringfügig (Abbildung 6).

Der Berater muß diese Ziele in das Bewußtsein des Unternehmers heben und ihm die Grenzen der Realisierungsmöglichkeiten (z. B. güterrechtliche Ansprüche und Pflichtteilsansprüche) deutlich machen.

Zwei Anmerkungen zu den Planungszielen sollten nicht fehlen: In unserer Praxis stellt sich immer mehr heraus, daß im Rahmen der Unternehmernachfolgeplanung **Freiraum für den Junior** ebenso wichtig ist wie die **Sicherheit für den Senior**. Dies dient auch zur Vermeidung von Generationenkonflikten in Familienunternehmen. Bei aller Stärkung des Unternehmernachfolgers gilt es aber auch „**brave Schwestern**" vor „**bösen Buben**" zu schützen.

Abbildung 6: Planungsziele	
1	Bestand des Unternehmens
2	Gerechte Verteilung des Erbes (Betriebsvermögen mit 60% des Verkehrswertes berücksichtigen)
3	Einheitliche Entscheidungsgewalt im Unternehmen
4	Absicherung der älteren Generation sowie der wirtschaftlich Schwächeren und Unerfahrenen
5	Kontinuierliche Entwicklung und rechtzeitige Einübung des Nachfolgers im unternehmerischen Bereich
6	Training der Ehefrau
7	Kommanditengezänk vermeiden
8	Streitvermeidung
9	Sofortige Verfügungsfähigkeit im privaten und geschäftlichen Bereich sichern
10	Liquiditätsvorsorge für den Erbfall (Abfindungen, güterrechtliche Ansprüche, Pflichtteil, Erbschaftsteuer, Einkommensteuer)

3.4 Einzelpunkte mit erbschaftsteuerlicher Planungsrelevanz

Die Unternehmernachfolgeplanung erfordert **Korrekturmaßnahmen im ganzen Umfeld**, wo nachfolgerelevante - insbesondere erbschaftsteuertreibende - Aspekte bisher nicht berücksichtigt wurden. Diese Punkte sind dann allerdings auch in zukünftigen Planfortschreibungen und bei Änderungen in diesen Bereichen zu beachten.

1. Ehevertrag – Verteilung der Pflichtteilsansprüche

In Unternehmertestamenten wird häufig Gütertrennung vereinbart. Diese Vereinbarung hat u. a. Einfluß auf die Pflichtteilsansprüche. Der Güterstand der Gütertrennung erhöht die Pflichtteilsansprüche der Kinder und mindert die Ansprüche der Ehefrau beim Tode des Ehemannes. Der Güterstand der (modifizierten) Zugewinngemeinschaft mindert die Pflichtteilsansprüche der Kinder und vergrößert die Ansprüche der Ehefrau.

2. Berliner Testament

Das typische Unternehmertestament ist das Berliner Testament, in dem sich Ehegatten gegenseitig allein zu Erben einsetzen und die Kinder als Schluß- bzw. Nacherben bestimmen. Die negativen Folgen dieser Testamentsform werden oft übersehen:

- Bindungswirkung für den Überlebenden
- Verdoppelung der Pflichtteilsansprüche der Kinder
- Verdoppelung der Erbschaftsteuer auf den Generationenübergang.

Durch das Berliner Testament wird das gleiche Vermögen beim Generationenübergang zweimal Gegenstand von Pflichtteilsansprüchen. Der enterbte Sohn erbt fast soviel wie die „brave Tochter". Das bedeutet eine sofortige Übertragung liquider Mittel. Das Unternehmen verträgt diesen Liquiditätsabzug nicht.

Anzustreben ist daher ein fairer, d. h. unangreifbarer Pflichtteilsverzicht der Kinder und Ehegatten. Güterstand und Berliner Testament können bei der Erbschaftsteuer negative Auswirkungen haben.

Die Gütertrennung, die keine haftungsrechtlichen Vorteile hat, ist gegenüber der Zugewinngemeinschaft, bei der durch Modifizierung das Scheidungsrisiko ausgeschaltet werden kann, erbschaftsteuerlich nachteilig.

3. Schenkungen

Schenkungen dürfen nicht ohne Vertrag und bedingungslos erfolgen. Ist eine Schenkung beabsichtigt, ist sie vertraglich mit Rückfallklauseln und Pflichtteilsverzicht zu vereinbaren. Widerrufungsmöglichkeiten müssen vorgesehen werden.

4. Pflichtteilsverzicht

Ist ein Pflichtteilsverzicht nicht vereinbart, ist das Unternehmens wegen des in Ansatz gebrachten Verkehrswertes und sofortiger Fälligkeit bedroht. Ein Pflichtteilsverzicht ist daher grundsätzlich richtig und der Fairneß halber auch vom Ehegatten zu erwarten.

5. Rechtsform des Unternehmens

Rechnerische Vergleiche ohne Quantifizierung der Erbschaftsteuer sind falsch. Richtig ist die Berücksichtigung auch der anderen erbschaftsteuerlichen Vorteile (Stundung, Bewertungsabschlag) und Einkommensteuer. Hier ist die Gestaltungsmöglichkeit bei der Erbauseinandersetzung gegeben.

Neu ist die erhebliche Besserstellung der Personengesellschaften gegenüber Kapitalgesellschaften, was die Flucht in die Gewerblichkeit begünstigt. Besondere Probleme ergeben sich bei der Betriebsaufspaltung wegen unfreiwilliger Beendigung.

6. Entfernte Verwandte und Nahestehende (Lebensgefährten)

Dies betrifft Fälle mit der Steuerklasse III. Heiraten ist im Falle der Lebensgefährten eine Möglichkeit, aber eine generelle Lösung bringt die Änderung der Vermögensstruktur. Die früher kaum zu klärende Frage der Versorgung von Lebensgefährten und Vererbung an Nichten, Neffen oder Angestellte ist jetzt durch die Möglichkeit der Vererbung von gewerblichem Vermögen in Steuerklasse I lösbar.

7. Vermögenstruktur

Tendenziell falsch ist das Anlegen von Bargeld oder der Kauf von Aktien an der Börse, dagegen richtig ist die Anlage in Betriebs- oder Grundvermögen zur Reduzierung der Erbschaftsteuerbelastung.

3.5   Planungsvarianten – Umgang mit Überraschungen

Der Laie neigt dazu, seine letztwilligen Verfügungen nach der Tabelle der statistischen Lebenserwartung auszurichten. In der allgemeinen Vorstellung stirbt der Ehemann zuerst, die Ehefrau als nächstes, und die Kinder überleben die Eltern. Die artigen Kinder bekommen herzige und gesunde Kinder bzw. Enkelkinder. Das als Unternehmernachfolger ausersehene Kind wird diese Aufgabe gerne übernehmen und (fast) so erfolgreich sein wie der Vater. **Häufig kommt es jedoch anders, als man denkt.** Testamente, aber auch Schenkungen, die Eventualitäten nicht berücksichtigen, sind kurzsichtig und teuer. Erfahrungsgemäß sind **Änderungen des Testaments** bei späteren neuen Voraussetzungen nicht vorgesehen bzw. werden nicht in Betracht gezogen. Wenn beim Tode eines Unternehmers überhaupt ein Testament vorhanden ist, ist es regelmäßig uralt und deshalb meist falsch und streitanfällig. Weichenstellungen durch Schenkungen, etwa Übertragung eines 50 Prozent-Anteils unter Nießbrauchvorbehalt, die sich später als falsch erweisen, können meist nicht mehr korrigiert werden, falls die Korrekturmöglichkeiten nicht schon im Schenkungsvertrag vorgesehen sind.

Es führt kein Weg daran vorbei: **Bei jeder Erbfolgeplanung müssen die typischen, aber auch die fallspezifischen Varianten berücksichtigt werden.** Der dadurch veranlaßte Einwand des Betroffenen, auf diese Weise würde die Erbregelung - typisch juristisch - kompliziert, muß im Hinblick auf die sonst möglichen Folgen hingenommen werden.

Folgende **Planungsvarianten** sollten in einem Unternehmertestament berücksichtigt sein:

Fall 1:
Die Ehefrau verstirbt vor dem Ehemann.
Wenn der Ehemann der Vermögendere ist, läuft die Erbschaftsteuerfreiheit des Zugewinns ins Leere. Eine Lösung ist die Öffnung im Ehevertrag für vorzeitige Beendigung der Zugewinngemeinschaft.

Fall 2:
Ein Kind verstirbt vor den Eltern, insbesondere der Unternehmernachfolger vor dem Senior.

Fall 3:
Der Unternehmernachfolger scheidet aus dem Unternehmen aus.

Fall 4:
Der Unternehmernachfolger veräußert das Unternehmen

In **allen drei Fällen** kann es folgendes Problem geben:
Falls der (potentielle) Unternehmernachfolger bevorzugt war (Abschlag auf Betriebsvermögen, Mehrstimmrechte) wird diese Bevorzugung sinnwidrig. Die Lösung ist eine Ersatzerbenregelung mit der Bedingtheit der Vorzugsstellung.

Fall 5:
Die Kinder versterben kinderlos.
In diesem Fall erben die Geschwister, Steuerklasse II. Die Lösung besteht im Rückfall mit bedingter Erbeinsetzung.

Fall 6:
Der Testamentsvollstrecker verstirbt vorzeitig.
Für diesen Fall kann man mit dem Einsatz eines Ersatztestamentsvollstreckers Vorsorge treffen.

Fall 7:
Die Vermögenssorge von Enkelkindern geschiedener Kinder wird dem Schwiegerkind zugesprochen.
Hier kann der Erblasser oder Schenker eine mögliche Bestimmung der Vermögenssorge im Testament vorsehen.

Fall 8:
Durch Steueränderungen ändert sich die gerechte Verteilung des Nachlasses durch den Erblasser (wie z. B. durch die Entscheidung des Großen Senats zur Einkommensbesteuerung der Erbauseinandersetzung).
Eine erweiterte Steuerklausel im Testament neben möglicher Anpassungsklausel ist zu empfehlen. Regelung durch den Testamentsvollstrecker oder ein Schiedsverfahren.

3.6   Ergebnis der Planung

Das Ergebnis der Unternehmernachfolgeplanung läßt sich trotz aller individueller Unterschiede voraussehen. Deshalb sind Unternehmernachfolge- und Erbschaftsteuerplanung zur Erhaltung der Familienunternehmen unbedingt erforderlich. Die Erbschaftsteuer ist aufgrund der geltenden Gesetze in der zu erwartenden Höhe nicht mehr als Nebensache zu betrachten. Wenn die Erbschaftsteuer aus dem Unternehmen gezahlt werden muß, ist sie heute nur noch unter erheblichem, die Entwicklung des Unternehmens schädigendem Liquiditätsentzug zu entrichten. Es ist zu erwarten, daß die Erbschaftsteuer in der Zukunft nicht mehr bezahlbar sein wird.

Die großen mittelständischen Unternehmen können als Unternehmen ohne Unternehmernachfolgeplanung, insbesondere Erbschaftsteuerplanung, kaum im Familienbesitz gehalten werden.

Die Beschäftigung mit der Erbschaftsteuer ermöglicht dem Unternehmer die nach dem Aufbau der Firma **zweitgrößte unternehmerische Leistung,** nämlich die streitfreie und liquiditätsschonende Überleitung des Unternehmens auf die nächste Generation auch wirklich konsequent anzugehen. Das Denkmal des Unternehmers erhält erst durch eine gelungene Nachfolgeregelung „Ewigkeitswert".

Prof. Dr. Brun-Hagen Hennerkes*

Der Beirat in Familienunternehmen

* unter Mitarbeit von Dr. Wolfgang Durach

1.   Grundlagen

1.1   Begleitende Kontrolle durch den Beirat

Ein Praxisfall

Seit 40 Jahren befand sich die Handelsvertretung eines großen Automobilkonzerns im Familienbesitz. Mit 120 Mitarbeitern war das mittelständische Unternehmen ein nicht unbedeutender Arbeitgeber in der Region. Der Gründer - ein Patriarch vom "alten Stamm" - überließ das Tagesgeschäft einem Geschäftsführer und sah zu seinen Lebzeiten keinen Anlaß, die Nachfolge zu regeln. Der älteste Sohn erhielt zwar eine betriebswirtschaftliche Ausbildung, aber darüber, ob und wie er eines Tages die Geschäfte übernehmen sollte, wurde nie gesprochen. Nach dem plötzlichen Tod des Gründers sahen die Familienmitglieder auch keine Notwendigkeit, die vom Vater etablierten Strukturen zu verändern und ließen alles beim alten. Doch das unternehmerische Handeln des Geschäftsführers führte innerhalb kürzester Zeit dazu, daß in einem durchaus als schwierig zu beurteilenden wettbewerblichen Umfeld dem Unternehmen die Händlerlizenz entzogen wurde. Ein traditionelles Familienunternehmen mußte schließen.

Die Gründe, warum es bei diesem authentischen Fall soweit kam, sind vielfältig. Im Nachhinein war sich die Familie jedoch darüber einig, daß die Schließung des Unternehmens durchaus hätte vermieden werden können, wenn sie besser beraten worden wäre und ein unabhängiges Gremium wie ein Beirat Einfluß auf die Nachfolgeregelung und auf die Geschäftsführung gehabt hätte.

Eine für den Fortbestand des Unternehmens sinnvolle Nachfolgeregelung zu finden, gehört heute zu den vorrangigsten Problemen von Familienunternehmen. Viele Eigentümer, Gründer oder Erben haben in den letzten Jahren jedoch die Erfahrung gemacht, daß die Installierung eines Gremiums mit unabhängigen Persönlichkeiten - **eines Beirats** – so manche Enttäuschung ersparen kann und die Aufteilung unternehmerischer Macht auf operative Geschäftsführung und begleitende Kontrolle durch einen Beirat noch immer eine sehr gute Lösung darstellt.

Nun sind Familiengesellschaften zur Einrichtung eines Überwachungs- und Kontrollorgans in der Regel nicht verpflichtet, da sie entweder in der Rechtsform von reinen Personenhandelsgesellschaften (OHG, KG) geführt werden und damit der Mitbestimmung nicht unterliegen, oder aber als Kapitalgesellschaft die erforderliche Größenordnung von mehr als 500 Arbeitnehmern nicht erreichen. Die weit verbreitete GmbH & Co. ist erst ab einer Mitarbeiterzahl von mehr als 2 000 zur Errichtung eines Aufsichtsgremiums verpflichtet. Die Aufgaben der Überwachung und der Kontrolle werden nach dem vom Gesetz typisierten Fall von der Gesellschafterversammlung wahrgenommen. In vielen Familiengesellschaften wird diese jedoch mangels entsprechender Kompetenz der Aufgabe nicht gerecht, wie auch unser Beispiel zeigt. Ein Beirat dagegen ist sicher nicht nur ein Vehikel zur Optimierung eines Nachfolgeprozesses, er übt auch andere Funktionen aus, die über die Nachfolge hinaus von positiver Bedeutung sein können, wenn wichtige Regeln zur Besetzung, Kompetenz und Arbeitsweise eines Beirats beachtet werden.

1.2 Argumente für die Einrichtung eines Beirats

In der Gesellschafterversammlung eines Familienunternehmens sind häufig auch Gesellschafter vertreten, die nicht über die notwendige Ausbildung und unternehmerische Kompetenz für eine qualifizierte Überwachung und Beratung der Unternehmensleitung verfügen. Nicht selten blockieren sich in der Gesellschafterversammlung verschiedene Familienmitglieder oder Gesellschafterstämme dann, wenn die Kontrollaufgabe durch eigene Interessen oder solche des eigenen Stammes überlagert wird. Besonders augenfällig ist die mangelnde Eignung der Gesellschafterversammlung als Überwachungs- und Kontrollorgan, wenn einer oder mehrere Gesellschafter mit der Unternehmensleitung betraut sind, während die anderen sich mit der Anteilseignerposition „begnügen müssen".

Für die Einrichtung eines Beirats sprechen deshalb viele Argumente. Gerade im Nachfolgeprozeß kann seine besondere Bedeutung in Fällen liegen, in denen das Unternehmen durch familienfremde Geschäftsführer geführt wird. Hier kann der Beirat die Gesellschafter gegenüber der Geschäftsführung vertreten. Für den Nachfolgeprozeß wesentlich ist auch ein weiterer Grund: die Bestandssicherung des Unternehmens. Zu diesem Zweck kann dem Beirat die Befugnis eingeräumt werden, die Unternehmernachfolge zu bestimmen und/oder beim Tod des Unternehmers bei der Nachlaßregelung mitzuwirken, soweit das Unternehmen betroffen ist.

Grundsätzlich sinnvoll ist die Einrichtung eines Beirats insbesondere bei kleineren und mittleren Familienunternehmen, weil es diesen meist an einer ausreichenden Anzahl qualifizierter Mitarbeiter fehlt und sie es sich einfach nicht leisten können, für jedes Problem einen externen Spezialisten zu beauftragen. Der Beirat bietet hier eine relativ günstige Möglichkeit, externe Fachleute in die Entscheidungsfindung des Unternehmens einzubinden.

Bei größeren Familienunternehmen, die sich in ihrer gesellschaftsrechtlichen Struktur und in ihrer Geschäftstätigkeit Publikumsgesellschaften in der Form der Aktiengesellschaft angenähert haben, dürfte ein Beirat als Überwachungs- und Kontrollorgan, das einem Aufsichtsrat bei der Aktiengesellschaft ähnelt, sogar unverzichtbar sein.

1.3   Kompetenzausstattung des Beirats

Für die inhaltliche Ausgestaltung der Beiratstätigkeit sollte darauf geachtet werden, daß weniger auf traditionelle Faktoren Wert gelegt, sondern vielmehr ein moderner, strategischer Ansatz gewählt wird. Der Wert eines Unternehmens wird heute anders als früher nicht mehr nach dessen Substanz bestimmt, sondern nach dessen zukünftigen Ertragschancen. Dieser Wandel drückt nachhaltig aus, daß auch für die Führung eines Familienunternehmens mehr und mehr eine Betrachtungsweise in den Vordergrund rückt, die sich an den zukünftigen Chancen und Risiken des Unternehmens orientiert. Obwohl als ein wesentliches Führungsinstrument erkannt, wird die Unternehmensplanung in der Praxis gerade von Familienunternehmen zu oft noch stiefmütterlich behandelt. Wesentliches Element der Beiratstätigkeit sollte daher die **Einbindung in die strategische Unternehmensplanung sein.** Seine Funktion als Beratungs-, Überwachungs-, Kontroll- und Vermittlungsgremium oder eben auch als Hilfe bei der Planung und Durchführung der Unternehmensnachfolge kann ein Beirat im typischen Fall nebeneinander ausüben. Bei einer prominenten Besetzung kann der Beirat in einzelnen Situationen für das Unternehmen auch positive Marketingeffekte erzielen.

Wirklichen Sinn macht die Einrichtung eines Beirats aber nur, wenn ihm auch **schlagkräftige Kompetenzen** zugestanden werden. Hier werden jedoch viele Fehler gemacht. Die Übertragung der Befugnis zur Bestellung, Anstellung, Abberufung und Kündigung von Geschäftsführern auf den Beirat genügt in der Regel noch nicht. Gegen die Übertragung der Kontrollkompetenz auf einen Beirat mag der Familienunternehmer einwenden, auf diese Weise werde die Geschäftsführung entmachtet. Indessen wird ein guter Geschäftsführer die wohlwollend kritische Begleitung seiner Arbeit nicht fürchten, sondern vielmehr die mit erfahrenem Rat verbundenen Hilfestellungen schätzen. Überdies stellt die mit der Einführung eines Beirats sicherlich verbundene gewisse Entmachtung der Gesellschafterversammlung sicher, daß Meinungsverschiedenheiten zwischen den Gesellschaftern nicht unmittelbar auf die Geschäftsführungsebene durchgreifen. Der Beirat wirkt quasi als Filter, der der Geschäftsführung ein weitgehend ungestörtes Arbeiten sichert. Auf diese Weise kann die Einrichtung eines Beirats gegebenenfalls auch die zunehmend beobachtete „Scheu" von qualifizierten Fremdgeschäftsführern überwinden, die Mitleitung von Familienunternehmen zu übernehmen. Dies kann weitgehend dadurch neutralisiert werden, daß ein fremdbestimmter Beirat im Unternehmen installiert wird.

1.4   Die Nachfolgeentscheidung im Beirat

Die Mitwirkung des Beirats bei der Bestimmung des Unternehmensnachfolgers kann von unterschiedlicher Intensität sein. In der Kompetenzskala an unterster Stelle angesiedelt ist die Möglichkeit, denkbare Nachfolger den Gesellschaftern lediglich vorzuschlagen. Selbst wenn der Beirat hier keinen direkten Einfluß auf die Auswahlentscheidung nehmen kann, so ist das Vorschlagsrecht doch immer noch die bessere Alternative zu keinerlei Einfluß. Denn ist der Beirat mit qualifizierten Persönlichkeiten besetzt und sehen die Gesellschafter ihren Beirat als wertvolles Instrument an, wird er in den meisten Fällen zu seiner festgeschriebenen Kompetenz ein zusätzliches Machtpotential besitzen, das sich aus den einzelnen Persönlichkeiten, ihren Charakteren und Fähigkeiten ergibt. Die Ablehnung vorgeschlagener Nachfolger erfolgt dann zwar letztendlich durch die Gesellschafter, stehen aber Beirat und Gesellschafter in einem guten Verhältnis zueinander, was die Regel sein dürfte, so hat der Beirat immer noch eine indirekte Machtfülle.

Die größte Kompetenz hat der Beirat, wenn er die **alleinige Auswahlentscheidung** über die Führungsnachfolge trifft. Diese Lösung ist anzustreben, wenn sich der Beirat ausschließlich aus familienfremden Personen zusammensetzt, da dann Interessenkonflikte weitestgehend ausgeschlossen werden können. Neutralität und Urteilsvermögen können hier anhand eines adäquat besetzten Beirats zum Fortbestand des Familienunternehmens beitragen. Die beiden Aspekte der Neutralität und Objektivität können jedoch mit gewissen Einschränkungen auch dann verwirklicht werden, wenn nur mehrheitlich Nichtgesellschafter dem Beirat angehören.

Eine durch einen solchen Beirat bestimmte Nachfolge ist nicht nur juristisch zulässig, sie ist auch insbesondere unter psychologischen und unternehmenspolitischen Gesichtspunkten vorzugswürdig. Die Entscheidung durch eine neutrale Instanz bietet die Gewähr für höchstmögliche Akzeptanz bei Management, Mitarbeitern und Gesellschaftern. Die Objektivierung des Entscheidungsvorgangs stellt sicher, daß ohne Rücksicht auf persönliche Bindungen und Vorlieben der am besten geeignete Kandidat auch zum Nachfolger gekürt wird.

Das gesteckte Ziel einer unternehmensgerechten Bewerberauswahl kann jedoch nur erreicht werden, wenn Objektivität, Neutralität, Loyalität und Kompetenz der Beiratsmitglieder gewährleistet sind. Auch sollte der Beirat aufgrund anderer ihm übertragener Aufgaben Einblick in das Unternehmensgeschehen haben und einen Überblick über die familiären Verhältnisse und Verflechtungen der Eignerfamilien besitzen. Unverzichtbar ist ein Vertrauensverhältnis zwischen Beirat und Geschäftsführung sowie zwischen Beirat und Gesellschaftern. Genauso wichtig ist der „richtige Mix von Persönlichkeiten" innerhalb des Beirats, ebenso wie seine Befugnisse hinreichend und klar abzugrenzen. Es muß auch der Informationsfluß zwischen den Beteiligten stimmen. Erfüllt ein Beirat diese Voraussetzungen, dann ist es fast von sekundärer Bedeutung, welche Kompetenzstärke er in bezug auf die Führungsnachfolge besitzt.

1.5 Erarbeitung von Kriterien für die Nachfolge durch den Beirat

Sei es durch Ausübung eines Vorschlagsrechts, Schlichtung widerstreitender Gesellschafterinteressen oder gar selbständige Entscheidung über die Nachfolge - auch ein unabhängiges Gremium wie ein Beirat sollte an einen **Kriterienkatalog** gebunden werden, der das zu erfüllende Anforderungsprofil für den Nachfolger bestimmt. Nur so lassen sich Entscheidungen transparent, kontrollierbar und nachvollziehbar nach außen kommunizieren. Von entscheidender Bedeutung für eine erfolgreiche Beteiligung des Beirats an der Unternehmensnachfolge ist deshalb die Bestimmung von Auswahlkriterien für potentielle Kandidaten der Unternehmensnachfolge. Solche Auswahlkriterien dürfen dabei einerseits nicht zu weit gefaßt sein, andererseits sollten sie den Beirat bei der Entscheidung auch nicht zu sehr einengen. Dies würde dazu führen, an sich geeignete Kandidaten vom Auswahlverfahren auszuschließen.

1.6   Die Notfallsituation: Wenn der Senior überraschend stirbt

Unabhängig von der Mitwirkung bei der Entscheidung über die Unternehmensnachfolge kann dem Beirat zusätzlich die Aufgabe zukommen, das Unternehmen interimistisch bis zur Einsetzung des neuen Managements fortzuführen. Dies ist insbesondere dann von Bedeutung, wenn der bisherige Senior überraschend stirbt und das Unternehmen nun plötzlich ohne Führung ist. In einer solchen Notfallsituation sollte der Beirat befugt sein, über die Nachfolgebestimmung sowie Kontroll- und Überwachungsaufgaben hinaus das Unternehmen für eine Übergangszeit zu führen. Voraussetzung für eine solche Tätigkeit ist, daß der Beirat bisher eng mit der Unternehmensführung zusammengearbeitet hat und mit deren Problemen vertraut ist bzw. war. Eine weiteres Kriterium ist natürlich die berufliche Eignung der Beiratsmitglieder für diese Aufgabe. Aufgrund der hohen Dynamik wirtschaftlicher Prozesse ist es in jedem Fall zu empfehlen, die Übergangsphase so kurz wie möglich zu gestalten.

In vielen Fällen, in denen die unternehmerische Tätigkeit des Beirats in einer Notfallsituation notwendig wird, ist dies auf Versäumnisse bei der Nachfolgeplanung zurückzuführen. Der Senior stirbt „überraschend" zu einem Zeitpunkt, da schon lange ein Nachfolger hätte bestimmt sein müssen. Der Nachfolgeprozeß sollte daher sehr frühzeitig eingeleitet werden und auch für den Zeitraum bis zur Durchführung der Nachfolge trotz der dafür notwendigen Beschäftigung mit den Tabuthemen Krankheit und Tod eine klare Kompetenzregelung im Sinne einer „Worst-Case-Planung" erfolgen.

2. Die richtige Zusammensetzung: Qualifikation der Beiratsmitglieder

Bei der Auswahl der Beiratsmitglieder werden oft entscheidende Fehler gemacht. So ist bei der Errichtung eines Beirats das Finden von geeigneten und richtigen Persönlichkeiten **eines der größten Probleme**. Mancher Unternehmer hat erst zu spät und dann leidvoll erkannt, wie gefährlich gerade fachlich hochqualifizierte Beiratsmitglieder sind, die im Ernstfall nicht die erforderliche Loyalität für die Familie aufbringen. Zu den vorrangigen Qualitäten, die Beiratsmitglieder mitbringen müssen, zählen deshalb Objektivität, Neutralität, Loyalität und Kompetenz.

In den Beirat gehören **unabhängige unternehmerische Persönlichkeiten**, bei denen die Gefahr von Interessenkonflikten von vornherein ausgeschlossen ist. Deshalb scheiden der Hausanwalt, der tägliche Steuerberater sowie Vertreter der Kredit gewährenden Banken aus. Man mag sich vorstellen, in welchen Konflikt gerade letztere geraten, wenn im Beirat über existenzgefährdende Liquiditätsengpässe oder über gravierende Produkthaftpflicht gesprochen werden muß. Der immer zu beobachtende Einsitz des Wirtschaftsprüfers im Beirat ist standesrechtlich unzulässig und verbietet sich damit von selbst.

Beiratsmitglieder müssen neutral sein. Deshalb ist darauf zu achten, daß sie wirtschaftlich völlig unabhängig sind. Effizient schlichten, kontrollieren und entscheiden kann nur, wer sein Beiratsmandat ohne Rücksicht auf die ihn treffenden finanziellen Konsequenzen jederzeit niederlegen kann. Auch Interessenkonflikte durch besondere Verbindungen zu einzelnen Gesellschaftern sollten vermieden werden, da im Beirat eine Blockbildung entsprechender Paritäten in der Gesellschafterversammlung ansonsten kaum zu vermeiden ist.

Persönliche Freunde des Unternehmers und seiner Familie gehören nicht in den Beirat. Insbesondere bei Konflikten unter den Gesellschaftern sind sie schnell befangen. Vielmehr sollte der Beirat so zusammengesetzt sein, daß er das im Unternehmen vorhandene Fachwissen sinnvoll ergänzt und eventuelle Lücken schließt. Für die Auswahl der Beiratsmitglieder gilt: sie sollte ebenso sorgfältig erfolgen, wie die Auswahl von Geschäftsführern und leitenden Angestellten des Familienunternehmens.

Die von Headhuntern seit geraumer Zeit propagierte Suche von geeigneten Beiratsmitgliedern gegen Entgelt ist nicht unproblematisch, weil sie zu Interessenkonflikten führen kann. Eines ist klar: Ein Headhunter, der den Beiratsvorsitzenden engagiert hat, hat gute Chancen bei Anschlußaufträgen. Diese potentiellen Interessenkonflikte lassen sich jedoch leicht vor Beauftragung eines Headhunters regeln. Genauso ist das jahrzehntelange Verbleiben einzelner Persönlichkeiten im Beirat für das Unternehmen nicht optimal. Sinnvoller ist es dagegen, dem Unternehmen von Zeit zu Zeit „neues Know-how" zuzuführen. Die Einführung einer Altersgrenze - etwa bei 68 Jahren - entspricht ohnehin heute gängiger Praxis.

Die Zusammensetzung des Beirats sollte auch auf spezielle Bedürfnisse und Schwachstellen des Unternehmens ausgerichtet sein. Der Unternehmer der Modebranche benötigt einen kreativen Hochleister, ein Leasingunternehmen einen Finanzierungsfachmann und ein Anlagenbauer einen Ingenieur mit einschlägigen Erfahrungen auch im Ausland.

Besonders wichtig ist die **Auswahl eines Beiratsvorsitzenden** mit Leitungserfahrung. Eine Vielzahl von Beiräten arbeitet deshalb nicht effektiv, weil es an der richtigen Sitzungsleitung mangelt. Mal ist der Vorsitzende zu höflich, um Vielrednern das Wort abzuschneiden, mal ist er zu autoritär, um abweichenden Meinungen genügend Spielraum zu lassen. Oft läßt er stundenlang über Belanglosigkeiten diskutieren, so daß für wichtige Fragen keine Zeit mehr bleibt. Genauso muß er ein erfahrener Koordinator sein, der es versteht, Sitzungen so zu leiten, daß das diskutierte Fachwissen auch kanalisiert und die Vorschläge und Beschlüsse des Beirats umgesetzt werden. Ein fachlich hochkarätig besetzter Beirat, dessen Vorschläge weder verstanden noch umgesetzt werden, hilft ebensowenig wie ein Beirat, der nur aus alten Bekannten des Seniorunternehmers besteht und diesem nach dem Munde redet.

Von entscheidender Bedeutung sind Sachkenntnis und Information des Beirats. Diese dürfen sich nie in den üblichen Monats- und Quartalszahlen erschöpfen, sondern müssen an den speziellen Erfolgs- bzw. Mißerfolgskriterien des jeweiligen Unternehmens anknüpfen. So sollte beispielsweise der Beirat einer Fleischwarenfabrik die Entwicklung der Rohstoffpreise, der einer Handelskette dagegen die Entwicklung der Umschlaghäufigkeit wichtiger Artikel oder auch der Diebstahlquote kennen.

Die Wahl der Beiratsmitglieder ist nach Möglichkeit durch die Gesellschafterversammlung vorzunehmen, wobei die hierfür notwendigen Mehrheiten naturgemäß auf die konkreten Verhältnisse in dem Familienunternehmen zugeschnitten sein müssen. Benennungs- und Entsenderechte einzelner Gesellschafter oder Gesellschafterstämme sind grundsätzlich abzulehnen, weil dadurch die in der Gesellschafterversammlung vorhandenen Interessengegensätze lediglich auf eine andere Ebene gehoben werden.

Die optimale Größe des Beirats hängt entscheidend davon ab, ob auch Gesellschafter Mitglieder des Beirats sind. Um die Entscheidungsfähigkeit des Beirats sicherzustellen, wird in der Regel eine Zahl von drei oder fünf Beiratsmitgliedern gewählt. Die Nachteile eines größeren Beirats bei der Entscheidungsfindung dürften in der Praxis durch eventuell bestehende Vorteile nur selten aufgewogen werden.

Unsicherheiten entstehen auch häufig bei der **Vergütungsfrage**. Als Richtschnur sollte gelten: Der Beirat muß mehr bringen, als er kostet. Von der Möglichkeit, die Vergütung der Beiratsmitglieder stärker erfolgs- und leistungsbezogen auszugestalten, wird leider bisher noch viel zu wenig Gebrauch gemacht. Ähnlich wie bei den Geschäftsführergehältern sollte die Beiratsvergütung in feste und variable Teile aufgespalten werden. Gut ist eine Ausrichtung am Betriebsergebnis, wobei zu empfehlen ist, den bei Beginn der

Beiratstätigkeit erreichten „Normalsockel" als Basis zugrunde zu legen und den Beirat im wesentlichen an der während seiner Tätigkeit erzielten Steigerung der Betriebsergebnisse partizipieren zu lassen. Diese Regelung hat den großen Vorteil, daß sie der Denkweise eines erfolgreichen Familienunternehmers am ehesten entspricht. Der Familienunternehmer will zwar jeden zusätzlichen Aufwand möglichst vermeiden. Wer jedoch zur Gewinnsteigerung beiträgt, der sollte auch partizipieren. Wird keine Steigerung erzielt, wird nur eine relativ geringe Grundvergütung gezahlt.

3.   Fazit: Gute Gründe für den Beirat

Zwischen den Gesellschaftern und dem Management – und zwar gleichgültig, ob es sich um familieneigenes oder familienfremdes Management handelt – entstehen leicht Spannungen und Vertrauensdefizite. Hier kann ein stets bestens informiertes Kontrollgremium wie ein Beirat Mißverständnisse aufklären, Brücken bauen und bei Meinungsverschiedenheiten unter den Gesellschaftern ausgleichen. Es kann immer wieder verwundern, daß selbst gestandene, erfolgreiche und vernünftige Gesellschafter aus sich heraus keinen Weg zur Konfliktbereinigung mehr finden können. Hier müssen kompetente Dritte an den Tisch.

Mit einem Beirat schafft sich die Geschäftsführung ein **kritisches Resonanzgremium**, das über eine auch von der Geschäftsführung akzeptierte wirtschaftliche Erfahrung verfügt. Demgemäß wird die Geschäftsführung sowohl die Probleme des Tagesgeschäfts wie auch der mittel- und langfristigen Unternehmensstrategie kritisch hinterfragen, um sich nicht zu blamieren. Bei umsichtiger Auswahl der Beiratsmitglieder und unternehmensgerechter Verteilung der Kompetenzen erhalten die Gesellschafter letztlich ein Gremium, das die für die Zukunftssicherung des Unternehmens und damit auch für die Erhaltung des eigenen Vermögens entscheidenden Fragen aufgrund seiner besonderen Fachkompetenz häufig besser beantworten kann als die Gesellschafter selbst.

Ulrich Burger
Iris Hermann

Ein inaktiver Beirat als Rettungsanker

Praxisfall 5

Horle + Böswillibald Bauunternehmung GmbH & Co. KG, Augsburg

Das Unternehmen wurde 1883 gegründet. Die Geschäftsfelder sind Hoch- und Tiefbau sowie Straßenbau. Es beschäftigt 140 Mitarbeiter und hat derzeit einen jährlichen Umsatz von 20 Millionen DM.

Die Bauunternehmung wird bereits in der vierten Generation durch die Familie geführt und erlebte mehrfache Wechsel in der Gesellschaftsstruktur. Der derzeitige geschäftsführende Gesellschafter hat frühzeitig die Probleme einer nicht geregelten Nachfolge erkannt und mit der Schaffung eines soge-nannten „inaktiven Beirats" ein neues Modell für die Erhaltung und Zukunfts-sicherung seines Unternehmens entwickelt.

Interview mit Anton Hillenbrand

Geschäftsführer, Horle + Böswillibald Bauunternehmung

?

Herr Hillenbrand, Sie führen das Unternehmen schon in der vierten Generation und haben bereits sehr frühzeitig Ihre Nachfolge geregelt. Was war der Auslöser dafür?

!

Ich bin derzeit der einzige Gesellschafter und habe drei Töchter. Der frühe Tod meiner Frau hat mich veranlaßt, für den Fall meines plötzlichen Ausscheidens wegen Krankheit oder Tod Vorsorge zu treffen. So habe ich bereits vor 15 Jahren damit begonnen, meine Nachfolge zu planen.

Die Erfahrungen im Hinblick auf unsere langjährige Firmengeschichte zeigten mir außerdem, daß klare Regelungen notwendig sind, um zu verhindern, daß bei meinem Ausscheiden das Unternehmen in eine Krise gerät.

Zudem habe ich in den vergangenen Jahren erlebt, daß viele Unternehmen unserer Branche an den Nachfolgefragen gescheitert sind.

?

Gab es bei den vorangegangenen Generationswechseln Probleme?

!

Die Generationswechsel in den Jahren 1927 und 1952 brachten große Probleme mit sich. Durch starre testamentarische Regelungen ergaben sich erhebliche haftungsrechtliche Probleme; die Interessen der inaktiven Gesellschafter kollidierten mit den Erfordernissen des Unternehmens. Es kam zu ernsthaften Krisen durch Erbauseinandersetzungen.

?

Wie haben Sie Ihr Konzept entwickelt, haben Sie Berater hinzugezogen?

!

Das Konzept habe ich mit meinem Unternehmensberater und meinem Wirtschaftsprüfer zusammen entwickelt. Das Hinzuziehen von Beratern halte ich für unbedingt erforderlich. Für mich sind sie neutrale Gesprächspartner, da sie nicht, wie die eigenen Familienmitglieder persönlich Betroffene sind und unbelastet von persönlichen Interessen Stellung beziehen können.

?

Worin besteht die Besonderheit Ihrer Nachfolgeregelung?

!

Die Besonderheit besteht in der Gründung eines sogenannten inaktiven Beirats. Der Beirat ist im Gesellschaftsvertrag verankert und im Falle meines plötzlichen Ausfalls wegen Krankheit oder Tod verpflichtet und in der Lage, den Betrieb weiterzuführen. Neben mir als Vorsitzendem besteht der Beirat aus einem Unternehmensberater, einem Wirtschaftsprüfer und einem befreundeten Unternehmer der gleichen Branche.

Die Regelung für den Notfall sieht vor, daß meine Kinder einerseits eine kompetente Beratung erhalten, andererseits von der wirtschaftlichen Verfügungsgewalt über das Firmenvermögen während der Anfangsphase ausgeschlossen werden, so daß vorschnelle und durch mangelnde Sachkompetenz verursachte Entscheidungen vermieden werden.

Die Interessen des Unternehmens und der Familie stehen gleichberechtigt nebeneinander. Die gesellschafts- und erbrechtlichen Einzelheiten, die zur Regelung aller Belange nach meinem Ausscheiden wichtig sind, wurden im Gesellschaftsvertrag und der Beiratssatzung verbindlich festgelegt.

Wird Ihr Nachfolger aus der Familie kommen?

Ich hätte es gerne gesehen, wenn eine meiner Töchter sich für die Nachfolge qualifiziert hätte. Anfangs war meine zweitälteste Tochter daran interessiert und hat in einem befreundeten Unternehmen der gleichen Branche Erfahrungen gesammelt. Danach hat sie für sich eine andere berufliche Laufbahn gewählt. Leider ist es immer noch so, daß Frauen im Baugewerbe einen schweren Stand haben und sehr hohe Anforderungen erfüllen müssen, um anerkannt zu werden. Inzwischen habe ich mich dazu entschieden, zwei bewährten Mitarbeitern ein MBO (Management-buy-out) zu ermöglichen. Sie sollen in den nächsten Jahren schrittweise die Geschäftsführung der Firma übernehmen. Bei der Auswahl habe ich den Beirat mit in meine Überlegungen einbezogen.

Wurde die Familie an den Planungen mitbeteiligt?

Meine Töchter waren bei allen Überlegungen beteiligt und sind mit den getroffenen Regelungen voll einverstanden.

Haben Sie Ihre Mitarbeiter über die Nachfolgeregelung informiert?

Die Mitarbeiter sind informiert und darüber froh, daß sie sich für den Fall meines plötzlichen Ausscheidens keine Sorgen machen müssen.

Ihr Modell ist inzwischen auch nach außen bekannt geworden. Welches Echo haben Sie erfahren?

Bei meinen regelmäßigen Treffen mit anderen Unternehmern aus der Branche, wo wir generell Erfahrungs- und Informationsaustausch pflegen, hat sich gezeigt, daß die Fragen zum Thema Nachfolgeregelung in letzter Zeit immer aktueller werden. Das Interesse an meinen Erfahrungen mit dem eingesetzten Beirat ist groß.

Von seiten der Banken habe ich allerdings kein Echo erfahren. Meines Erachtens müßten gerade die Banken diesem Thema mehr Aufmerksamkeit widmen. Immerhin würde ein Scheitern der Nachfolge nicht nur zum Verlust eines guten Kunden führen, sondern neben den Mitarbeitern und deren Familien auch Lieferanten und Subunternehmer treffen. Ich schätze, daß direkt und indirekt 3000 Menschen von unserer Bauunternehmung abhängig sind.

Was würden Sie einem Familienunternehmen raten, in dem die Nachfolge ansteht?

Ich rate dazu, die automatische Erbfolge zu vermeiden. Außerdem muß der Nachfolger finanziell unbelastet sein, wenn er das Unternehmen übernimmt.

Können Sie sich einen Ruhestand vorstellen?

Nach meinem Ausscheiden aus der aktiven Geschäftsführung würde ich gerne dem Unternehmen noch mit einigen Aktivitäten verbunden bleiben, d. h. mit kleineren Projekten und Kalkulationsaufgaben beauftragt werden, ohne mit den Kompetenzen der Geschäftsführung zu kollidieren. Einen absoluten Ruhestand kann ich mir nicht so gut vorstellen. Am liebsten würde ich sozusagen „in den Stiefeln sterben".

Burkhard Schuchmann

Die Gründung einer Aktiengesellschaft als Nachfolgevariante

1. Als Familienunternehmen an die Börse?

In mehr als 500 000 Familienunternehmen in Deutschland müssen in den nächsten Jahren Nachfolgeregelungen gefunden werden. Hierbei geht es vielfach um weit mehr, als **nur** ein neues Management innerhalb oder außerhalb der Familiengesellschafter zu finden. Meist sind grundsätzliche Überlegungen für eine strategisch ausgerichtete Zukunftssicherung des Familienunternehmens anzustellen, die vielfach der Suche nach einer neuen Unternehmensführung sogar vorangestellt werden sollten. Unter den zahlreichen diskutierten Möglichkeiten im Hinblick auf Zukunftssicherung und Nachfolgeregelung von Familienunternehmen kann auch die Umwandlung in eine Aktiengesellschaft und deren Börsenplazierung eine interessante Lösung darstellen.

Nachdem die Anzahl der börsennotierten Gesellschaften bis in die siebziger Jahre kontinuierlich zurückging, war es auch ein Verdienst der seinerzeitigen Portfolio Management GmbH, München, welche in den achtziger Jahren gegen die Intentionen der Großbanken erstmals kleinere Familienunternehmen an die Börse führte, daß sich dieser Trend änderte. Obwohl einige dieser Unternehmen wenig später in Konkurs gingen, haben sich Firmen, wie z. B. Etienne Aigner, Knürr oder Computer 2000 gut behauptet. Etwa ab Mitte der achtziger Jahre fingen auch die Banken an, sich für die Börseneinführung mittelständischer Familienunternehmen zu interessieren und diese nun gleichfalls aktiv anzuregen und zu fördern.

2. Motive für die Umwandlung in eine AG und die Kapitalmarkteinführung

2.1 Bekanntheitsgrad

Ein Unternehmen, das nach sorgfältiger Analyse seiner eigenen Stärken und Schwächen ein deutliches Wachstumspotential für sich erkannt und sich für eine Wachstumsstrategie entschieden hat, kann in der Rechtsform der AG und einem Börsengang erhebliche unternehmerische Perspektiven finden.

Gerade für viele, in der breiten Öffentlichkeit wenig bekannte, Familienunternehmen kann ein erfolgreiches going public die eigene Marktposition deutlich verstärken. Bedingt durch die strikte Finanzverfassung der AG und die Tatsache, daß das gesamte Unternehmensgeschehen durch Geschäftsberichte, Zwischenberichte, Pressekonferenzen und Analystengespräche sich gewissermaßen vor den kritischen Augen der Öffentlichkeit abspielt, wird einer börsennotierten Aktiengesellschaft grundsätzlich ein gesteigertes Vertrauen entgegengebracht. Die laufende Publizität in der Wirtschaftspresse kann sich - so sie denn als Marketinginstrument bewußt und gezielt eingesetzt wird - positiv auf das Unternehmensimage und seine Produkte auswirken und damit auch die Geschäftsbeziehungen zu Kunden und Lieferanten fördern. Dies gilt sicherlich in besonderem Maße für Markenartikler. Aber gerade auch für die Nicht-Markenartikler und allgemein weitgehend unbekannte Unternehmen, wie z. B. Sartorius, Hermle, Herlitz oder Vossloh, hatte der zunehmende Bekanntheitsgrad durch das going public deutliche vorteilhafte Auswirkungen auf das operative Geschäft.

Über diese mehr generell positiven Effekte hinaus bieten die Umwandlung in eine Aktiengesellschaft und die Börseneinführung aber auch eine Reihe konkreter unternehmerischer Perspektiven.

2.2   Nachfolgeregelung - Gewinnung qualifizierter Mitarbeiter

Alleine die Rechtsform der Aktiengesellschaft übt schon eine höhere Anziehungskraft auf Führungskräfte aus. Insbesondere wissen viele Führungskräfte die durch das Aktiengesetz festgeschriebene, weitgehende Kompetenz und Eigenverantwortlichkeit des Vorstands zu schätzen. Der erhöhte Bekanntheitsgrad einer börsennotierten AG erleichtert ebenso unterhalb der Vorstandsebene deutlich die Suche nach qualifizierten Führungskräften. Ein in der Öffentlichkeit bekanntes und angesehenes Unternehmen übt generell eine erhöhte Anziehungskraft auf sie aus.

Nicht zu unterschätzen ist auch der Anreiz für qualifizierte Führungskräfte als Vorstand einer börsennotierten AG, die Erfolge und Perspektiven ihres Unternehmens in Hauptversammlungen, Pressekonferenzen und Road Shows persönlich öffentlich präsentieren zu können.

Durch die „Gewaltenteilung", die das Aktienrecht vorschreibt, kann in der familienbeherrschten AG die Arbeit des Vorstands versachlicht und auf das Unternehmensinteresse hin objektiviert werden. Gerade für einen Fremdmanager hat dies den Vorteil, daß er sich nicht mit den Interessen einzelner Familiengesellschafter auseinandersetzen muß, sondern sich voll auf die Belange des Unternehmens konzentrieren kann.

Eine **börsennotierte Familien AG** kann durchaus den Charakter eines Familienunternehmens beibehalten, ohne daß die Familie einen direkten Einfluß auf die operative Geschäftsführung ausübt. Ein typisches Beispiel bietet hierfür die **Vossloh AG**, an der die Familie Vossloh im Juni 1998 lediglich noch mit 36 % beteiligt war und die ausschließlich von Fremdmanagern geführt wird (hier geht die Trennung so weit, daß Familienmitgliedern eine Einstellung in das Unternehmen grundsätzlich verwehrt ist). Dennoch versteht sich das Unternehmen nach wie vor als Familienunternehmen, und die über 80

Vossloh Familienaktionäre fühlen sich dem Unternehmen eng verbunden. Dies haben sie nicht zuletzt dadurch zum Ausdruck gebracht, daß sie ein Vorstandsmitglied in ihren Familienpool aufgenommen haben, was als Zeichen besonderer gegenseitiger Wertschätzung und ausgeprägten Vertrauens zu werten ist.

Unstrittig ist aber, daß sich mit der Umwandlung eines Familienunternehmens in die Rechtsform der AG der **Einfluß der Familiengesellschafter** grundsätzlich ändert. Dies gilt auch für den Fall, daß das Familienunternehmen bereits als Kapitalgesellschaft in der Rechtsform einer GmbH geführt wurde. So können in der GmbH die Gesellschafter einen unmittelbaren Einfluß auf die Geschäftspolitik des Unternehmens ausüben. Die Gesellschafterversammlung der GmbH bestellt die Geschäftsführer oder beruft sie ab, und sie kann ihnen jederzeit verbindliche Weisungen erteilen (§§ 37 und 46 GmbHG).

Mit der Umwandlung in eine AG können die Aktionäre nur noch mittelbar Einfluß auf den Vorstand ausüben, und zwar über Hauptversammlung und Aufsichtsrat.

Exkurs: Die Verfassung der Aktiengesellschaft

*Die Verfassung der Aktiengesellschaft unterscheidet sich von allen anderen Unternehmensformen durch eine klare Funktionsaufteilung zwischen den drei Gesellschaftsorganen: **Vorstand, Aufsichtsrat, Hauptversammlung**.*

Der Vorstand *leitet die Gesellschaft in eigener Verantwortung; Geschäftsführung und Vertretung der Gesellschaft liegen ausschließlich in seinen Händen. Er ist auch gegenüber dem Aufsichtsrat nicht weisungsgebunden. Der Aufsichtsrat kann jedoch festlegen, daß der Vorstand bestimmte Arten von Geschäften nur mit seiner Zustimmung vornehmen darf. Im Rahmen der Beschlußfassung steht allen Vorstandsmitgliedern grundsätzlich das gleiche Stimmrecht zu.*

Der Aufsichtsrat *bestellt die Mitglieder des Vorstands jeweils für längstens fünf Jahre und kontrolliert dessen Geschäftsführung.*

Der Aufsichtsrat einer Aktiengesellschaft setzt sich aus mindestens drei Mitgliedern zusammen. Dabei ist ein Drittel der Aufsichtsratmitglieder nach dem Betriebsverfassungsgesetz von den Arbeitnehmern zu wählen. Da für eine Beschlußfassung im Aufsichtsrat mindestens drei Mitglieder anwesend sein müssen, hat es sich aus Praktikabilitätsgründen bewährt, von vornherein die Mitgliederzahl im Aufsichtsrat satzungsmäßig auf sechs festzulegen, wovon dann zwei Mitglieder durch die Belegschaft zu wählen wären. Bei Unternehmen mit mehr als 2 000 im Inland beschäftigten Arbeitnehmern setzt sich der Aufsichtsrat nach dem Mitbestimmungsgesetz 1976 paritätisch zusammen, also je zur Hälfte aus Vertretern der Anteilseigner und der Arbeitnehmer.

Häufig besteht gerade in Familienunternehmen eine große Furcht vor der Mitbestimmung der Arbeitnehmer im Aufsichtsrat, ganz besonders natürlich im paritätisch besetzten Aufsichtsrat. Diese Befürchtungen erweisen sich in der Praxis meist als unbe-

gründet. Vielmehr bietet die Beteiligung der Arbeitnehmer im Aufsichtsrat die Chance, die Belegschaft mit der Unternehmenspolitik vertraut zu machen, ihre Vertreter in die Entscheidungsfindungen mit einzubeziehen und damit das Vertrauensverhältnis zwischen Belegschaft, Familienaktionären und Aufsichtsrat zu stärken. Im Bereich der paritätischen Mitbestimmung ist der maßgebliche Einfluß der Anteilseignerseite dadurch gewährleistet, daß der von den Anteilseignern gestellte Aufsichtsratsvorsitzende in einem möglicherweise erforderlichen Stimmenentscheid über zwei Stimmen verfügt.

*In der **Hauptversammlung** nehmen die Aktionäre ihre Rechte in Angelegenheiten der Gesellschaft wahr. Die Hauptversammlung entscheidet insbesondere über die Bestellung der Anteilseignervertreter, Entlastung von Vorstand und Aufsichtsrat sowie über alle Satzungsänderungen (z. B. Kapitalerhöhungen).*

Grundsätzlich gewährt jede Aktie (Nennwertaktie oder Stückaktie) ein Stimmrecht. Möglich ist aber auch die Ausgabe von stimmrechtslosen Vorzugsaktien. Damit kann erreicht werden, daß alle stimmberechtigten Aktien im Kreise der Familie verbleiben. Allerdings hat die Akzeptanz von Vorzugsaktien bei den Anlegern deutlich abgenommen.

Beschlüsse der Hauptversammlung werden mit der einfachen Mehrheit der abgegebenen Stimmen gefaßt. Beschlüsse von besonderer Bedeutung bedürfen zusätzlich einer qualifizierten Mehrheit von mindestens 3/4 des bei der Beschlußfassung vertretenen Kapitals. Der Gestaltungsspielraum für die Satzung der AG ist in diesem Zusammenhang relativ groß.

2.3   Mitarbeiterführung

Nicht unerwähnt sollte bleiben, daß eine Aktiengesellschaft die in der Praxis vielfach bewährte Möglichkeit bietet, auf sehr unkompliziertem Wege ihre Mitarbeiter am Produktivkapital und am Unternehmenserfolg durch Ausgabe von Belegschaftsaktien zu beteiligen und damit deren Identifikation mit dem Unternehmen und Interesse am Unternehmenserfolg und der Unternehmenswertsteigerung zu erhöhen.

2.4   Unternehmensfinanzierung

Eigenkapital bildet die finanzielle Grundlage für unternehmerisches Handeln. Es muß einem Unternehmen dauerhaft zur Verfügung stehen. Jedes Unternehmenswachstum wird begrenzt, wenn die Eigenkapitalbasis nicht ausreicht. Auch in Familienunternehmen wird es nicht immer möglich sein, Gewinne ausschließlich zu thesaurieren. Gerade in **Familienunternehmen** mit zahlreichen Gesellschaftern in der **zweiten und dritten Generation** driften leicht die Gesellschafterinteressen (nach möglichst hoher Ausschüttung) und die Unternehmensinteressen (nach kontinuierlicher Stärkung der Eigenkapitalbasis) auseinander. Oft geht aber auch in einem Unternehmen bei Nutzung der Marktchancen der Eigenkapitalbedarf über die Selbstfinanzierungskraft ebenso hinaus wie über die Fähigkeit oder den Willen der Familiengesellschafter, zusätzlich neues Kapital zur Verfügung zu stellen. Sicherlich kann und muß sich ein Unternehmen dann in seinem möglichen Wachstum beschränken und gegebenenfalls auf Innovationen verzichten. Dies führt aber leicht zum Schrumpfen des Unternehmens und kann den Anfang vom Ende bedeuten. Die in solch einem Fall denkbare **Aufnahme eines kapitalstarken Partners** kann und wird meist sehr schnell die Identität des Unternehmens dramatisch verändern.

Ist dies nicht gewollt, bietet sich die **Öffnung des Unternehmens als Aktiengesellschaft** zum breiten Publikum hin an. Dieser Weg ermöglicht es, das Unternehmen weiterzuentwickeln und gleichzeitig die Unternehmensidentität zu erhalten. Mit der Umwandlung zur Publikumsgesellschaft gewinnt ein Unternehmen Zugang zum Kapitalmarkt und damit zu dem in großem Umfang laufend nach Anlage suchenden Risikokapital. Die inzwischen sehr klein stückelbare Aktie spricht neuerdings auch in Deutschland breite Anlegerkreise an. Ihre Fungibilität macht sie für den Aktionär zu einer liquiden Anlage. Dabei wird das Unternehmen von Gesellschafter- (Aktionärs-) wechseln selber nicht berührt, ja es nimmt ihn in der Regel nicht einmal wahr. Dies bedeutet, daß sich mit der Umwandlung in eine AG und dem Börsengang zwangsläufig die Interessenschwerpunkte der Gesellschafter von einer unternehmerischen auf eine finanzielle Seite verlagern, wird doch der Erfolg einer Kapitalanlage in Aktien in erster Linie an Dividendenzahlung und Preisentwicklung an der Börse gemessen. Nur in den Fällen, in welchen der Vorstand einer AG gleichzeitig Aktionär ist, fallen beide Interessenbereiche zusammen. Weitgehend bewirkt aber die Eigenheit der Inhaberaktie eine Unabhängigkeit des Unternehmens von den finanziellen Verhältnissen seiner Aktionäre.

Auch bei **Erbauseinandersetzungen** im Familiengesellschafterkreis oder bei dem Wunsch einzelner Familiengesellschafter, seine Anteile zu verwerten, ist der Aktienmarkt das ideale Instrument. Es entstehen keine Bewertungsfragen, eine Fungibilität ist vorhanden, und auch hier gilt, daß das Unternehmen selber von diesen Vorgängen praktisch nicht berührt wird.

Durch den Börsengang steht aber auch im Rahmen der Fremdmittelbeschaffung eine Reihe von zusätzlichen Finanzierungsmöglichkeiten über den Kapitalmarkt offen, wie z. B. die Ausgabe von Wandel- oder Optionsanleihen, Schuldverschreibungen oder Genußscheinen. Diese Möglichkeiten können zwar grundsätzlich auch von nicht börsennotierten mittelständischen Unternehmen in Anspruch genommen werden. In der Praxis erweist sich dies jedoch wegen des in der Regel geringen Bekanntheitsgrades und des dadurch auch geringen Standings am Kapitalmarkt als recht schwierig.

Die Flexibilität der Aktie und der Zugang zum Kapitalmarkt gewähren der Unternehmensleitung einen großen Handlungsspielraum für ihre Investitions- und Finanzierungsvorhaben, gleichermaßen zum Nutzen des Unternehmens und seiner Anteilseigner.

3. Mögliche Nachteile der Rechtsform der AG für ein Familienunternehmen

Bis vor wenigen Jahren wurde in Deutschland von der Umwandlung von Familienunternehmen in die Rechtsform einer Aktiengesellschaft nur sehr wenig Gebrauch gemacht. Dies mag teilweise daran liegen, daß in der Vergangenheit die **„Eintrittsbarrieren"** relativ hoch waren oder erschienen, die Banken nur sehr zögerlich reagierten bei dem Ansinnen, Mittelständler an die Börse zu begleiten und schließlich viele Unternehmer auch heute noch die Meinung vertreten, mit dem Börsengang das Familienunternehmen aufzugeben.

Einige der häufig geäußerten Vorbehalte seien hier kurz angesprochen:

- Fremdfinanzierung ist billiger
- Furcht vor Fremdeinfluß
- Publizität
- Mitbestimmung
- Aufwendiger Apparat
- Hohe Kosten für Rechtsformwechsel und Börseneinführung
- Steuerliche Nachteile.

3.1 Fremdfinanzierung ist billiger

Zweifelsfrei ist Eigenkapital stets teurer als Fremdkapital. Dabei darf jedoch nicht übersehen werden, daß Fremd- und Eigenkapitalfinanzierung keine beliebig austauschbaren Alternativen darstellen. Auch die Vorstellung, daß man im Wege des Leasing Eigenkapital durch Fremdmittel substituieren könne, ist irrig. Eine gesunde Bilanzstruktur mit einer Eigenkapitalquote von mehr als 30 Prozent ist in vielen Fällen anzustreben. Das kontinuierliche Unternehmenswachstum erfordert dann auch eine entsprechende laufende Anpassung der Eigenkapitalbasis.

3.2 Furcht vor Fremdbestimmung

Eines der wesentlichen Argumente gegen die Öffnung eines Familienunternehmens für das Publikum ist der damit verbundene, in der Regel zunächst anonyme, Fremdeinfluß. Üblicherweise ist der Familienunternehmer daran gewöhnt, mit einer kleinen Zahl ihm bekannter Kapitalgeber zu arbeiten, die ihn kennen, ihm vertrauen und seinen Vorstellungen folgen. Diese persönliche Beziehung geht bei der Aktiengesellschaft im Normalfall zumindest teilweise verloren. Aber auch in der Aktiengesellschaft bestehen umfangreiche Gestaltungsmöglichkeiten zur Absicherung des Familieneinflusses. Dazu gehört etwa die Bildung eines Familienpools, durch den ein einheitliches Stimmverhalten der Familienaktionäre in der Hauptversammlung geregelt werden kann und der auch die freie Veräußerung von Aktien von einer Zustimmung der Poolmitglieder abhängig macht oder eine Andienungsverpflichtung gegenüber den anderen Poolmitgliedern vorsehen kann. Solange die Familienaktionäre darauf achten, daß sie ihre Stimmen poolen und dabei zumindest stets über eine Hauptversammlungsmehrheit verfügen, werden ungewollte Einflüsse Dritter auf Unternehmensentscheidungen kaum möglich sein.

Schließlich ist es auch möglich, zum Erhalt der eigenen Stimmenmehrheit am Markt stimmrechtslose Vorzugsaktien auszugeben.

Im übrigen gilt aber, daß in jeder Unternehmensform die Entscheidungsträger immer dann ihre Handlungsfreiheit verlieren, wenn die Erträge des Unternehmens zurückgehen, die eigene Liquidität aufgebraucht und die Eigenkapitalbasis zu gering geworden ist.

3.3 Publizität

Die in der Personengesellschaft mögliche Geheimhaltung nahezu aller Unternehmensdaten bzw. deren gezielte individuelle Weiterleitung an ausgesuchte Adressaten ist in der Aktiengesellschaft mit ihren anonymen Aktionären nicht haltbar. Hier sind umfangreiche Informationen an die Öffentlichkeit durch Börsenzulassungsprospekte, Geschäftsberichte, Hauptversammlungen, Zwischenberichte, ad hoc Meldungen usw. unvermeidbar. Das Unternehmen, sein Zahlenwerk, seine Entwicklung und Perspektiven werden für jeden Interessierten deutlich erkennbar. Dies mag von vielen Unternehmen als nachteilig empfunden werden, in manchem Fall sogar zu Recht. Den Unternehmen jedoch, welche den Schritt an die Börse und damit in die Öffentlichkeit gewagt haben, gelang es in der Regel sehr schnell, sich nicht nur an die Publizität zu gewöhnen, sondern diese vielmehr positiv und aktiv als Werbemittel einzusetzen. Heute gehen sogar zahlreiche Aktiengesellschaften mit ihrer Informationsbereitschaft deutlich über die vorgeschriebenen Pflichtangaben hinaus. Die Öffentlichkeitsarbeit über die Wirtschaftspresse ist eine hervorragende Möglichkeit, das Unternehmen ohne weiteren Werbeaufwand regelmäßig einem breiten Publikum darzustellen. Diese Publizität ist eine gar nicht hoch genug einzuschätzende Chance, Vertrauen für das Unternehmen zu gewinnen. Wer sich regelmäßig der Öffentlichkeit und damit gegebenenfalls auch der öffentlichen Kritik stellt, zeigt Souveränität im unternehmerischen Gebaren und weist nach, daß er über geeignete Planungs- und Kontrollinstrumente verfügt sowie sein Unternehmen entsprechend nach strategischen Überlegungen ausrichtet. Gleichzeitig zwingt auch die Publizität das Management zu noch mehr Sorgfalt und läßt Entscheidungen leichter nachvollziehen.

3.4   Mitbestimmung

Die Mitsprache- und Mitbestimmungsrechte, wie sie sich aus dem Betriebsverfassungs-gesetz 1952 und dem Mitbestimmungsgesetz von 1976 ergeben, sind heute weitgehend zur Selbstverständlichkeit geworden. Insbesondere die paritätische Mitbestimmung bei mehr als 2 000 im Inland beschäftigten Arbeitnehmern wird häufig zum Argument gegen die Form der Aktiengesellschaft verwendet. Aber auch hier zeigt die Praxis, daß sich wie bei der Publizität aus den zunächst als äußerst nachteilig empfundenen gesetzlichen Ver-pflichtungen auch positive Instrumente entwickeln lassen. Wird die Mitbestimmung als Instrument zur internen Vertrauensbildung zwischen Belegschaft und Unternehmenslei-tung eingesetzt, kann dies deutliche Vorteile bringen. So wird das Management schlichtweg gezwungen, seine Belegschaft über die Situation des Unternehmens, seine Chancen und auch seine Probleme regelmäßig zu informieren. Die heutigen Diskussio-nen in vielen Unternehmen über die Ausrichtung der Unternehmenspolitik auf die Ent-wicklung des sogenannten Shareholder Value, d. h. auf den Unternehmenswert läßt häu-fig die Meinung aufkommen, daß damit die Interessen der Mitarbeiter auf der Strecke bleiben. Dabei wird häufig verkannt, daß nachhaltig nur Unternehmen mit einer kompe-tenten und hoch motivierten Belegschaft erfolgreich sein können. Oftmals sind es daher gerade die Arbeitnehmervertreter in den Aufsichtsräten, die aufgrund ihrer Informatio-nen und ihres Verstehens von Unternehmenszusammenhängen eine äußerst positive Rolle dabei spielen, Mißtrauen bei den Mitarbeitern zu überwinden und Vertrauen für die Entscheidungen der Unternehmensführung zu gewinnen. Publizität und Mitbestim-mung können trotz der mit ihnen zunächst verbundenen Nachteile überwiegend zur Ver-trauens- und Imagebildung nach innen und außen zum Vorteil für das Unternehmen ein-gesetzt werden.

3.5   Aufwendiger Apparat

Zweifelsfrei verursacht die Rechtsform der Aktiengesellschaft erhöhten Aufwand. Dazu zählen im wesentlichen die laufenden Aufwendungen für die Geschäftsberichte (vielfach werden diese auch noch zusätzlich in einer fremdsprachigen Fassung benötigt), die Auf-stellung und Prüfung des Jahresabschlusses, die Kosten für den Aufsichtsrat und die Hauptversammlung, Pressekonferenzen, Analystenveranstaltungen u.a. In vielen Unter-nehmen hat sich auch der Aufbau einer eigenen Investor Relations Abteilung als unab-dingbar erwiesen. Diese Kosten sind in der Regel jedoch wesentlich geringer gegenüber denen, die für andere Public Relations Maßnahmen entstehen würden, um auch nur an-nähernd einen vergleichbaren Bekanntheitsgrad des Unternehmens zu erreichen.

Nicht unterschätzt werden darf jedoch die zeitliche Beanspruchung, die mit dem Börsen-gang insbesondere auf den Vorstand zukommt. Die Tatsache, daß gerade mittelständi-sche Unternehmen im Jahr des Börsengangs oftmals ihre Ergebnisziele nicht erreichen, ist zumindest teilweise darauf zurückzuführen, daß die Börseneinführung vom Management und der Administration zusätzlich erheblichen zeitlichen Aufwand verlangt. Aber genauso betrifft erfahrungsgemäß ein großer Teil der Arbeit für die laufenden Investor Relations Maßnahmen, wie Analystenkonferenzen und -gespräche, Road Shows, Vorbereitung von Hauptversammlungen und Pressekonferenzen den Vorstand. Dennoch erscheint in gleicher Weise dieser Zeitaufwand als ein gutes Investment zur Stärkung des Unternehmens.

3.6 Kosten für Rechtsformwechsel und Börsengang

Neben den laufenden Kosten, welche eine Publikumsgesellschaft regelmäßig verursacht, sind von besonderer Bedeutung die Einmalaufwendungen für den Rechtsformwechsel und den Börsengang selber. Letztere sind erheblich. Sie umfassen u. a. Aufwendungen für Berater, Leistungen Dritter, Notar- und Registergebühren sowie Börseneinführungsprovisionen der Banken und können erfahrungsgemäß bis zu 8 Prozent des Emissionserlöses ausmachen. Allerdings sind diese Kosten steuerlich abzugsfähig.

Selbst wenn diese Kosten, die im übrigen - wenn auch deutlich niedriger - bei jeder Kapitalerhöhung erneut entstehen, sehr hoch sind, dürften sie unter Berücksichtigung des damit ermöglichten Eigenkapitalzuflusses ein gutes Zukunftsinvestment darstellen. Dies soll nicht bedeuten, daß es nicht ratsam wäre, über die Höhe der Provisionen der Banken und die Honorare der Berater im Vorfeld intensiv zu verhandeln.

3.7 Steuerliche Nachteile

Die Frage nach den steuerlichen Auswirkungen der Umwandlung des Familienunternehmens in eine Aktiengesellschaft und des anschließenden Börsenganges läßt sich nur individuell auf jeden einzelnen Fall bezogen beantworten. Hier ist es unverzichtbar, einen guten Steuerberater oder die Steuerabteilung des Wirtschaftsprüfers heranzuziehen. Dabei spielt es bereits eine wesentliche Rolle, ob das Unternehmen in der Rechtsform einer Kapitalgesellschaft oder noch in der eines Einzelunternehmens oder einer Personengesellschaft geführt wird. Hier kann generell angemerkt werden, daß die rein formwechselnde Umwandlung von der GmbH in die AG steuerlich zu kaum unterschiedlichen Belastungen führt.

Gravierende Veränderungen ergeben sich durch den Börsengang, da die Aktien börsennotierter Gesellschaften bei der Erbschaftsteuer grundsätzlich mit dem Börsenkurs bewertet werden, während bei den nicht notierten Gesellschaften die Bewertung nach dem vergangenheitsorientierten Stuttgarter Verfahren erfolgt, die im Regelfall zu Werten führt, die erheblich unter den Börsenwerten liegen. Da dies zu gravierenden Belastungsunterschieden bei der Erbschaftsteuer führen kann, wäre vor einem geplanten Börsengang über eine vorweggenommene Erbfolge nachzudenken.

Im übrigen ist zu berücksichtigen, daß eine Finanzierung der Erbschaftsteuer über Anteilsverkäufe durch die Fungibilität der Aktie wesentlich erleichtert wird. Dabei ist in der Regel - soweit es sich nicht um eine wesentliche Beteiligung handelt - der Veräußerungsgewinn steuerfrei. Dazu kommt, daß der Anteilswert durch den Börsengang meist deutlich höher ist als der Wert eines allgemein nur schwer veräußerbaren Geschäftsanteils einer GmbH oder einer Personengesellschaft. Aber es besteht kein Zweifel, daß die erbschaftsteuerliche Belastung einen gravierenden Nachteil einer börsennotierten AG darstellen kann. Dennoch sollte dies letztlich und unter Ausnutzung aller sinnvollen Gestaltungsmöglichkeiten einem Börsengang nicht im Wege stehen. Die Vorteile dürften insgesamt die Nachteile noch immer deutlich übersteigen.

4. Voraussetzungen für den Börsengang

Der Entschluß zum Börsengang ähnelt sehr der Entscheidung zur Einführung eines neuen Produktes am Markt. Das Produkt muß nach sorgfältiger Marktanalyse geplant, produziert und vertrieben werden. Um die Aktie und um den Aktionär gilt es sich genauso zu bemühen wie um das Neuprodukt und seinen Käufer.

Vor einem Börsengang muß das Unternehmen sich eine klare durchschaubare Struktur geben. Werden Aktivitäten in unterschiedlichen Geschäftsfeldern abgewickelt, kann sich auch eine Holdingstruktur anbieten. Alle Sondervorteile zugunsten aller oder einzelner Mitglieder der Inhaberfamilie, wie sie in Familienunternehmen meist anzutreffen sind, sind abzuschaffen.

Das Management der Gesellschaft muß anerkanntermaßen kompetent besetzt sein. Es muß eine nachvollziehbare und realistische Unternehmensstrategie vorliegen, die für das Unternehmen interessante Zukunftsperspektiven erkennen läßt. Das Unternehmen muß über ein nachweislich bewährtes Planungs- und Controllinginstrumentarium verfügen.

Die **Ertragsentwicklung** sollte über mehrere Jahre hinweg interessante Zuwächse ausweisen und für die folgenden Jahre auch erwarten lassen, d. h. bei einer Emission muß eine deutliche positive Aktienkursentwicklung zu unterstellen sein. Dies bedeutet aber auch, daß der Emissionspreis durchaus vorsichtig gewählt werden sollte. Grundsätzlich leitet sich der Börsenwert eines Unternehmens aus den künftig - ohne Sondereinflüsse - nachhaltig zu erwartenden Gewinnen ab. Maßstab ist hierbei das DVFA/SG-Ergebnis, das dann mit einem Vervielfacher (abgeleitet von dem Kurs-Gewinn-Verhältnis vergleichbarer börsennotierter Unternehmen) multipliziert wird und damit den rechnerischen Börsenwert eines Unternehmens darstellt. Es empfiehlt sich sehr, den Erstemissionspreis so niedrig anzusetzen, daß auch bei nicht voller Realisierung der Unternehmensplanung Kursteigerungen möglich sind. Die Aktionäre müssen erst einmal Vertrauen finden zu dem ihnen bislang unbekannten Unternehmen und seinem Management. Es kann empfehlenswert sein, wegen einer vorsichtigen Preisfestlegung das Aktienvolumen der Erstemission relativ klein zu halten.

Schließlich ist es notwendig, eine klare Aussage zu treffen, welcher Verwendung die durch den Börsengang zufließenden Mittel zugeführt werden sollen. Bei allem Verständnis, daß Familienunternehmer beim Börsengang auch selber gerne Kasse machen, sollte dennoch der wesentliche Teil des Emissionserlöses zur Wachstumsfinanzierung des Unternehmens vorgesehen werden. Auch eine reine Ablösung bisheriger Fremdmittel sollte nicht im Vordergrund stehen.

Die **Größe des Unternehmens** spielt beim Börsengang heute nur noch eine untergeordnete Rolle. Insbesondere am neuen Markt lassen sich bereits Unternehmen mit Umsätzen von 20-30 Millionen DM Umsatz plazieren, sofern sie denn als high-tech Werte ein rasantes Wachstum erwarten lassen.

Für die **Vorbereitung und Durchführung** eines Börsenganges muß ein gut organisiertes und erfolgreiches Wachstumsunternehmen heute bei entsprechend qualifiziertem Einsatz von Beratern und guter Bankenunterstützung nicht mehr als etwa **vier bis sechs Monate** ansetzen.

Wenn nach dem Börsengang das Unternehmen seine gesetzten wirtschaftlichen Ziele auch tatsächlich erreicht, das Management die berechtigten Aktionärsinteressen im Sinne einer ausgewogenen Ausschüttungs- und Investitionspolitik wahrnimmt und das Vertrauen der Aktionäre durch eine regelmäßige, umfangreiche und auch bei Negativentwicklungen ehrliche Informationspolitik gewinnt, wird das Familienunternehmen als Aktiengesellschaft eine hohe Wertschätzung genießen und seine Identität als Familienunternehmen erfolgreich beibehalten können.

5. Vorteile für die Zukunftssicherung des Unternehmens

Die Öffnung eines Familienunternehmens zum breiten Anlegerpublikum bedeutet für das Unternehmen und seine Gesellschafter die Einleitung eines völlig neuen Abschnitts in der Unternehmensgeschichte. Mit der Gewinnung neuer Risikokapitalgeber wird eine wesentliche Voraussetzung erfüllt, um in den sich immer weiter öffnenden Märkten und unter zunehmendem Wettbewerb erfolgreich bestehen zu können. Die klare Trennung zwischen Kapital und Management, wie sie das Aktienrecht vorsieht und die große Attraktivität, die ein erfolgreiches börsennotiertes Unternehmen auf Führungskräfte ausübt, wird in zahlreichen Fällen **eine Nachfolgeregelung wesentlich erleichtern**. Eine Beteiligung am Unternehmen oder die Gewährung von stock options können die Suche nach einem kompetenten Nachfolger in der Unternehmensführung zusätzlich positiv unterstützen.

Sicherlich wird sich mit dem Börsengang und dem Wechsel zu einem durch Fremdmanager geführten Unternehmen auch die **Unternehmenskultur** deutlich verändern. Die Unternehmensinteressen und die Aktionärsinteressen sind deutlich voneinander getrennt; beiden ist aber gleichermaßen gerecht zu werden. Den Charakter eines Familienunternehmens kann man - wenn man denn die entsprechenden Gestaltungsmöglichkeiten wahrnimmt - langfristig erhalten und pflegen. Mit dem Börsengang und einer dadurch möglicherweise erleichterten Regelung in der Nachfolge der Unternehmensführung kann ein ganz entscheidender Schritt zur Zukunftssicherung des Familienunternehmens getan werden.

Dr. Ambros Schindler

Mit einer Stiftung neue Wege gehen

1. **Kriterien für die Errichtung einer Stiftung**

2. **Auswahl des Stiftungstyps**

3. **Bestimmung der Stiftungsaufgaben**

4. **Die optimale Stiftungsgestaltung**

1.   Kriterien für die Errichtung einer Stiftung

Von rund 7500 rechtsfähigen Stiftungen dienen weniger als 1000 Stiftungen dazu, die Organisationsstruktur im Unternehmensbereich zu verbessern. Zu wenig wird von der Rechtspraxis bedacht, daß manche Gestaltungsmöglichkeiten im Unternehmen nur mit den konstitutionellen Eigenschaften der Stiftung erreichbar sind.

Bei folgenden Sachverhalten ist die Errichtung einer oder mehrerer Stiftungen in Erwägung zu ziehen:

Erbrechtliche Gegebenheiten

Wenn Unternehmer keine Erben haben oder trotz einer großen Zahl von Erben kein Interesse an der Unternehmensfortführung besteht, müssen das Unternehmen respektive die Unternehmensbeteiligungen veräußert oder an solche Personen übertragen werden, die für die Fortführung des Unternehmens eintreten. Die Stiftung ist eine solche „Kunstperson", weil in deren Satzung die Unternehmensfortführung verankert werden kann.

Sicherung der Kapitalbasis

Mit der Übertragung des Vermögens auf die Stiftung läßt sich vermeiden, daß das Eigenkapital eines Unternehmens durch den Erbgang ausgezehrt wird.

Gefahren bestehen insbesondere in

- der Vermögensspaltung durch Erbgang in Splitteranteile und letztendlich dem Verkauf solcher Anteile
- der Notwendigkeit von Abfindungszahlungen bei Gesellschaftskündigung.

Durch rechtzeitige Stiftungsdotation (10 Jahre vor dem Tod des Erblassers) wird das Entstehen von Pflichtteilsergänzungsansprüchen verhindert. Schließlich läßt sich durch Errichtung einer gemeinnützigen Stiftung nicht nur die Schenkung- und Erbschaftsteuer vermeiden, sondern bei rechtzeitiger Gestaltung das Dotationsvermögen der Stiftung und damit das Eigenkapital des Unternehmens durch Steuerrückflüsse und Steuerersparnisse erhöhen.

Verbesserung der Führungsstruktur

Die Stiftung kann verhindern, daß unfähige oder unwillige Abkömmlinge in die Unternehmerrolle hineinwachsen. Durch konsequente Trennung von Eigentum und Management und Errichtung einer Führungsholding können eine optimale, vom Eigentum gelöste Nachfolge im Management und eine Kontrolle des Managements implementiert werden.

Sind Mitglieder der Familie weiter in der Stiftung vertreten, dann können durch familienfremde Organmitglieder die Schiedsrichterrolle übernommen und mögliche Streitigkeiten zwischen Familienstämmen vermieden werden.

Zwecksetzung und Organisation der Stiftung werden nicht wie bei anderen Rechtsformen durch die jeweiligen Gesellschafter bestimmt und sind entsprechend mit Mehrheitsbeschlüssen änderbar, vielmehr legt der Stifter auf Dauer fest, welche Aufgaben er mit der Stiftung verfolgen will. Deshalb ist die Stiftung eher als andere Organisationsformen dazu geeignet, die Unternehmenskontiniutät zu sichern und dem Unternehmerwillen zu entsprechen.

Im Falle der Ausgestaltung als Führungsstiftung innerhalb des Unternehmens lassen sich dauerhaft Leitungsgrundsätze festschreiben, wie z. B. die Förderung von leitenden Mitarbeitern durch Berufung in eine Führungsstiftung. Die Stiftung wird auch vielfach als Instrument gesehen, um das operative Management gegen die strategische Ebene der Vermögensholding abzugrenzen.

Langfristige „Signalwirkungen"

Eine frühzeitige Errichtung der Stiftung und deren Einsetzung als Erbe signalisieren der Familie sowie den Mitarbeitern, Auftraggebern, Auftragnehmern und der Öffentlichkeit rechtzeitig, wer die Eigentümerrolle übernehmen und prägen wird. Unsicherheiten hinsichtlich der Dauerhaftigkeit des Unternehmens, die Geschäftsführer, Mitarbeiter, Zulieferer und Abnehmer bei einem bejahrten Unternehmer treffen, werden ausgeräumt.

Unternehmensführung und Mäzenatentum

Mit der Errichtung einer gemeinnützigen Stiftung kann ein Unternehmer sowohl Kapital für unternehmerische Zwecke als auch für gemeinnützige Aktivitäten dauerhaft bereitstellen. Erträge, die ansonsten in die privatnützige Verwendung fließen würden, sind für gemeinnützige Aktivitäten, wie Forschung, Bildung, Kultur und soziale Aufgaben, verfügbar. Die Ausschüttungen des Unternehmens an die Stiftung werden imagefördernd für das Unternehmen eingesetzt und legen ein Bekenntnis von der gesellschaftlichen Verantwortung des Unternehmers ab.

Publizität und Mitbestimmung

Durch den Einsatz einer Stiftung - statt einer GmbH - als Komplementär einer KG läßt sich die Publizität auf den vom Publizitätsgesetz vorgesehenen Umfang reduzieren. Mittelständische Unternehmen vermeiden somit die Pflicht zur Offenlegung von Jahresabschlüssen nach dem HGB und reduzieren die Publizität der rechtlichen Verhältnisse bei der KG und der Stiftung. Die durch die KG und Co.-Richtlinie vorgesehene Erweiterung der Publizität ist auf die Stiftung und Co. nicht anzuwenden.

Die Mitbestimmung der Arbeitnehmer bleibt auf die betriebliche Mitbestimmung, wie sie im wesentlichen durch das Betriebsverfassungsgesetz vorgegeben ist, beschränkt.

Die durch das Mitbestimmungsgesetz vorgesehene Erweiterung auf die unternehmerische Mitbestimmung findet auf die Stiftung und Co. keine Anwendung.

Aus diesen Gründen sind solche Stiftungen in einigen Bundesländern nicht genehmigungsfähig, z. T. weil das Ermessen der Stiftungsbehörde bei der Genehmigung zur Versagung genutzt wird, z. T. weil - wie in Nordrhein-Westfalen - das Gesetz solchen Stiftungen die Genehmigung ausdrücklich versagt.

2.   Auswahl des Stiftungstyps

Ergibt sich nach den obigen Voraussetzungen, daß die Stiftung in die Organisationsstrukturüberlegungen für das Unternehmen einzubeziehen ist, dann ist zu überlegen, **welcher Stiftungstyp** sich in den konkreten Situationen am besten eignet. In Abbildung 1 sind die wichtigsten Stiftungstypen dargestellt.

Die öffentlich-rechtliche Stiftung scheidet aus, weil sie nur durch Beschluß der Legislative des jeweiligen Bundeslandes errichtet werden kann. In Frage kommen somit grundsätzlich Stiftungen privaten Rechts in der Form der Arbeitnehmerstiftung, der Familienstiftung und der gemeinnützigen oder mildtätigen Stiftung. Mit der Bezeichnung ist zugleich festgelegt, wer Nutznießer der Vermögenserträge sein soll.

Man spricht von Arbeitnehmerstiftung, wenn die Arbeitnehmer mehrheitlich Nutznießer der Stiftungserträge sein sollen, von Familienstiftung dann, wenn Familienmitglieder zu mehr als einem Viertel bezugs- oder anfallberechtigt sein sollen und zusätzliche Merkmale ein wesentliches Familieninteresse belegen und von gemeinnütziger oder mildtätiger Stiftung, wenn ausschließlich (100 Prozent) und unmittelbar gemeinnützige oder mildtätige Zwecke verfolgt werden. Im Gegensatz zu gemeinnützigen Zwecken kann der mildtätige Zweck auch bei einem abgegrenzten Personenkreis verwirklicht werden (z. B. bei Firmenangehörigen).

Die privatnützigen Stiftungen (Arbeitnehmerstiftung, Familienstiftung) sind voll steuerpflichtig. Die gemeinnützigen und mildtätigen Stiftungen sind steuerbegünstigt.

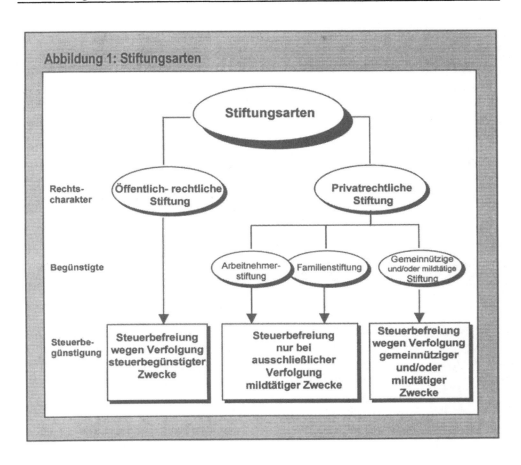

Abbildung 1: Stiftungsarten

3. Bestimmung der Stiftungsaufgaben

Nach dem Umfang der Beteiligung und dem Ausmaß der Integration der Stiftung in das Unternehmen unterscheidet man nach **unmittelbar** unternehmerisch-tätigen Stiftungen und **nur mittelbar** unternehmerisch-tätigen Stiftungen (Abbildung 2).

Zur ersten Gruppe zählt die Unternehmensträgerstiftung. Sie führt das Unternehmen unmittelbar ohne Einschaltung einer weiteren Gesellschaft, z. B. Carl Zeiss-Stiftung. Auch die Beteiligungsträgerstiftung, die eine das Unternehmen betreibende Personengesellschaft kontrolliert und personell mit der Personengesellschaft auf der Beteiligungs-

und Geschäftsführerebene verflochten ist, führt die Geschäfte noch unmittelbar, mit der Konsequenz, daß für diese Gruppe die Steuerbegünstigungen ausgeschlossen sind (z. B. Schickedanz Holding, Stiftung & Co. KG).

Steuerbegünstigt können nur die mittelbar unternehmerisch-tätigen Stiftungen sein, die als Kapitalträgerstiftung ohne personelle Identität der Leitungsorgane mit der Betriebsgesellschaft verbunden sind (z. B. Alfried Krupp von Bohlen und Halbach Stiftung, Kurt A. Körber-Stiftung, Else Kröner-Fresenius-Stiftung) oder als Funktionsträgerstiftung nur eng umgrenzte Funktionen wahrnehmen (Wahlrechte, Kontrollrechte, Vetorechte).

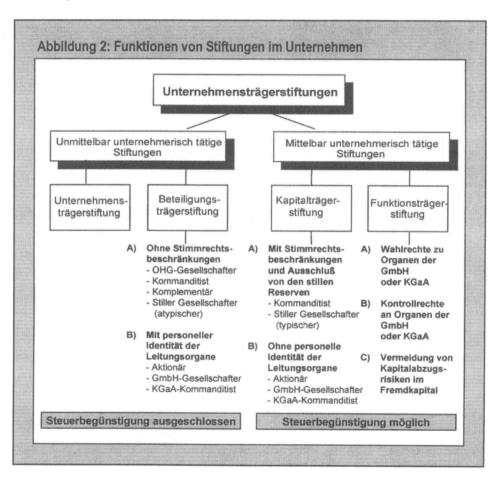

Abbildung 2: Funktionen von Stiftungen im Unternehmen

Die steuerlichen Konsequenzen, die mit der Errichtung, dem laufenden Betrieb und der Umwandlung bzw. Auflösung verbunden sind, lassen sich an dieser Stelle nicht im Detail darstellen.

4. Die optimale Stiftungsgestaltung

In der Rechtspraxis werden grundsätzlich **drei Gestaltungen** bevorzugt:

■ Die Familienstiftung als Führungsstiftung (Abbildung 3).
In diesen Fällen wird die Familienstiftung in einer Höhe mit Stimmrechten dotiert, die sie in eine Mehrheitsposition bringt oder zumindest ausreichend ist, um die Schiedsrichterfunktion zu übernehmen. Der Umfang der Stimmrechte solcher Familienstiftungen ist in der Regel höher als die Kapitalbeteiligung.

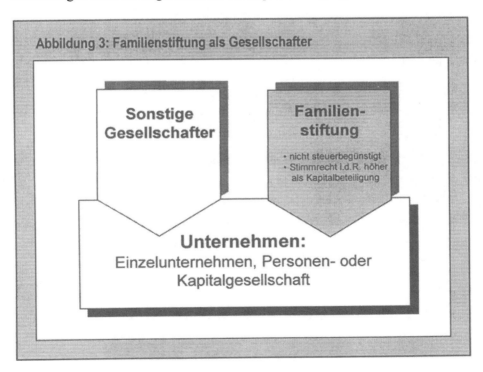

Abbildung 3: Familienstiftung als Gesellschafter

■ Mit der steuerbegünstigten **Stiftung als Gesellschafter** (Abbildung 4) läßt sich die steuerliche Belastung des Gesellschafters und damit die Kürzung des dem Unternehmen dienenden Kapitals vermeiden. Dieser Stiftungstyp wird häufig eingesetzt, wenn die Erbschaftsteuer im normalen Erbgang einen unternehmensbedrohenden Umfang annähme, keine direkten Nachkommen vorhanden sind oder diese mit anderem Vermögen bereits ausreichend bedacht sind.

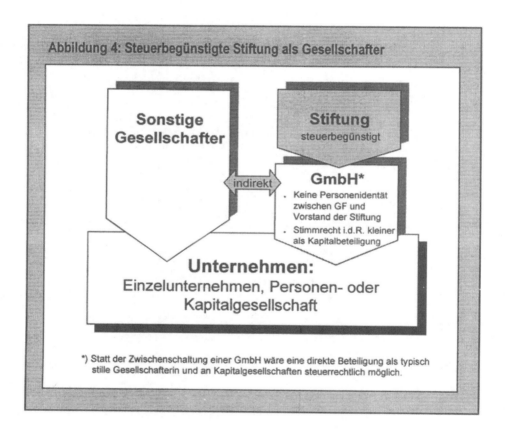

▩ Die Vorteile beider Grundmodelle werden in der **Doppelstiftung** (Abbildung 5) zu-
sammengeführt. Damit werden die Vorteile einer Führungsstiftung mit der Schonung
des Eigenkapitals durch die steuerbegünstigte Stiftung verbunden. Darüber hinaus
trägt die Doppelstiftung den mäzenatischen Interessen der Eigentümer Rechnung
und fördert das Unternehmensimage.

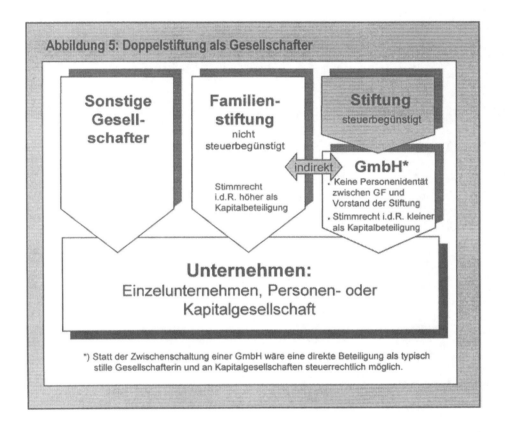

Abbildung 5: Doppelstiftung als Gesellschafter

Iris Hermann
Christian Weiß

Zukunftssicherung durch Familienstiftung

Praxisfall 6

Würth-Gruppe, Künzelsau

Die Gründung des Unternehmens – zu dieser Zeit eine Schraubengroßhandlung – erfolgte 1945. Aus dem 1954 vom Vater übernommenen Zwei-Mann-Betrieb hat sich ein internationaler Konzern mit 27 000 Mitarbeitern entwickelt, das Lebenswerk von Reinhold Würth.

Das Kerngeschäft ist der Direktvertrieb von Montage- und Befestigungstechnik. Die Mehrzahl der Unternehmen, an ihrer Spitze die Adolf Würth GmbH & Co. KG am Stammsitz Künzelsau, betreibt im wesentlichen Handel mit technischen Verbrauchsgütern.

Reinhold Würth brachte vor zehn Jahren sein Unternehmen in eine Familienstiftung ein. Die Satzung regelt Erbfragen, die Sicherung des Vermögens für die Familie, den Bestand des Unternehmens und die Führungsnachfolge.

Interview mit Reinhold Würth

Vorsitzender des Beirats der Würth-Gruppe

? *Herr Würth, Sie haben mit neunzehn Jahren die Firma Ihres Vaters übernommen. Hatte Ihr Vater Sie auf diese Situation vorbereiten können?*

! Der Übergang war sehr gut vorbereitet. Mein Vater wollte, daß ich etwas lernte und nahm mich mit vierzehn Jahren von der Oberschule zur Ausbildung in sein Geschäft. Meine Mutter hatte sich eigentlich gewünscht, daß ich Schulmeister würde. Die fünf Jahre Zusammenarbeit mit meinem Vater waren harte Lehrjahre, in denen ich 80 Prozent von dem gelernt habe, was ich zum Aufbau meines Unternehmens brauchte. Aus diesem Grund betrachte ich es als großes Glück, mit meinem Vater zusammengearbeitet zu haben.
Als er 1954 plötzlich starb, übernahm ich die Firma meines Vaters, eine Schraubengroßhandlung mit zwei Mitarbeitern, von denen einer ich war. Es war ein „Sprung ins kalte Wasser", jedoch hat sich aus dem kleinen Betrieb bis heute ein Konzern mit über 27 000 Mitarbeitern und mehr als 7 Milliarden DM Umsatz entwickelt, der in 71 Ländern der Welt tätig ist (1998).

? *Glauben Sie, daß ein Neunzehnjähriger heute noch als Nachfolger in Frage kommen kann?*

! Natürlich kann man die Situation heute nicht mit früher vergleichen. Aber man kann in der heutigen Jugend auch ein enormes unternehmerisches Potential entdecken. Das wird mir immer wieder bewußt, wenn ich meine Enkel sehe. Der selbstverständliche Umgang mit dem Computer und neuen Medien macht sie gegenüber manchem Erwachsenen überlegen. Sie sind für mich kleine Genies. Tom Peters geht sogar soweit zu sagen, daß die Zukunft bei 15jährigen Unternehmern liegen wird.

? *Gab es eine Alternative zur Übernahme durch Sie?*

! Es gab keine Alternative. Meine Mutter hat anfangs im Geschäft mitgearbeitet. Ihre Aufgaben waren aber mehr innerbetrieblich.

? *Wie haben Sie die Übernahme bewältigt und die Weiterentwicklung in Gang gesetzt?*

! Als junger Mann geht man mehr mit einem „spielerischen" Ansatz an solche Aufgaben heran. Man sieht nicht überall zuerst die Risiken, sondern experimentiert und probiert aus. Aber von Anfang an waren die Orientierung am

Kunden und die Kundenzufriedenheit Maxime meiner unternehmerischen Tätigkeit. Noch heute lebt das Unternehmen von fünfundneunzig Prozent Verkaufs- und Marketingorientierung, und das Thema Qualität ist ganz oben angesiedelt. Die kaufmännischen Dienste haben nur fünf Prozent Importanz. Die wesentliche Grundlage für den Erfolg hat sich in zunehmendem Maße bewährt: Qualität schlägt Preis.

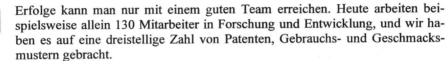

Welche Führungsfaktoren sind aus Ihrer Sicht erfolgsentscheidend?

Erfolge kann man nur mit einem guten Team erreichen. Heute arbeiten beispielsweise allein 130 Mitarbeiter in Forschung und Entwicklung, und wir haben es auf eine dreistellige Zahl von Patenten, Gebrauchs- und Geschmacksmustern gebracht.

Ein wesentlicher Schwerpunkt liegt in der Führung der Mitarbeiter. Hier unterscheide ich zwischen Führungstechnik, die man durch Studium und Fortbildung erlernt und zwischen Führungskultur, die bei uns einen sehr großen Stellenwert hat. Dazu zählen soziologische und psychologische Fragen, Motivationsinstrumente und vieles andere mehr, das zusammengenommen zu Mitarbeiterzufriedenheit, Mitarbeiterbindung und Leistungsbereitschaft führt. Wir investieren sehr viel für Aus- und Weiterbildung. Seit Jahrzehnten kommen unsere Führungskräfte zu achtzig Prozent aus dem eigenen Haus. Auf der Top-Management Ebene gab es seit 1964 keinen Wechsel außer durch Pensionierungen. Das bringt Stabilität. Zwanzig Prozent holen wir von außen, damit keine Inzucht entsteht.

Sie haben – wenn man Ihr Lebensalter betrachtet – sehr rechtzeitig die Weichen für die Zukunft des Unternehmens gestellt und sich aus dem operativen Geschäft zurückgezogen. Was hat Sie dazu bewogen?

Ich habe mich sehr früh, d. h. bereits im Alter von 37/38 Jahren sehr intensiv mit der Frage befaßt. Es war die Erkenntnis, daß ein Familienunternehmen zwei Erdbeben erleben kann: Den Weggang des Unternehmers und die dann folgende Auseinandersetzung mit den Erben. Beispiele für derart leidende Unternehmen aus diesem Grunde gibt es genug.

Das wollte ich meinem Unternehmen ersparen und es vor solchem, selbst verursachten, schnellen Verfall retten. Ich wollte nicht, daß Enkel oder Urenkel in die Versuchung kommen, das Unternehmen als Melkkuh zu mißbrauchen.

Wie kam es zur Entscheidung für die Familienstiftung und zur heutigen Organisation der Würth-Gruppe?

Nach langjährigen konzeptionellen Überlegungen brachte die Erkenntnis, daß Leistungen von Familienstiftungen an Destinatäre einkommensteuerfrei sind, den entscheidenden Durchbruch für die Gründung der Stiftungen.

Aspekte der Erbschaft-, Einkommen- und Vermögensteuer sind zwar entscheidende Fragen einerseits, jedoch ist die Sicherung des Fortbestands der Würth-
Gruppe im Ganzen für mich die noch bedeutendere zweite Frage. Beides wird
durch die Stiftungskonstruktion gewährleistet. Die Verwaltung des Firmen-
vermögens in den Familienstiftungen verhindert das Abwandern von Kernver-
mögen (Firmenanteilen), zum Beispiel durch Erbgang oder Scheidung. Meinen
Nachkommen soll diese Regelung einen angemessenen Lebensstandard gewährleisten, der ihnen ein sorgenfreies, jedoch von Übertreibungen und Exzes-
sen freies Leben gestattet, ohne die Leistungsbereitschaft und Vitalität der Familie einzuschränken. Außerdem können Erbstreitigkeiten nicht mehr
entstehen, weil niemand Vor- oder Nachteile gegenüber den anderen Erben hat.

Hatten Sie externe oder interne Berater?

Die Initiative kam von mir selbst. Für die Erarbeitung der Konzeption und der
erforderlichen Satzungen habe ich überaus kompetente, hervorragende Berater
engagiert. Es galt, nicht nur deutsches, sondern auch Schweizer und Internationales Recht zu berücksichtigen.

Heute – zehn Jahre nach Gründung der Stiftungen – muß ich sagen, daß die
Konzeption ein rundum zufriedenstellendes Werk geworden ist, das in Schrift-
form als „Kompendium der rechtlichen Struktur der Würth-Gruppe" vorliegt.
Es gab nur in ganz wenigen Bereichen kleine Adjustierungen. Der Rahmen ist
bewußt weit gesteckt, damit nicht durch zu enge Reglementierungen der
Handlungsspielraum unnötig eingegrenzt wird. Er würde auch zulassen, daß
das Unternehmen zu einem späteren Zeitpunkt in eine Kapitalgesellschaft über-
führt werden könnte, falls dies sich als sinnvoll herausstellen sollte.

Ist die Familie an Entscheidungsprozessen beteiligt?

Ich wollte das Unternehmen von der Familie unabhängig machen. Die rechtliche Struktur der Würth-Gruppe ist detailliert festgeschrieben. Ein gemeinsamer
Stiftungsaufsichtsrat ist dem gemeinsamen Stiftungsvorstand der vier Familienstiftungen und der Adolf-Würth-Stiftung übergeordnet. Unter dem Dach dieser Stiftungen befindet sich der Beirat der Unternehmensgruppe Würth, der beratend und kontrollierend auf die Führungskonferenz Einfluß nimmt. Das
operative Geschäft der Adolf Würth GmbH & Co. KG und ihrer inländischen
Tochtergesellschaften sowie der Reinhold Würth Holding GmbH und ihrer
ausländischen Tochtergesellschaften wird durch die Führungskonferenz wahrgenommen.

Der Einfluß der Familie ist genau geregelt. Nach meinem Tod wird der
Stiftungsaufsichtsrat aus zwei Familienaufsichtsräten und drei Fremdaufsichts-
räten bestehen. Das gewährleistet die Unabhängigkeit von der Familie;
gleichzeitig ist der Aufsichtsrat aber gemäß Satzung verpflichtet,

dem Wohl der Familie zu dienen. Ich selbst bin vor vier Jahren aus dem aktiven Management ausgeschieden und jetzt in der Position des Beiratsvorsitzenden. Unter der Leitung des jetzigen Vorsitzenden der Führungskonferenz hat sich das Unternehmen hervorragend weiterentwickelt. Er hat innerhalb von vier Jahren mehr erreicht als ich in fünfundvierzig: er konnte den Umsatz auf 7 Milliarden DM verdoppeln, für die ersten 3,5 Milliarden brauchte ich 40 Jahre.

? *Wäre die Nachfolge in der Geschäftsführung durch Familienmitglieder möglich gewesen?*

! Die Satzung läßt zu, daß Familienangehörige Führungspositionen erhalten können, wenn sie die entsprechende Qualifikation besitzen. Eine meiner Töchter und mein Schwiegersohn sind in der mittleren Führungsebene tätig und haben bzw. erhalten in Kürze die Leitung der Divisionen Bau und Holz. Bedingung war, daß diese Positionen selbst erarbeitet wurden. Ihnen wurden keine Vorteile aufgrund ihrer Herkunft eingeräumt.
Wenn eine Vakanz besetzt werden muß, hat bei gleicher Qualifikation ein Familienmitglied Vorrang.

? *Kann man Kinder zu Unternehmern erziehen?*

! Man kann versuchen, Kinder zu Unternehmern zu erziehen, aber in den meisten Fällen dürfte dies genau das Gegenteil bewirken. Die Chance, daß das eigene Kind als optimale Figur für die Top-Position geeignet ist, sehe ich eins zu einer Million. Für mich gilt der Grundsatz, den besten Mann oder die beste Frau auf diese Position zu setzen.

? *Gab es Konflikte beim Übergang auf die neue Führung?*

! Der Übergang ist nicht abrupt, sondern fließend und harmonisch erfolgt. Ich habe meinen Nachfolger ganz bewußt lange aufgebaut und den Mitarbeitern gegenüber immer wieder herausgestellt. Diese frühzeitige Regelung sichert, daß gute Kräfte im Unternehmen bleiben.

? *Wie gestaltet sich die Zusammenarbeit zwischen Beirat und Führungskonferenz?*

! Die Zuständigkeit des Beirats ist klar geregelt. Der Beirat hat in vielen Bereichen mehr Rechte als der Aufsichtsrat einer AG. Ich werde bei allen wichtigen Dingen gefragt und kann sehr viel im Hintergrund regeln. Die Kombination hat sich hervorragend bewährt, und ich kann sehen, wie sich das Unternehmen entwickelt.

?

!

Wie hat sich der Führungswechsel auf die Belegschaft ausgewirkt?

Wenn etwas Neues kommt, gibt es immer gewisse Reserven und Vorbehalte. Aber durch den fließenden Übergang bin ich noch nicht ganz aus dem Gesichtskreis verschwunden, und die Mitarbeiter wissen heute schon, wie ihr Unternehmen aussieht, wenn ich ausscheide oder sterben sollte, weil der Zustand schon geschaffen ist.

?

!

Begründet ein Unternehmensnachfolger eine neue Unternehmens- oder Führungskultur?

Ein großes Unternehmen hat immer ein gewisses Beharrungsvermögen. Daher wird sich die Unternehmenskultur nicht einfach verändern. Die wichtigen Dinge sind unabhängig von Personen geregelt. Gleichwohl wird eine neue Führung einen anderen Führungsstil haben, der schon allein durch die Unterschiede in der Persönlichkeitsstruktur und jeweiligen Stärken und Schwächen gegeben ist. Eine Kopie des Vorgängers wäre fatal. Aber Kultur und Charakter des Unternehmens müssen Bestand haben. Dazu zählen Berechenbarkeit, Geradlinigkeit und Zuverlässigkeit.

?

!

Welche Rolle spielen Ehefrauen als „heimliche Entscheidungsträger"?

Man kann dafür kein Strickmuster entwerfen. Die Rolle der Ehefrauen ist sehr stark personenbezogen und kennt alle Spielarten, von der strikten Nicht-Einflußnahme bis zur Dominanz. Brisant wird die Frage in Familienunternehmen meist erst in der zweiten oder dritten Generation. Ein wichtiger Gesichtspunkt ist beispielsweise, ob das Unternehmen von seiten des Mannes oder der Frau ererbt oder übernommen wurde. Meine Frau mischt sich in Unternehmensbelange nicht ein, gleichwohl führe ich auch mit ihr Gespräche über manche Fragen.
In unserem Unternehmen wird aber die soziale Komponente auf der Geschäftsführungsebene sehr wohl berücksichtigt. Die Kontaktpflege zwischen den Geschäftsführungsmitgliedern und ihren Frauen wird bewußt gefördert, um soziale Verflechtungen zu schaffen und den Zusammenhalt zum Wohl des Unternehmens zu stärken.

?

!

Was raten Sie einem Unternehmer, der über seine Nachfolge zu entscheiden hat?

Als größten Fehler sehe ich es an, wenn ein Unternehmer gar nichts regelt, eventuell aus der Furcht heraus, jemandem weh zu tun, und das Thema „unter der Decke hält". Wenn die Nachfolgefragen nicht geklärt sind, hinterläßt er seiner Familie große Probleme, an denen Familien zerbrechen können.

Er muß den Mut haben, eine Entscheidung zu treffen. Und damit sollte er nicht zu lange warten. Die Regelungen sollten dann getroffen werden, wenn der Altersstarrsinn noch nicht eingetreten ist – und das beginnt erfahrungsgemäß bei manchen schon mit sechzig. Deshalb sollte die Nachfolge in der Blütezeit geregelt werden. Ich habe zuviele Beispiele gesehen, wo Unternehmer zu lange gewartet haben und mit siebzig einrissen, was sie als Lebenswerk aufgebaut hatten.

Wird es für Sie einen „Ruhestand" geben?

Noch kann ich diese Frage nicht beantworten. Ich habe jetzt schon Termine über das Jahr zweitausend hinaus und oft einen Arbeitstag von vierzehn bis sechzehn Stunden. Ich beschäftige drei Sekretärinnen und einen Assistenten und muß noch eine weitere Sekretärin einstellen.

Neben meiner Arbeit für das Unternehmen habe ich umfangreiche ehrenamtliche Aufgaben.

Das größte Geschenk für mich ist immer ein Tag ganz ohne Termine, dies kommt aber leider nur sporadisch vor.

Anhang

Literaturempfehlungen

Allgemeine Literatur zu Familienunternehmen

Albach, Horst / Freund, Werner, Generationswechsel und Unternehmenskontinuität – Chancen, Risiken, Maßnahmen, Eine empirische Untersuchung bei Mittel- und Großunternehmen, Studie der Bertelsmann Stiftung, Gütersloh 1989

Freund, Werner u.a., Generationenwechsel im Mittelstand, Unternehmensübertragungen und –übernahmen von 1995 bis 2000, Institut für Mittelstandsforschung, Bonn 1995

Gratz, Kurt, Der erfolgreiche Familienunternehmer, Ein praxisbezogener Leitfaden, Schäfer Poeschel, Stuttgart 1997

Hennerkes, Brun-Hagen (Hrsg.), Handbuch Familienunternehmen, 1997

Icks, Annette / Kaufmann, Friedrich / Menke, Andreas (Hrsg.), Unternehmen Mittelstand, Chancen im globalen Strukturwandel, München 1997

Miller/Deecke/Keyser/von Sperber/Burfeind (Hrsg.), Familienunternehmer heute - Herausforderungen, Strategien, Erfahrungen, Gabler, Wiesbaden 1998

Mohn, Reinhard, Die Sicherung der Unternehmenskontinuität, Bertelsmann Stiftung, Gütersloh 1985

Oetker, Arend (Hrsg.), Mittelstand in Zeiten struktureller Umbrüche, München 1997

Wimmer, Rudolf u.a., Familienunternehmen – Auslaufmodell oder Erfolgstyp, Gabler, Wiesbaden 1996

Wimmers, Stefan / Wolter, Hans-Jürgen, Situation und Perspektiven des industriellen Mittelstands in der Bundesrepublik Deutschland, Schriften zur Mittelstandsforschung Nr. 77 NF, Stuttgart 1997

Literatur zur Unternehmensnachfolge

Bundesministerium für Wirtschaft, Unternehmensnachfolge - Der richtige Zeitpunkt – optimale Nachfolgeplanung, Bonn 1998

Flick, Hans / Kappe, Klaus, Familienunternehmen und Zukunftssicherung - Rechtzeitige Planung. Individuelle Konzeption. Nachfolgemanagement, Deutsche Bank, Frankfurt 1997

Habig, Helmut / Berninghaus, Jochen, Die Nachfolge im Familienunternehmen ganzheitlich regeln, Berlin, Heidelberg, New York 1998

Kirst, Uwe u.a., Unternehmensnachfolge: Über vier Hürden zur gesicherten Nachfolgeregelung, Luchterhand, Berlin, Neuwied 1996

Riedel, Hannspeter, Unternehmensnachfolge regeln, Strategien und Checklisten für den erfolgreichen Generationswechsel, Gabler, Wiesbaden 1994

Schröder, Siegfried, Fit für den Generationswechsel im Unternehmen - Erst die Konzeption, dann die Person, Gabler Wiesbaden 1998

Spielmann, Urs, Der Generationswechsel in mittelständischen Unternehmungen: Ablösung von Firmen und Nichtgründern, Wiesbaden 1994

Vogt, Carola/Jansen, Joachim, Unternehmensnachfolge - Chef vor dem Ruhestand – was nun? Erftstadt 1996

Literatur zu bestimmten Aspekten der Unternehmensnachfolge

Psychologische Aspekte

Fromm, Erich, Die Kunst des Liebens, 1956

Gerke-Holzhäuer, Franziska, Generationenwechsel in Familienunternehmen, 1996

Parkinson, C. Northcote, Parkinsons Gesetz, 1958

Betriebs- und volkswirtschaftliche Aspekte

Faulhaber, Peter / Landwehr, Norbert, Turn-Around Management in der Praxis, Campus Verlag, New York 1996

Gruhler, Wolfgang, Unternehmernachfolge im Mittelstand, Gesamt- und einzelwirtschaftliche Bedeutung, Probleme und Lösungsansätze, Beiträge zur Wirtschafts- und Sozialpolitik des Instituts der deutschen Wirtschaft Köln Nr. 244, Köln 1998

Hartz, Michael / Hub, Heinz-Günther / Scharp, Eberhard, Sanierungsmanagement - Unternehmen aus der Krise führen, Verlag Wirtschaft und Finanzen, 1996

Schein, Edgar, Unternehmenskultur – Ein Handbuch für Führungskräfte, Frankfurt ppt. 1995

Recht und Steuern

Flick, Hans, Kappe Klaus, Erbfolge und Familie, Rechtzeitige Erbfolgeplanung. Rechtliche und steuerliche Konzeption. Praktische Umsetzung, Deutsche Bank, Frankfurt 1997

Klaus, Hans, Der Firmenbeirat, Poeschel Verlag, Stuttgart 1991

Watrin, Christoph, Erbschaftsteuerplanung internationaler Familienunternehmen, IDW Verlag, Düsseldorf 1997

Autorenverzeichnis

Jörg Albers, geboren 1972, studiert an der Universität Münster Betriebswirtschaftslehre. Als Stipendiat der Gerhard und Lore Kienbaum Stiftung schrieb er seine Diplomarbeit zum Thema Nachfolgemanagement in Familienunternehmen.

Prof. Dr. rer. pol. Christoph Braunschweig, Jahrgang 1959, studierte in Freiburg, Bamberg und Köln Wirtschaftswissenschaften. Von 1996-1998 übernahm er eine Professur an der Fachhochschule Stralsund. Seit 1998 ist er im Wege einer Unternehmensnachfolgeregelung geschäftsführender Gesellschafter der KB-Liegenschaftsgesellschaft mbH, Köln. Er ist Vorstandsmitglied im Unternehmerverband Mittelständische Wirtschaft e.V. (UMV), Koblenz.

Dr. Helga Breuninger, Jahrgang 1947, Diplomvolkswirtin und promovierte Psychologin, hat den Generationswechsel im familieneigenen Unternehmen in vierter Generation maßgeblich mitgestaltet. In diesem Rahmen wurde die Breuninger Stiftung gegründet, deren Forschungsbereich sie seit 1989 leitet. Sie ist als geschäftsführende Gesellschafterin der successio Gesellschaft für integrative Nachfolgeberatung, Stuttgart, beratend im Bereich Nachfolge in Familienunternehmen tätig.

Ulrich Burger, geb. 1966, studierte in Bonn Osteuropäische Geschichte, Politikwissenschaft und Neuere Geschichte. Im Rahmen eines Stipendiats war er zeitweilig Mitarbeiter der Gerhard und Lore Kienbaum Stiftung. Seit 1998 ist er Bundesgeschäftsführer der Jungen Union, Bonn.

Dr. Wolfgang Durach LL.M., Jahrgang 1968, studierte Rechtswissenschaften in Konstanz und London. Er ist als Rechtsanwalt mit dem Schwerpunkt Gesellschaftsrecht in der Kanzlei Hennerkes, Jeschke & Kirchdörfer in Stuttgart tätig.

Dr. jur. Birgit Felden, Jahrgang 1967, BWL-Studium in Köln und Barcelona, Studium der Rechtswissenschaften in Köln und Promotionsstudium in Bonn. Sie ist geschäftsführende Gesellschafterin der TMS Treuhand und Management Services Dr. Rüschenpöhler GmbH, Köln. Ihr Spezialgebiet ist die interdisziplinäre Betreuung bei Nachfolgeproblemen. Sie war 1996 Preisträgerin des World Young Business Achiever Award.

Dr. jur. Hans Flick, Jahrgang 1927, Rechtsanwalt, Fachanwalt für Steuerrecht, studierte Rechtswissenschaften und politische Wissenschaften in Köln. Er ist Partner der Sozietät Flick Gocke Schaumburg, Bonn. Bis 1991 war er stellvertretender Hauptgeschäftsführer des Deutschen Industrie- und Handelstags, DIHT, Bonn. Seine jahrzehntelangen Erfahrungen in der Beratung von Familienunternehmen bei der Nachfolgeplanung hat er in diversen Veröffentlichungen verarbeitet.

Werner Freund, Diplom-Volkswirt, Jahrgang 1958, studierte in Bonn Volkswirtschaft. Er ist wissenschaftlicher Mitarbeiter am Institut für Mittelstandsforschung, Bonn. Er arbeitete an einem externen Projekt zur Entwicklung eines Curriculum zum „Postgraduierten Studiengang für Unternehmensnachfolger" mit.

Franziska Gerke-Holzhäuer, geb. 1957, ist Kauffrau und Diplom-Psychologin mit Schwerpunkt Arbeits- und Organisationspsychologie. Sie ist selbständige Beraterin, Referentin und Autorin auf dem Gebiet des Generationswechsels in Familienunternehmen.

Dr. rer. pol. Wolfram Gruhler, Diplom-Kaufmann, Jahrgang 1936, studierte Wirtschaftswissenschaften in Frankfurt und Köln. Er ist Leiter der Verbindungsstelle Brüssel und Mitglied der Geschäftsführung des Instituts der deutschen Wirtschaft, Köln. Er befaßt sich schwerpunktmäßig mit mittelstandsbezogenen Themen und Aktivitäten und ist Herausgeber zahlreicher Veröffentlichungen u.a. zu Fragen des Mittelstandes.

Joachim Gutmann, Jahrgang 1949, studierte Germanistik, Anglistik und Politikwissenschaft in Göttingen. Er war u. a. als freier Journalist tätig und verantwortlicher Redakteur in der Verlagsgruppe Handelsblatt. Er ist Leiter der Unternehmenskommunikation bei Kienbaum und Partner GmbH in Gummersbach und verantwortlicher Betreuer der Gerhard und Lore Kienbaum Stiftung, Gummersbach.

Prof. Dr. jur. Brun-Hagen Hennerkes, Rechtsanwalt, geb. 1939, ist Seniorpartner der Kanzlei Hennerkes, Jeschke & Kirchdörfer in Stuttgart. Nach Studium der Rechtswissenschaft und anschließender Promotion trat er zunächst in die Direktionsabteilung der Mannesmann AG ein und wechselte 1968 in die Sozietät Dr. Conrad Böttcher, Stuttgart, deren Senior er seit 1981 ist. Er berät seit über 25 Jahren Familienunternehmen in konzeptionellen Fragen und hat zahlreiche Gesellschaften beim Gang an die Börse begleitet. Darüber hinaus hält er eine Vielzahl von Aufsichts- und Verwaltungsratsmandaten. Er liest an der Universität Stuttgart Unternehmensteuerrecht.

Iris Hermann, Jahrgang 1947, hat die Büroleitung der Gerhard und Lore Kienbaum Stiftung inne. Bis 1998 leitete sie das Büro von Gerhard Kienbaum, Staatsminister a.D. und Gründer der Personal- und Unternehmensberatung Kienbaum und Partner in Gummersbach.

Hans-Michael Hornberg, Diplom-Betriebswirt, Jahrgang 1944. Nach der Ausbildung zum Industriekaufmann studierte er Betriebswirtschaft und Sozialwissenschaften in Bochum. Er ist selbständiger Berater und geschäftsführender Gesellschafter der AMZ Gesellschaft für Unternehmensanalyse und Management auf Zeit mbH, Wetzlar, sowie Referent und Autor betriebswirtschaftlicher Fachthemen.

Michael Paschen, Diplom-Psychologe, geb. 1969, studierte an der Ruhruniversität Bochum Psychologie. Er ist als Berater der Kienbaum Management Consultants GmbH im Bereich Personalentwicklung in Gummersbach tätig. Seine Schwerpunkte sind u. a. die Entwicklung von Konzeptionen zur Organisations- und Personalentwicklung, Trainings,

Entwicklung von psychologischen Testverfahren und Mitarbeiterbeurteilungssystemen sowie Neueinführung von systematischer Personalentwicklung.

Volker Rojahn, Diplom-Ökonom, Jahrgang 1955, studierte Betriebswirtschaft in Würzburg und Wirtschaftswissenschaften in Stuttgart-Hohenheim. Er ist Leiter des Büros Stuttgart der Kienbaum Executive Consultants GmbH und Initiator und Vorsitzender des Arbeitskreises Nachfolgemanagement bei Kienbaum und Partner.

Dr. rer. pol. Ambros Schindler, geb. 1946, studierte an der Universität München Betriebswirtschaft mit dem Abschluß als Diplomkaufmann. Seine Promotion erfolgte an der Universität Hamburg. Er ging 1978 nach mehrjähriger Tätigkeit als Wissenschaftlicher Assistent in Hamburg zum Stifterverband für die Deutsche Wissenschaft in Essen. Dort bekleidet er seit 1996 die Position des Geschäftsführers der SV Stiftungsverwaltung GmbH, in der 260 Stiftungen mit einem Vermögen von 1,6 Milliarden verwaltet werden. Er ist Vorstandsvorsitzender und Mitglied von Vorständen mehrerer Unternehmensträgerstiftungen.

Stephan Schubert, Diplom-Kaufmann, Jahrgang 1968, ist Mitarbeiter bei McKinsey & Comp., Inc., Köln und arbeitet seit 1997 an seiner Promotion über Familienunternehmen.

Burkhard Schuchmann, Jahrgang 1942, studierte nach einer kaufmännischen Lehre Betriebswirtschaft in München. Nach seiner Position als Mitglied des Vorstands bei Knürr AG, München wechselte er 1988 in die Geschäftsführung von Vossloh. Unter seiner Leitung wurde das Unternehmen umstrukturiert und in eine AG umgewandelt. Er ist Vorsitzender des Vorstands der Vossloh AG, Werdohl.

Holger Sobanski, geb. 1968, Studium der Wirtschaftswissenschaften in Stuttgart-Hohenheim. Er war bis 1998 verantwortlicher Betreuer der Gerhard und Lore Kienbaum Stiftung und Seniorberater bei Kienbaum und Partner GmbH in Düsseldorf.

Prof. Dr. rer. pol. Norbert Walter, Jahrgang 1944, studierte in Frankfurt Volkswirtschaftslehre. Er war bis 1986 Professor und Direktor des Instituts für Weltwirtschaft in Kiel. 1987 wechselte er zur Deutschen Bank und ist seit 1992 Geschäftsleiter Deutsche Bank Research und Chefvolkswirt der Deutschen Bank Gruppe, Frankfurt.

Dr. rer. pol. Christoph Watrin, Rechtsanwalt, Jahrgang 1964, studierte Rechtswissenschaft und Volkswirtschaftslehre in Köln, München und Georgetown (USA). Von 1993-96 bearbeitete er an der Universität zu Köln zwei Forschungsprojekte zum Thema Unternehmernachfolge im Auftrag der Stiftung Industrieforschung. Er ist Habilitant an der Wirtschafts- und Sozialwissenschaftlichen Fakultät, Steuerseminar, Lehrstuhl Prof. Dr. Herzig, Universität zu Köln.

Dr. Sabine-Sofie Weidekind, Diplom-Kauffrau, Jahrgang 1963, arbeitet als Unternehmensberaterin bei Rödl & Partner Consulting GmbH, Nürnberg.

Christian Weiß, Jahrgang 1968, studierte Angewandte Physische Geographie an der Universität in Trier. Er war bis 1998 Assistent von Gerhard Kienbaum, Staatsminister a. D., und Mitarbeiter der Gerhard und Lore Kienbaum Stiftung, Gummersbach.

Michael Wiehl, Fachanwalt für Steuerrecht, Jahrgang 1959, studierte Rechtswissenschaft in Freiburg. Er absolvierte ein Volontariat in einer New Yorker Anwaltskanzlei und ist seit 1995 Fachanwalt für Steuerrecht der Kanzlei Dr. Bernd Rödl & Partner, Nürnberg. Seine Tätigkeitsschwerpunkte liegen auf den Gebieten Unternehmenskauf, Gesellschaftsrecht, Restrukturierung von Unternehmen und Nachfolgeregelungen. Er ist Mitglied im Deutschen Forum für Erbrecht e.V.

Dr. jur. Jens Ziegler, Rechtsanwalt, Jahrgang 1959, studierte in Freiburg, Kiel und Surrey (GB), war Referendar in Hamburg, Berlin und Kuala Lumpur (Malaysia) und wissenschaftlicher Assistent am Max-Planck-Institut für internationales und ausländisches Privatrecht in Hamburg. Von 1993-1998 war er Justitiar der Arbeitsgemeinschaft Selbständiger Unternehmer e.V. (ASU), Bonn. Seit 1998 ist er als selbständiger Rechtsanwalt schwerpunktmäßig in der Beratung von Familienunternehmen mit Sitz in Bonn tätig.

Stichwortverzeichnis

Bertelsmann Stiftung (Hrsg.)

Handbuch Stiftungen

Ziele – Projekte – Management – Rechtliche Gestaltung

1998, XXX, 1185 Seiten, gebunden, DM 218,–
ISBN 3-409-19896-2

In den kommenden Jahren steht in Deutschland eine Erbschaftswelle an. Gleichzeitig sind Privatinitiativen zur Lösung gesellschaftlicher Probleme immer dringlicher. Als Ideenagenturen für gesellschaftliche Veränderungen ermöglichen Stiftungen die „Verbindung unternehmerischer Dynamik und Dienst am Gemeinwohl" (R. Herzog).

Das Stiftungswesen erfährt deshalb gegenwärtig einen starken Aufschwung. Damit kommt auch den Stiftungen selbst eine wachsende Verantwortung zu bei ihrem Bemühen, „die Welt menschlicher und effizienter zu gestalten" (R. Mohn).

Vor diesem Hintergrund will das *Handbuch Stiftungen* ein möglichst breites Spektrum von Informationen sowie konkreten Hinweisen und Konzepten zur Verfügung stellen, die den erfolgreichen Aufbau und das effiziente Management einer Stiftung erleichtern.

Nationale und internationale Experten mit langjährigen Erfahrungen in deutschen und ausländischen Stiftungen stellen das Stiftungsmanagement in fünf Kapiteln vor:

- Stiftungen in der Gesellschaft,
- Führung und Organisation,
- Projektauswahl und Projektmanagement,
- Interessenvertretungen und Zusammenschlüsse von Stiftungen,
- Rechtliche Gestaltung und Staatsaufsicht.

Das *Handbuch Stiftungen* richtet sich an potentielle Stifter sowie an Rechtsanwälte, Steuerberater, Vermögensverwalter, Bankiers und Stiftungstreuhänder.

Es hat insbesondere den engagierten und verantwortungsvollen Unternehmer im Blick, der die Kontinuität des eigenen Unternehmens sichern und sich gleichzeitig für die Gemeinschaft einsetzen will. Darüber hinaus wendet sich das Handbuch an alle, die für Stiftungen tätig sind oder sich für die Arbeit von Stiftungen interessieren.

Die Bertelsmann Stiftung ist eine operative, konzeptionell arbeitende Institution, die

- gesellschaftliche Probleme aufgreift,
- exemplarische Lösungsmodelle mit Experten aus Wissenschaft und Praxis entwickelt und
- in ausgewählten Bereichen des gesellschaftlichen Lebens verwirklicht.

In ihrem Bereich *Stiftungswesen* ist die Bertelsmann Stiftung bestrebt, die Führung, Organisation und Arbeitsweise von Stiftungen zu professionalisieren, um die Effektivität und Legitimität gemeinnütziger Stiftungstätigkeit zu erhöhen. Darüber hinaus sollen Neugründungen und Kooperationen von Stiftungen angeregt werden. Die Bertelsmann Stiftung will auf diese Weise die Grundlagen einer aktiven Bürgergesellschaft stärken.

Betriebswirtschaftlicher Verlag Dr. Th. Gabler GmbH, Abraham-Lincoln-Str. 46, 65173 Wiesbaden

Breithaupt/Höfling/Petzold/Philipp/Schmitz/Sülzer

Kommerzialisierung und Privatisierung von Public Utilities

Internationale Erfahrungen und Konzepte für Transformationsländer

1998, XII, 324 Seiten, gebunden, DM 89,–
ISBN 3-409-12252-4

Reformen des öffentlichen Sektors gewinnen weltweit an Bedeutung. Zunehmend wird dabei der Bereich der Infrastrukturbereitstellung, der wichtige Auswirkungen auf die Standortqualität eines Landes hat, in die Reformmaßnahmen einbezogen.

In „Kommerzialisierung und Privatisierung von Public Utilities" beschäftigen sich die Autoren mit makroökonomischen und unternehmensinternen Reformmaßnahmen sowie mit der Meso- oder Institutionenebene. Dabei wird ein ganzheitlicher Beratungsansatz mit konkreten Konzepten und Maßnahmen für die Versorgungs- und Transportwirtschaft in Mittel- und Osteuropa sowie in der Gemeinschaft unabhängiger Staaten präsentiert. Zahlreiche internationale Praxisbeispiele runden die Darstellung ab.

Das Buch wendet sich an Entscheidungsträger in Politik und Verwaltung, Führungskräfte in Versorgungs- und Transportunternehmen, Unternehmensberater sowie an Dozenten und Studenten der Volks- und Betriebswirtschaftslehre.

Betriebswirtschaftlicher Verlag Dr. Th. Gabler GmbH, Abraham-Lincoln-Str. 46, 65173 Wiesbaden

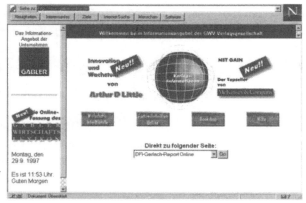

Druck: KN Digital Printforce GmbH · Schockenriedstraße 37 · 70565 Stuttgart